T0299109

تكنولوجيا التعلم
وحوسبة التعليم

رقم الإيداع لدى المكتبة الوطنية (2008/7/2201)

371.33
دعمس،مصطفى نمر
تكنولوجيا التعلم وحوسبة التعليم/ مصطفى نمر دعمس
عمان: دار غيداء 2008

( ) ص
ر.أ: (2008/7/2201)
الواصفات: /تكنولوجيا التعليم//الحواسيب//التعلم/

*تم اعداد بيانات الفهرسة والتصنيف الأولية من قبل دائرة المكتبة الوطنية

Copyright (R)
All Right Reserved

جميع الحقوق محفوظة

ISBN: 978-9957-480-51-6

لا يجوز نشر أي جزء من هذا الكتاب أو تخزين مادته بطريقة الاسترجاع أو نقله على أي وجه بأي طريقة الكترونية كانت أو ميكانيكية أو بالتصوير أو بالتسجيل وبخلاف ذلك الا بموافقة على هذا كتابة مقدماً.

دار غيداء للنشر والتوزيع

تلاع العلي- شارع الملكة رانيا العبدالله
مجمع العساف التجاري-الطابق الأول
تلفاكس: 5353402 6 962+
خلوي:962795667143+
ص.ب:520946عمان 1152 الأردن
E- mail:darghidaa@gmail.com

تكنولوجيا التعـلم وحوسبة التعليـم

تأليف

الاستاذ مصطفى نمر دعمس

الطبعة الأولى

2009م – 1429هـ

الإهـــــداء

الى أمي وأبي العزيزين

وزوجتي وأبنائي

اسراء & آلاء & صهيب

وجميع الأحبة ممن يحبون العلم والمعرفة

الفهرس

تمهيد

بسم الله، والحمد لله والصلاة والسلام على رسول الله، أشرف الخلق، هادى الأمم و الشافع المشفع، وخاتم الأنبياء وسيد البشرية، المربي الأول، نبي الأمة الذي أخرج أمتنا من الظلمة إلى النور ومن الجهل إلى العلم والمعرفة.

اللم اهدنا واهدي بنا واجعلنا سببا لمن اهتدى وصلى الله على سيدنا محمد صلى الله عليه وسلم وعلى اله وصحبه، وبعد:

أضحى تقدم الأمم والمجتمعات مرهون بما تمتلكه من معرفة متطورة وتقانة متقدمة، وثروة بشرية متعلمة، قادرة على الإبداع والإنتاج والمنافسة العالمية وتحقيق أفضل معدلات التنمية البشرية الراقية والاستثمار الإيجابي لثرواتها الطبيعية.

يعتبر التعليم احد الأسباب المساهمة في الحفاظ على تراث وحضارة الأمة وبأنه استثمار للدولة يسهم في زيادة الوعي بين أفراد المجتمع ورفع مستواهم الثقافي والاقتصادي.

أن مصادر المعرفة والعلم المتوفرة للطلاب في عصرنا هذا، أصبحت متنوعة ووفيرة، ويمكن الوصول إليها بطرق سهلة وجذابة، دون الاعتماد على المعلم للحصول عليها. لذا لم يعد دور المعلم الهام، مقتصراً على توصيل المعلومات فقط؛ بل يتعدى ذلك بكثير. إذ أنه صار مسئولاً عن بناء شخصية الطالب الباحث والمفكر والناقد والمستقل؛ الذي يستطيع الوصول إلى المعلومات وتوسيع آفاقه ذاتياً.

يهدف هذا الكتاب إلى إلقاء الضوء على التطور التكنولوجي السريع وطرق التعلم والتعليم المستحدثة في بيئة محوسبة تستوجب وقفة تمعن في الموجود في مدارسنا العربية كما تستوجب وضع خطط لدمج مستحدثات الحوسبة في مدارسنا لتمكين المعلمين من وجود أدوات محوسبة كفيلة في دعم واستحداث أساليب التدريس وتهيئة بيئة محوسبة تدعّم طرق التعلّم عند الطلاب، و توظيفها كأداة تربوية فعّالة ومؤثرة، لمساعدة الطالب على التفكير والتعلم والتقدم على جميع الأصعدة الإنسانية والفكرية والاجتماعية.

ويتناول الكتاب تكنولوجيا التربية والتعليم المحوسب ومصادر التعلم فيها، والفرق بين تكنولوجيا التعليم والوسائل التعليمية،وفوائد التعليم الإلكتروني واستخدامات الأدوات التكنولوجية في العملية التعليمية. والأهداف الاستراتيجية في حوسبة التعليم. والمقارنة بين التعليم التقليدي و التعليم الالكتروني، الإنترنت Internet وتطبيقاته في العملية التعليمية

أسأل الله تعالى أن يوفقنا ويهدينا إلى ذلك..لعرض عناصر هذا الكتاب بالشكل المأمول.

المؤلف

المقـــدمــة

شهد العالم في السنوات الأخيرة جملة من التحديات المعلوماتية ذات أبعاد سياسية واقتصادية واجتماعية وثقافية وتربوية. سياسياً؛ برزت ظاهرة النظام العالمي الجديد وهيمنة القوة الواحدة والتكتلات السياسية ؛ اقتصادياً برزت ظاهرة عولمة الاقتصاد وانفتاح السوق ومحاولات الهيمنة التجارية من خلال التكتلات الاقتصادية ونشوء الشركات القارية؛ اجتماعياً، تتمثل التحديات المعلوماتية بمخاطر العزلة الاجتماعية والاستخدام غير الأخلاقي للمعلومات؛ ثقافياً، برزت ظاهرة الانفتاح الحضاري أو عولمة الثقافة والدعوة لحوار الحضارات وتقبل الرأي الآخر، وتبعات ذلك على الخصوصية الثقافية للأمم؛ وأخـيراً، تربويـاً، شكلت التحديات المعلوماتية بأبعادها المختلفة منطلقاً لـدعوات عديدة بضرورة إصلاح النظام التربوي بجميع مدخلاته وعملياته ومخرجاته، خصوصاً في ضوء عجز النظام الحالي عن مواجهة التحديات التي أفرزتها تقنية المعلومات والاتصال، وتحول العالم من مجتمع صناعي إلى مجتمع معلوماتي. لهذا، تتسابق كثير من الأمم لإصلاح نظمها التربوية بهدف إعداد مواطنيها لعالم موجّه بالتقنية.

وغير خافٍ على أيٍّ منا أن النظام التربوي والتعليمي الذي ورثناه من تلاقح وتوارث كل الحضارات ولا سيما حضارتنا العربية الإسلامية حول كل هذه الموروثات والتقاليد العلمية إلى نوع من الإرث التاريخي وإلى مسلمات لها قداستها ومكانتها لدى البعض، لكن منتصف القرن العشرين فجر قنبلة غير متوقعة في مفهوم التقنيات والمعلومات الرقمية، هذه القنبلة أحدثت هزة في كل النظم والمسلمات المتعارف عليها. إن انقسام الناس إلى قسمين كان أمراً متوقعاً وبديهياً. ففي كل زمـان ومكان، هنـاك أنـاس يتمسكون بما موجود لديهم ولا يرغبون إطلاقاً في تغيير الحالة انطلاقاً من المفهوم القائل (ليس بالإمكان أفضل مما كان) وهذا مـا حـدث في الشـعر والبلاغـة وحتـى في الأسـاليب الكتابيـة وفي نظريـات المجتمـع.. وهـؤلاء سُـمّوا بالتقليديين أو بالمحافظين أو بالمتمسكين بموروثهم وتقاليدهم.. أمـا القسـم الآخـر فهـم المجـددون الـذين ركبوا موجة كل ما هو جديد غير آبهين بالنتائج.. وهم تواقون للتغيير، للتطور، لكل

ما هو جديد وهؤلاء سمّوا بالمتمردين أو المنفتحين أو من أتباع الحركة التجديدية أو من أنصار التغيير.

لقد شهد القرن الماضي ثورة علمية ومعرفية هائلة لم يسبق لها نظير، شملت مختلف ميادين العلوم الإنسانية والطبيعية والتطبيقية، وشهد مولد ميادين علمية جديدة لم تكن معروفة من قبل، ولم تكن التربية بمنأى عن هذا التطور، بل كانت من أكثر الميادين تأثرا وتأثيرا به، إذ ظهرت العديد من النظريات والاتجاهات التربوية التي سعت إلى استيعاب الحجم الهائل من العلوم، والحفاظ على هذا التراث الإنساني من خلال نقله للأجيال المتتالية، لتطويره من ناحية ووضعه موضع التطبيق من ناحية أخرى، وعملت لتحقيق ذلك على الاستفادة من كل ما أنتجه العلم من نظريات وتطبيقات.

وحرص التربويون في فترة مبكرة على توظيف تقنيات الاتصال المختلفة التي بدأت تظهر هنا وهناك في خدمة العملية التعليمية.؛ فبدأ الاهتمام بوسائل العرض المرئية، وبعدها المسموعة، وظهرت الوسائل السمعية والبصرية كميدان تربوي جديد، ثم بدأ يظهر في الأدب التربوي مصطلح تقنيات التعليم، وتحول الاهتمام من مجرد استخدام الوسائل السمعية البصرية إلى دراسة عملية الاتصال بين المرسل والمستقبل في الموقف التعليمي، وإعداد الرسالة التعليمية واستخدام قنوات الاتصال المناسبة.

وفي مرحلة حدث تطور آخر في مجال تقنيات التعليم نحو الاهتمام بالبيئة التعليمية كاملة؛ المعنوية والمادية، وتصميم الموقف التعليمي بجميع مدخلاته وعملياته ومخرجاته، وأصبح مفهوم النظام، والأسلوب النظامي، مضامين جوهرية في مفهوم تقنيات التعليم، وأصبحت الوسائل التعليمية جزءا من منظومة شاملة تضم الإنسان والأفكار والأساليب والأدوات والإدارة وجميع ما يؤثر في الموقف التعليمي.

لقد تطور مفهوم تقنيات التعليم نتيجة لدراسات عديدة واعتمادا على نظريات تربوية حديثة، خلصت بعمومها إلى قصور المفهوم المرتبط بالأجهزة والأدوات عن تحقيق الأهداف المرجوة من هذا الميدان المهم، وهذه حقيقة يدركها كل من ينظر إلى الأجهزة التعليمية المكدسة في المدارس والمؤسسات التربوية.

وفي مطلع هذا القرن أصبح من المألوف أن يتردد على أسماع المعلمين في الوسط التعليمي مصطلح (تكنولوجيا التربية) أو (تقنيات التعليم) ليحل محل مصطلح (الوسائل التعليمية) وذلك لازدياد المواد والأجهزة التعليمية الحديثة والمختلفة في هذا المجال وهذا الأمر وثيق الصلة بما يحدث في غرفة الصف من عمليات تدريسية.ومنذ فجر التاريخ وحتى عصرنا الحاضر كانت وسائل التعليم تتجدد من عصر إلى آخر وكان الاعتناء بالتعليم لنقل المعارف لتمكين المتعلمين لاستيعاب المعارف والأفكار. ومن هنا سميت الوسائل التعليمية إلى مسميات كثيرة من معينات التدريس الوسائل السمعية والبصرية و...حتى وصلت إلى الاسم الحالي وهي تقنيات التعليم.

فقد اختلف التدريس من النظرة التقليدية في رؤيتها إلى المتعلم وفي عملية التعلم والتعليم وفي دور كل من المعلم والمتعلم لتعتمد هذه النظرة على مجموعة مبادىء يمكن تلخيصها في إن التدريس ليس عملية نقل المعلومات والحفاظ على التراث المعرفي للبشر.ولكنه نشاطات مخططة تهدف إلى تحقيق مظاهر سلوكية مرغوبة لدى المتعلمين على المدى القريب كما تستهدف أحداث مظاهر تربوية متنوعة لديهم على المدى البعيد من هنا نفهم أهمية التقنية في العملية التعليمية وحاجة الفرد إلى التقنية لتحقيق عمليات تصميم التدريس أو التعليم للقيام بالإجراءات الأساسية للتعليم.

فأطفال اليوم خرجوا إلى هذه الدنيا وهم يرون التقنية تحيط بهم في المنازل والشوارع والأسواق وملاهي الأطفال والمستشفيات، فَلِمَ لا تكون بالمدرسة؟ لذا فإننا نرى أن استخدام التقنية أصبح مطلباً وليس ترفاً. وبدلاً من أن نجادل في هذا الأمر علينا أن نسأل أنفسنا كوننا مربين عن الاستخدام الأمثل للتقنية.

مهارة استخدام التقنية تكاد أن تكون مفقودة في مناهجنا الحالية. ولاشك أن ما سيحمله المستقبل القريب من تطور لمناهجنا سوف لا يغفل هذه المهارة بل سيركز عليها إضافة إلى المهارات الأخرى. لذا فإن توظيف التقنية في بيئة تعليمية تقليدية بمقرراتها وطرق تدريسها وأساليب تقويمها يعتبر تحد أخذت كل جهة تعليمية فيما يخصها عدد من الخطوات الجادة لتعديله، وفي هذا الإطار وضمن إستراتيجية تقنية واضحة بدأت عملية التهيئة للمجتمع المدرسي لكي يستخدم التقنية ويوظفها بما يتلاءم ومناهج اليوم. وتم تأمين عدد كبير من المختبرات الحاسوبية المتكاملة مع تدريب

المعلمين على توظيفها في تدريس المواد المختلفة في المرحلة الاساسية،فضلاً عن تغطية جميع المدارس الثانوية بمختبرات الحاسب الآلي والذي يعتبر الحاسب الآلي فيها مقرراً دراسياً.

إن من المتعارف عليه في ظل التقدم التقني المتسارع أن العمر الزمني لجهاز الحاسوب ما بين 3-5 سنوات تقريباً. لذا فإن لم يتم توظيف هذا الجهاز في خدمة المادة الدراسية وتطوير مهارات التلاميذ فإن الأمر عنده يصبح هدراً للمال العام. وهذا مالا يرضاه أي فرد منا. ومن هنا يصبح التأكيد على دور مدير المدرسة والمشرف التربوي والمعلم هو من باب التذكير بحمل الأمانة تجاه أطفالنا الذين يتوقون للتعامل مع هذا الجهاز المثير لفضولهم. فلنوظفه في تطوير عمليتي التعلم والتعليم أسوة بمن سبقونا لتوظيف هذه الآلة توظيفاً عاد على مجتمعهم التعليمي بالنفع. فلقد أشارت عدد من البحوث في الولايات المتحدة على سبيل المثال إلى أن استخدام التقنية في التعليم وخاصة الحاسب الآلي ببرامجه التعليمية المناسبة قد عزز الاتجاهات الإيجابية لدى التلاميذ ورفع من معدل تحصيلهم العلمي.

ومن نافلة القول أن جهاز الحاسب الآلي نفسه لا يمكن الاستفادة منه دون توفير البرامج الحاسوبية المناسبة في مختلف المواد الدراسية. وصناعة البرمجيات الحاسوبية جهد مشاع بين المعلمين والمشرفين التربويين في كل من المدرسة وجهاز الوزارة إلى جانب المشاركة الفاعلة من قبل القطاع الخاص.

لذا فإن نشر التقنية وتوظيفها في مدارسنا هي مهمة لا يكفي لتنفيذها مجرد توفير الوسائل والأجهزة، بل يجب مشاركة الجميع في توظيفها التوظيف الصحيح. بدءاً من نشر- الثقافة التقنية، ووضع المعايير التقنية، مروراً برسم وتنفيذ خطط الإنتاج والتطوير وتنفيذها، وتدريب المعلمين، وانتهاء بمتابعة جديد التقنية والاستفادة منه.

ولأن التربية عملية مخططة ومقصودة، تهدف إلى إحداث تغييرات إيجابية مرغوبة تربويا واجتماعيا في سلوك المتعلم وتفكيره ووجدانه (زيتون، 1994). لقد ثبت لدى رجال التربية والتعليم أنه كلما أمكن إشراك أكثر من حاسة في دراسة فكرة ما كلما سرع في تعلمها واكتساب خبرات أوسع عنها (الطيطي، 1992)، وقد ساهمت التقنية الحديثة بتوفير وسائل وأدوات تهدف إلى تطوير أساليب التعليم والتعلم، كما

شجعت على استخدام طرائق تربوية مبتكرة ومتجددة من شأنها أن توفر المناخ التربوي الفعال، الذي يمكن المدرس من تحسين التحكم بنواتج التعلم (Alir, 1987.)

وحتى يتمكن التعليم من تلبية احتياجات التنمية الشاملة، فإنه يواجه الكثير من التحديات، لتخريج نوعية جديدة من المتعلمين القادرين على معرفة أنفسهم ومنهم الآخرين، وعلى مواجهة متطلبات العصر والمستقبل، والعيش في القرية العالمية دون أن ينفصلوا عن جذورهم، ودون أن يتعروا بالتمزق بين العولمة والبحث عن الجذور والانتماءات، وأن يتمكنوا من المساهمة في إقامة عالم يكون العيش فيه أيسر وأكثر عدالة، لهذا فإن الأنظمة التعليمية مدعوة لتنمية الشخصية المتكاملة لجميع الأفراد دون استثناء، وإكسابهم المهارات التي تمكنهم من تحقيق تعلمهم الذاتي مدى الحياة، ولا يتأتى ذلك إلا من خلال بناء مناهج حديثة تتماشى وعصر العولمة والانفجار التكنولوجي والمعرفي المتسارع (مرعي،وزملائه، 2004).

وقبل عصر تكنولوجيا المعلومات، كانت أسس بناء المناهج التربوية مقصورة على الأسس الفلسفية، الاجتماعية، الثقافية، المعرفية، النفسية، ولكن التقدم التكنولوجي الهائل يفرض إضافة أسس جديدة من أجل تصميم المناهج التربوية مثل: الأساس التكنولوجي، ويقصد به مراعاة الأسس التكنولوجية من حيث تصميم العناصر المكونة للمنهاج في ضوء تكنولوجيا التعليم وتنظيمه بصورة منهجية، وإدخال الروح التكنولوجية واختيار أهداف المنهاج، واختيار مضامينه المعرفية، والخبرات التعليمية التي يحتاجها المنهاج، وإدخال التكنولوجيا في عمليات تدريس المادة التعليمية للمنهاج وأخيرا إدخال التكنولوجيا في عمليات تقويم المناهج التربوية بكل أبعادها المختلفة، وبمعنى أخر إدخال التكنولوجيا في منظومة المنهاج التربوي والتي تمثل الأهداف، والمحتوى، وطرائق التدريس والتقويم، بحيث تندمج هذه العناصر معا لتشكل من المنهاج التربوي كيانا تعليميا أفضل وأفعل في تحقيق الأهداف التعليمية من المنهاج التربوي بصورة خاصة والعملية التعليمية التعلمية بصورة عامة (خوالدة، 2004)

وكلمة تقنية Technology كلمة إغريقية قديمة مشتقة من كلمتين هما Techne بمعنى مهارة، وكلمة Logos ومعناها دراسة، فكلمة تقنية إذن تعني تنظيم المهارة

الفنية بحيث تصبح وظيفتها أكثر وضوحا. وقد دخلت هذه الكلمة إلى اللغة الانجليزية في بداية القرن التاسع عشر (أحمد، 1987).

أما الوسائل التعليمية فهي قديمة قدم التاريخ وحديثة حداثة الساعة، ولقد مرت بعدة تسميات كان آخرها تقنيات التعليم كمصطلح أعم وأشمل من الوسائل التعليمية على اعتبار أن الوسائل التعليمية جزء من تقنيات التعليم (السيد، 1983).

وقد طور مفهوم تقنيات التعليم في العالم العربي ليقابل مصطلح تكنولوجيا التعليم Instructional Technology الذي شاع في العالم العربي (الطيطي، 1992) حيث أن تقنيات التعليم – وهي جزء من تقنيات التربية – تعتمد أساسا على مفهوم أن التعليم مجموعة فرعية من التربية (أبو جابر،1992 ودرج مصطلح تقنية التعليم في معظم دول العالم المتقدمة وأصبحت الحكومات تدعم المربين في بلادهم لاستخدام تقنيات التعليم والاستفادة منها من أجل دعم المعرفة العلمية وطرق البحث العلمي (السيد، 1983).

ويعرف الشيخ (1983) تقنيات التربية أنها علم صناعة الإنسان، تعنى بتصميم البيئات أو الظروف وفق المعرفة العلمية عن السلوك الإنساني بغية بناء شخصيته وتكوينها التكوين النفسي- الاجتماعي المستحب ." ويعرف براون وزملاؤه (Brown et al, 1984) تقنيات التعليم أنها" عملية ذات نطاق وثيق بتصميم المواد التعلمية – التعلمية، وتخطيطها وتنفيذها وتقويمها في ضوء أهداف سلوكية محددة للإفادة من نتائج البحوث في جوانب المعرفة المختلفة واضعة الإمكانات البشرية كافة وغير البشرية للوصول إلى تعلم ذي معنى " (الفرا، 1987).

أما العابد (1985) فيعرف تقنيات التعليم أنها" عملية منهجية منظمة في تصميم عملية التعليم والتعلم وتنفيذها وتقويمها في ضوء أهداف محددة، وتقوم أساسا على نتائج البحوث في مجالات المعرفة المختلفة ."

أما شرف الدين (1992) فيعرف تقنيات التربية" هي عملية شاملة ومتكاملة تشمل الأفراد والإجراءات والنظريات والأجهزة والتنظيم لتحليل المشاكل وتخطيط وتنفيذ وتقويم وإدارة الحلول لهذه المشاكل وتشمل مجالات التعليم الإنساني كافة ."

ويعرف أبو جابر (1992) تقنيات التعليم " عملية متكاملة معقدة وتشمل الأفراد

والأساليب والأفكار والأدوات والتنظيم لتحليل المشكلات واستنباط الحلول لها وتنفيذها وتقويمها وإدارتها في مواقف يكون التعلم فيها هادفا وموجها ويمكن التحكم فيه."

أما جابر فيعرف تقنيات التعليم" إعداد المواد التعليمية والبرامج وتطبيق مبادئ التعلم وفيه يتم تشكيل السلوك على نحو قصري ومباشرة" (سمة، 1992(وينظر بعض التربوين إلى استخدام التكنولوجيا في مجال التربية على أنه مجرد الاستعانة ببعض أنواع التكنولوجيا في التدريس مثل التدريس القائم على استخدام الكمبيوتر أو الحاسوب، أو التعليم المدار بواسطة الكمبيوتر أو التعليم عن طريق الحاسوب، وأنواع التعلم الذاتي، وأنظمة التعلم أو التعليم الفردي وغيرها.

ومثل هؤلاء لا يدركون أن التكنولوجيا التربوية لها استخدام أبعد من ذلك، حيث ينظر إليها بعض المربين على أنها عملية يراد بها تحليل المشكلات التعليمية والتفكير في إيجاد حلول مبتكرة لها، وذلك بعد تجريب تلك الحلول وتقويم فعاليتها في ضوء تحقيق الأهداف المحددة مسبقا (سعادة، 2001).

هذا وقد ظهر الاتجاه التكنولوجي في مجال المناهج مع ظهور حركة الاختبارات القائمة على الكفايات، بالإضافة إلى حركة المسؤولية التي ترجع فشل المتعلمين في إنجاز الأهداف المرسومة لهم إلى المدرسة، وليس للمتعلمين أنفسهم.

ويتم تطبيق التكنولوجيا في مجال المنهج في اتجاهين:

أولهما: أنها تستخدم كخطة للاستعمال المنظم بالنسبة للرسائل والأدوات والمواد التعليمية، وتحقيق تتابع مبتكر في مجال التعليم يراعى فيه شروط التعلم التي أوضحتها المدارس السلوكية في علم النفس. ويظهر ذلك في التعلم بمساعدة الحاسوب، وفي مداخل النظم التي تستخدم الأهداف السلوكية والمواد التعليمية المبرمجة والاختبارات مرجعية المحك التي تطبق بطريقة منظمة،وذلك من أجل الوقوف على مدى نجاح المتعلم في إنجاز الأهداف المحددة له.

ثانيهما: أن التكنولوجيا تظهر من خلال النماذج والإجراءات التي تستخدم في بناء المنهج وتقويمه وتطويره من جانب، وفي بناء النظم التعليمية وتقييمها وتطويرها من جانب آخر. إذ يمكن الاستفادة من أنواع التكنولوجيا الملائمة في تحديد أهداف المنهج

وترتيب المواقف التعليمية التعلمية التي يتم تقديمها للمتعلمين. والوقوف على مدى استفادتهم من البرامج التعليمية في ضوء الاختبارت التي يتم استخدامها وإدارتها من خلال التكنولوجيا في جمع وتحليل البيانات المتعلقة بعناصر العملية التعليمية، وتبويب تلك البيانات وتحليلها إحصائيا، وتقديم التوصيات التي تفيد في عملية التغذية الراجعة من أجل تحسين المنهج وتطويره.

هذا وقد انصب اهتمام المدخل التكنولوجي في مجال المنهج للوهلة الأولى على كيفية التدريس بدلا من الاهتمام بمحتوى التدريس، ثم تطور الأمر بعد ذلك، حيث نظر أصحاب هذا الاتجاه إلى تكنولوجيا التربية في مجال المناهج على أنها وسائل كافية وفعالة بالنسبة لتحقيق الأهداف المحددة من جانب مخططي المنهج، بالإضافة إلى أنه يمكن تقديم الكثير بالنسبة لعمليتي التعليم والتعلم (سعادة، 2001)

ويمكن تعريف المنهج التكنولوجي على أنه مجموعة المواقف التعليمية التعلمية التي يستعان في تصميمها وتنفيذها وتقويم أثرها، بتكنولوجيا التربية ممثلة في الحاسوب التعليمي والكتب المبرمجة والحقائب التعليمية وسائر أنواع التعلم الذاتي من أجل تحقيق أهداف محددة بوضوح يمكن الوصول إليها وقياسها، ويستعان في ذلك بنتائج الأبحاث المتخصصة في هذا المجال.

وفي ظل هذا التعريف لا يتم النظر إلى التكنولوجيا التربوية على أنها مجرد مجموعة من الأجهزة والمعدات، بل يتم تناولها بشكل جميع عناصر العملية التعليمية التعلمية من معلم ومتعلم، و رسالة أو محتوى تعليمي، وطرق تفاعل وأدوات تقويم وتطوير. ويعكس هذا المدخل في تعريف المنهج، العلاقة التفاعلية بين كل من الجانب البشري والجانب النظري والأجهزة والمعدات، والبرامج والمواد التعليمية التعلمية، وذلك من أجل تحقيق مزيد من فعالية العملية التعليمية التعلمية.

كان نوع التربية المنشودة فإنها لا يمكن أن تؤتى ثمارها دون معلم قادرعلى استنهاض قدرات المتعلمين، ويساعدهم على الانطلاق نحو السبق في العالم الجديد، وغرس كل متميز من معطيات العصر، ومن هنا كان لا بد من إعداد هذا المعلم الإعداد المناسب الذي يتيح له فهم المتغيرات الجديدة في التربية والتكيف مع الدور الجديد المناط به. ولذا فقد أولت الدول اهتماما كبيرا بمعلميها تدريبا وتثقيفا بغرض

رفع كفاءتهم وقدرتهم التدريسية. فكانت المناهج التكنولوجية جزءا أساسيا من المقررات الدراسية لإعداد المعلمين (غنيمة، 1996)

كما ظهرت العديد من البحوث والدراسات التي اهتمت بالكفايات التعليمية وتكنولوجيا التعليم، ولكن بشكل منفصل، وكانت تهدف في غالبها إلى إبراز ما لهاتين الحركتين من دور فعال في عمليتي التعليم والتعلم. في حين نادت بعض الدراسات بضرورة الاهتمام بكلتا الحركتين كمفهوم واحد، وهذا ما دعا إليه (Hunt,1977) بقوله: أنه إذا أريد للتقنيات أن تكون جزءا مهما في تعلم الفرد فيجب إجراء اختبار دقيق ليس فقط على استخدام الأجهزة والمصادر التعليمية بل اختبار الدور الذي يؤديه المعلم في غرفة الصف. ومن هنا جاء اهتمام العديد من التربويين في مجال الكفايات التكنولوجية (Heinich, Molenda, and Russel,1982). وازدادت الأصوات المنادية باستخدام تكنولوجيا التعليم في النظام التربوي الحديث(المر،1980).

وتعد تكنولوجيا التربية أحدث حقل في مجال البحث والتطبيق، كما تعد توجها جديدا نحو التعليم والتعلم، ونظرة وممارسة جديدة في الأنظمة التعليمية، ومهما كانت تكنولوجيا التربية ذات جدوى من الناحية العملية وتجديدية من الناحية النظرية تبقى إمكاناتها عقيمة إن لم يقم المعلمون باستيعابها وتطويرها وتطبيقها (الجميلي،1993).

الفصل الأول

تكنولوجيا التعليم ومصادر التعلم فيها

ماذا نعني بالتكنولوجيا Technology؟

عربت كلمة تكنولوجيا بـ (تقنيات) من الكلمة اليونانية Techne وتعني فنًا أو مهارة، والكلمة اللاتينية Texere وتعني تركيبًا أو نسجًا والكلمة Loges وتعني علمًا أو دراسة، وبذلك فإن كلمة تقنيات تعني علم المهارات أو الفنون، أي دراسة المهارات بشكل منطقي لتأدية وظيفة محددة. ويقرر (هاينك Heinich، 1984) بأن أساس تكنولوجيا التربية ليست نظريات التعلم كما هو الاعتقاد عند بعض التربويين، وبأن هناك تعريفين يمكن الاستفادة منهما في تعريف تكنولوجيا التربية هما:

- **تعريف (جلبرت** Galbraith، 1976)

التكنولوجيا هي التطبيق النظامي للمعرفة العملية، أو معرفة منظمة من أجل أغراض عملية.

- **تعريف (دونالد بيل** Donald Bell، 1973)

التكنولوجيا هي التنظيم الفعال لخبرة الإنسان من خلال وسائل منطقية ذات كفاءة عالية وتوجيه القوى الكامنة في البيئة المحيطة بنا للاستفادة منها في الربح المادي.

ماذا نعني بتكنولوجيا التعليم؟

- **تعريف تكنولوجيا التعليم** IT education

تكنولوجيا التعليم هي عملية متكاملة تقوم على تطبيق هيكل من العلوم والمعرفة عن التعلم الإنساني واستخدام مصادر تعلم بشرية وغير بشرية تؤكد نشاط المتعلم وفرديته بمنهجية أسلوب المنظومات لتحقيق الأهداف التعليمية والتوصل لتعلم أكثر فعالية.

• **تعريف اليونسكو**

تكنولوجيا التعليم هي منحنى نظامي لتصميم العملية التعليمية وتنفيذها وتقويمها كلها تبعًا لأهداف محددة نابعة من نتائج الأبحاث في مجال التعليم والاتصال البشري مستخدمة الموارد البشرية وغير البشرية من أجل إكساب التعليم مزيدًا من الفعالية (أو الوصول إلى تعلم أفضل وأكثر فعالية).

• **تعريف لجنة تكنولوجيا التعليم الأمريكية**

تتعدى تكنولوجيا التعليم نطاق أية وسيلة أو أداة.

ومن هنا يمكن تعريف تكنولوجيا التعليم بأنها: "منحنى نظامي لتصميم العملية التعليمية، وتنفيذها وتقويمها ككل، تبعًا لأهداف محددة نابعة من نتاج الأبحاث في مجال التعليم والاتصال البشري، مستخدمة الموارد البشرية وغير البشرية من أجل إكساب التعليم مزيدًا من الفعالية (أو الوصول إلى تعلم أفضل، وأكثر فعالية)".

بهذا المعنى الدلالي لمصطلح "التكنولوجيا " يرى جابر عبد الحميد (1979) بأن مصطلح "وسائل تكنولوجيا التعليم" يكتسب بعدا دلاليا شموليا أبعد مما يظنه البعض بأنه لايزيد في معناه عن استعمال الطرق والأساليب التعليمية الحديثة أو استخدام الآلات التعليمية المتطورة أو الاجهزة التعليمية الراقية المستخدمة في العملية التربوية.

إن "وسائل تكنولوجيا التعليم" في حقيقتها أوسع من هذا بكثير فهي تشمل في دلالتها المعنوية قطعة الطباشير والسبورة حتى أرقى معامل اللغات وأطور الاجهزة التعليمية ودوائر التلفزة المغلقة والحاسبات الالكترونية والاقمار الصناعية - المواد التعليمية داخلها- والاستراتيجيات التعليمية الموضوعة لكيفية تطبيقها وضمن أي نمط من الانماط التعليمية أيضا فهل تستخدم في تعليم جماهيري أو جماعي أو في مجموعات مصغرة أو زوجية أو فردية وفي أي نمط بيئي تستخدم هذه الوسائل التكنولوجية.

مما تقدم يمكن القول بأن استعمال الطريقة الحديثة في العملية التعليمية ووفق أسس مدروسة مبنية على ابحاث علمية رصينة أكدتها التجربة هو ما يتعارف عليه بمصطلح "تكنولوجيا التعليم" والذي يعني جميع الطرق والأدوات والمواد والاجهزة والتنظيمات المستعملة في نظام تعليمي معين تحقيقا لأهداف تربوية خاصة يتمّ تحديدها مسبقا لأجل تطوير ذلك البرنامج التربوي وتفعيله.

إذن "تكنلوجيا التعليم" بالمعنى الآلي كما يوصّفه لنا ابراهيم عصمت (1979) عملية لا تقتصر ـ دلالتها على مجرد استخدام الالات والاجهزة الحديثة ولكنها تعني أساسا منهجية في التفكير لوضع منظومة تعليمية (SystemApproach) أي اتباع منهج واسلوب وطريقة في العمل تسير وفق خطوات منظمة ومستعملة كافة الإمكانيات التي تقدمها التكنولوجيا وفق نظريات التعليم والتعلم الحديثة مثل المواد البشرية والموارد التعليمية والمخصصات المالية والوقت اللازم ومستوى المتعلمين بما يحقق أهداف المنظومة.

والمنظومة التعليمية يعرفها لنا ابراهيم عصمت (1979) بانها مجموعة من العناصر المتداخلة والمترابطة والمتكاملة مع بعضها بحيث يؤثر كل منها في الآخر من أجل أداء وظائف وأنشطة تكون محصلتها النهائية تحقيق النتائج المراد تحقيقها من خلال هذه المنظومة وبناءا عليه فإن المنظومة على رأي ابراهيم عصمت تتكون من خمسة عناصر أساسية يمكننا تلخيصها كما يلي:
أولا: المداخلات (In-put)

وتشمل كافة العناصر التي تدخل بالمنظومة من أجل تحقيق أهداف محددة وتعتبر هذه الأهداف من مدخلات المنظومة ومن العوامل التي تؤثر في حركتها.
ثانيا: العمليات (Processes)

وتشمل كافة الأساليب والتفاعلات والعلاقات التي تحدث بين المكونات التي دخلت المنظومة أي ـ المدخلات ـ بحيث تؤدي في النهاية إلى تحقيق النتائج المطلوب تحقيقها.
ثالثا: المخرجات (Out-put)

وتشمل سلسلة الانجازات والنتائج النهائية التي تم التوصل إليها من خلال المنظومة وفي الوقت نفسه فإن هذه النتائج يستدل بها كمعيار لقياس وتقويم مستوى الانجاز ومقداره فالتغيرات المتوقع حدوثها في معرفة سلوك المتعلم هي مخرجات المنظومة.

رابعا: التغذية الرجعية (Feed back)

تعني كافة المعلومات والبيانات الناتجة من أنشطة عنصرين أو أكثر في النظام وبالرجوع إليها يمكن اجراء التعديلات والتوافقات في المنظومة وهذا العنصر من عناصر المنظومة يمثل المعلومات التي نحصل عليها من نتيجة وصف المخرجات وتحليلها في ضوء معايير خاصة تحددها الاهداف المقررة للمنظومة كما أنها تعطي المؤشرات عن مدى تحقيق الاهداف وإنجازها وتبين حجم السلبيات والإيجابيات في أي جزء من أجزاء المنظومة.

خامسا: البيئة (Environment)

تعني العوامل البيئية المحيطة بالمنظومة من ضوء وحرارة وتوصيل كهربائي ومقاعد وأبنية مدرسية وظروف اجتماعية وظروف المتعلمين المادية.

وفي ضوء ما تقدم يمكن الاستنتاج بان التكنولوجيا طريقة نظامية تسير وفق المعارف المنظمة، وتستخدم جميع الامكانات المتاحة أمادية كانت أم غير مادية، بأسلوب فعال لإنجاز العمل المرغوب فيه، إلى درجة عالية من الإتقان أو الكفاية وبذلك فان للتكنولوجيا ثلاثة معان:-

1. التكنولوجيا كعمليات (Processes): وتعني التطبيق النظامي للمعرفة العلمية.

2. التكنولوجيا كنواتج (Products): وتعني الأدوات، والأجهزة والمواد الناتجة عن تطبيق المعرفة العلمية.

3. التكنولوجيا كعملية ونواتج معا: وتستعمل بهذا المعنى عندما يشير النص إلى العمليات ونواتجها معا، مثل تقنيات الحاسوب. (الحيلة، 1998، ص 21-22)

وعرف فؤاد زكريا التكنولوجيا بأنها " الأدوات والوسائل التي تستخدم لأغراض عملية تطبيقية، والتي يستعين بها الإنسان في عمله لإكمال قواه وقدراته، وتلبية تلك الحاجات التي تظهر في إطار ظروفه الاجتماعية ومرحلته التاريخية ويتضح من هذا التعريف ما يلي:-

1. إن التكنولوجيا ليست نظرية بقدر ما هي عملية تطبيقية تهتم بالأجهزة والأدوات.
2. إن التكنولوجيا تستكمل النقص في قدرات الإنسان وقواه.
3. إن التكنولوجيا وسيلة للتطور العلمي.
4. إن التكنولوجيا وسيلة لسد حاجات المجتمع.(نشوان، 2000، ص 16)

تكنولوجيا التربية Educatioal Technology

من ابرز مظاهر التجديد التربوي

ظهر هذا المصطلح نتيجة الثورة العلمية والتكنولوجية التي بدأت عام 1920م عندما أطلق العالم فين (Finn) هذا الاسم عليه.

ويعني هذا المصطلح تخطيط وإعداد وتطوير وتنفيذ وتقويم كامل للعملية التعليمية من مختلف جوانبها ومن خلال وسائل تقنية متنوعة، تعمل ميعها وبشكل منسجم مع العناصر البشرية لتحقيق أهداف التعليم.(جامعة القدس المفتوحة، 1992، ص 8-31)

ويرى "براون" تكنولوجيا التربية أنها طريقة منظومة لتصميم العملية الكاملة وتنفيذها وتقويمها وفق أهداف خاصة محددة ومعتمدة على نتائج البحوث الخاصة بالتعليم والاتصالات وتستخدم مجموعة من المصادر البشرية وغير البشرية بغية الوصول إلى تعلم فعال.

وتعرف جمعية الاتصالات الأمريكية تكنولوجيا التربية بأنها عملية متشابكة ومتداخلة تشمل الأفراد والأشخاص والأساليب والأفكار والأدوات والتنظيمات اللازمة لتحليل المشكلات التي تدخل في جميع جوانب التعليم الإنساني وابتكار الحلول المناسبة لهذه المشكلات وتنفيذها وتقويم نتائجها وإدارة العملية المتصلة بذلك. (الفرا، 1999، ص 125)

تكنولوجيا التربية Educatioal Technology:ادخال موضوعات جديدة ومعاصرة واستبعاد موضوعات اصبحت مهشمه او ايله للسقوط وان القاسم المشترك في

كل التجديدات التربويه هو استخدام وتفعيل التكنولوجيا كمكون اساسي لعمليات التجديد والتجديد قـد يكون شاملا او جزئيا محدودا ويستحدث تطويرا في معادله الثوابت.

تكنولوجيا التعليم Enstructional Technology

ويطلق عليها التقنيات التعليمية، مجموعة فرعية مـن التقنيات التربويـة، فهـي عمليـة متكاملـة (مركبة) تشمل الأفراد والأساليب والأفكار والأدوات والتنظيمات التي تتبع في تحليل المشـكلات، واستنباط الحلول المناسبة لها وتنفيذها، وتقويمها، وادراتها في مواقف يكون فيها التعليم هادفا وموجها يمكن التحكم فيه، وبالتالي، فهي إدارة مكونات النظام التعليمي، وتطويرها.(الحيلة، 1998، ص 6)

ويعرف رضا تكنولوجيا التعليم على أنها عملية الإفادة من المعرفة العلمية وطرائق البحث العلمي في تخطيط وإحداث النظام التربوي وتنفيذها وتقويمها كل على انفراد. وككل متكامـل بعلاقاتـه المتشـابكة بغرض تحقيق سلوك معين في المتعلم مستعينة في ذلك بكل من الإنسان والآلة. (جامعة القدس المفتوحة، 1992، ص 15)

وأكثر تعريف لاقى رواجا وقبولا لتقنيات التعليم لدى التربويين هو تعريف لجنة تقنيات التعليم الأمريكية الواردة في تقريرها لتحسين الـتعلم " تتعـدى التقنيـات التعليميـة نطـاق أيـة وسـيلة أو أداة ". (الحيلة، 1998، ص 26).

مكونات تكنولوجيا التعليم

النظرية والممارسة

لكل مجال أو نظام دراسي قاعدة معرفية تعتمد عليها الممارسة والتطبيق وتستنتج هـذه المعرفـة النظرية المكونة من المفاهيم والمبادئ والافتراضات من البحوث أو الممارسة التي تزودنا بمعلومـات نتيجـة مرور الفرد في خبرة.

التصميم والتطوير والاستخدام والإدارة والتقويم

تشير هذه المصطلحات إلى خمسـة مكونـات أساسـية في تكنولوجيا التعليم، ولكـل منهـا قاعـدة معرفية لها ممارسة وتطبيق أي وظيفة معينة، ويعتبر كل منها موضوعًا دراسيًا منفصلاً عن غيره.

العمليات والمصادر

العملية سلسلة من الإجراءات الموجهة نحو تحقيق هدف مثل عملية التصميم وعملية نقل الرسالة.

المصادر تستخدم لكي تساند التعليم، وتشمل الأفراد والتسهيلات المادية والميزانية والمواد والأجهزة وغير ذلك مما يدعم التعليم.

التعلم Learning

هو نشاط يقوم فيه المتعلم بإشراف المعلم أو بدونه، يهدف اكتساب معرفة أو مهارة أو تغيير سلوك.

الهدف النهائي لتكنولوجيا التعليم هو إحداث التعلم والتأكيد على مخرجات التعلم، فالتعلم هو الهدف، والتعليم هو الوسيلة المؤدية إلى ذلك إن كان فعلاً.

التعليم Instruction:

هو التصميم المنظم المقصود للخبرة (الخبرات) التي تساعد المتعلم على إنجاز التغيير المرغوب فيه في الأداء، وعموماً هو إدارة التعلم التي يقودها المعلم.

الفرق بين تكنولوجيا التربية و تكنولوجيا التعليم

تكنولوجيا التربية Technology Education هي طريقة منهجية في التفكير والممارسة، وتعد العملية التربوية نظامًا متكاملاً تحاول من خلاله تحديد المشكلات التي تتصل بجميع نواحي التعلم الإنساني وتحليلها، ثم إيجاد الحلول المناسبة لها لتحقيق أهداف تربوية محددة والعمل على التخطيط لهذه الحلول وتنفيذها وتقويم نتائجها وإدارة جميع العمليات المتصلة بذلك.

تكنولوجيا التربية هي إدارة مصادر التعلم وتطويرها على وفق منحنى النظم وعمليات الاتصال في نقل المعرفة.

أما تكنولوجيا التعليم فهي نظام فرعي من تكنولوجيا التربية وبعد واحد من أبعادها.

تكنولوجيا التربية أعم وأشمل من تكنولوجيا التعليم، فالثانية جزء من الأولى، بل هي الجانب الإجرائي منها.

تكنولوجيا التربية وتكنولوجيا التعليم

رغم التعريفات المنفصلة السابقة لكل من هـذين المصطلحين إلا أننا نلاحـظ التشـابه والتشـابك الكبيرين في المفهوم، وصعوبة التفريق بينهما وهناك العديد من الكتاب من استخدام المصطلحين للتعبير عن ذات المفهوم، إلا أن البعض الآخر ميز بينهما أمثال " الحيلة " الذي قال:-

ان مفهوم التقنيات التعليمية (تكنولوجيا التعليم) يدل على تنظيم عملية التعليم والتعلم، والظروف المتصلة بها مفرقا بينه وبين مفهوم التقنيات التربوية الدال على تنظيم النظام التربوي، وتطويره بصورة شاملة يمتد أثرها إلى تطوير المنهاج، وتأليف الكتب المدرسية وتوافر الوسائل التعليمية، وتدريب الجهاز التربوي، والمبنى المدرسي والبحث عن أفضل استراتيجيات التعليم والتعلم، وتوظيفها في العملية التعليمية. (الحيلة، 1998، ص 6)

وميز بينهما كذلك الفرا فعرف التقنيات التربوية بأنها طريقة منهجية تكون نظاما متكاملا وتحاول من خلال تحديد المشكلات التي تتصل ببعض نواحي التعلم الإنساني وتحليلها ثم الإسهام في العمل على التخطيط لهذه الحلول وتنفيذها وتقويم نتائجها.

أما التقنيات التعليمية فهي عملية منهجية في تصميم عملية التعليم والتعلم وتنفيذها وتقويمها في ضوء أهداف محددة تقوم أساسا على البحوث في تعليم الإنسان وتستثمر جميع المصادر المتاحة البشرية وغير البشرية، وذلك لإحداث تعلم مثالي.(الفرا، 1999، ص 127)

وهناك لبس آخر وهو بين معنى المصطلح " تقنيات التربية " ومعنى مصطلح " التقنيات في التربية " الذي يؤكد على استخدام الأجهزة والأدوات والمواد في التربية والتعليم. في حين ان المصطلح التقنيات التربوية (التكنولوجيا التربوية) مرادف لتحسين عملتي التعليم والتعلم والارتقاء بهما. (اسكندر و غزاوي، 1994، ص 16).

مصادر التعلم في تكنولوجيا التعليم

الأفراد

المدرسين والمشرفين ومساعدي المدرسين (مصادر تعلم بالتصميم) كما يضاف إليهم المهنيون من البيئة مثل الأطباء والمحامين والشرطيين والعسكريين الذين يستخدمهم المدرس في تعريف دورهم للمتعلمين (مصادر تعلم بالاستخدام).

المحتوى التعليمي (الرسالة التعليمية)

الأفكار والرموز والبيانات والمفاهيم والمبادئ والنظريات والميول النفس حركية والاتجاهات والقيم، وتصاغ في صورة كلمات أو رسوم أو صور سينمائية متحركة أو فيديو أو أقراص للحاسب.

المواد

هي الأشياء التي تحمل محتوى تعليمي، فإذا كانت المواد قادرة على نقل التعليم فتسمى (وسط) مثل الفيديو والصوت والبرامج، أما إذا كانت لا تنقل التعليم كاملاً إلى المتعلم فيطلق عليها مواد ولا تسمى وسائط.

الأجهزة والتجهيزات

هي الأجهزة والأدوات التي تستخدم في إنتاج المصادر الأخرى أو في عرضها (الكاميرات، آلات التصوير، الحاسوب،... الخ).

الأماكن

هي الأماكن والبيئات التي يتم فيها تفاعل المتعلم مع المصادر الأخرى للتعلم، مثل المكتبة المدرسية والمختبر والمبنى المدرسي... الخ.

الأساليب

هي مجموعة الطرق والاستراتيجيات وخطوات العمل التي يقوم بها الأفراد أو تستخدم بها المواد التعليمية والأجهزة التعليمية

فوائد واستخدامات الأدوات التكنولوجية في العملية التعليمية

برنامج word

1- تنمية المهارات اللغوية 2- كتابة اليوميات 3- تجهيز التقارير المدرسي

برنامج PUBLISHER

ويمكن استخدامه مع word في تطوير و إنشاء نشرة صفية الكترونية أو مجلة PowerPoint أنتاج عروض مرئية وعرض نتائج الأبحاث المسوحات وغيرها

قواعد البيانات ACCESS

1- التعامل مع المواضيع المتعلقة بإدارة المواد

2- تشجع على دراسة الأنماط

3- تحليل المعلومات والبيانات الإحصائية

4- دراسة التمثيل البياني للمعلومات الإحصائية

البريد الالكتروني

1- تنمية المهارات اللغوية و الكتابية

2- تنمية مهارات التواصل و الاتصال

3- يمثل تغذية راجعة بين المعلم و الطالب

منتديات المناقشة: من أدوات التكنولوجيا – اللامتزامن – التي لا تشترط التواجد بنفس الوقت على الشبكة , و يتم الوصول إليها من خلال الشبكة العالمية

1- تبادل المعلومات و الأفكار كتابيا

2- تمثل تغذية راجعة لما تحويه من إجابات و نقاشات

مجموعات الأخبار: و يتم الوصول إليها و إدارتها من خلال ملقم خاص بها و هي عبارة عن مواقع و نشرات الكترونية مخصصة لمواضيع معينة تمكن المشاركين فيها من قراءة وإرسال الرسائل .

برنامج Html

مساعدة الطلبة على أن يكونوا مبدعين و إيجابيين للمصادر الالكترونية بدلا من أن يكونوا سلبيين و مستهلكين لها

ابرز العمليات التي تستثيرها التكنولوجيا

1 – جمع وتمييز المعلومات

2- التصنيف و التنظيم

3- التلخيص و التركيب

4- التحليل و التقويم

5- التوقع و التنبؤ

فئات مصادر الانترنت التي يمكنها تعزيز المنهاج المبني على المحتوى

1- **البيانات المحفوظة**: بيانات تاريخية محفوظة و مفهرسة و منظمة و يجب على الطلبة إكتساب مهارة البحث , و التحليل و التنظيم للبيانات و التفسير مثل (مكتب إحصاء السكان الأمريكي)

2- **البيانات الآنية**: تقاس بمجرد الوصول للموقع و تساعد الطلبة على التعلم مثل (البيانات الآنية عن الأحوال الجوية , المركز الوطني لمعلومات الزلازل , عداد السكان , يا هو – الصفحة المالية –

3- **الاتصال**: ويشكل البريد الالكتروني أقوى وسائل الاتصال إذ يمثل 90% من الحركة عبر الشبكة , هذا بالإضافة إلى المنتديات و المجموعات و غرف المحادثة . (ياهو , كد لينك. فانتج نت , أصدقاء المراسلة)

4- **النشر**:يستطيع المعلمون و الطلاب تبادل معارفهم مع الجميع من خلال نشر موقع الكتروني (وهو من أكثر الأشياء إثارة لدى الطلبة) الذي يحثهم على أداء دور فعال في عملية التعلم . (ياهو – جيوسيتيز)

أكد العديد من التربويين على أن أفضل طريقة لتعلم التكنولوجيا تتم من خلال تعلمها ضمن سياق ذي معنى، أي من خلال المواقف الحقيقية من واقع الحياة.

تطور مفهوم تقنيات التعليم وتدرجه التاريخي

مر مفهوم تقنيات التعليم بعدة مراحل، حتى عصرنا الحاضر، إلى أن تبلور هذا المفهوم وفق أسس ثابتة، ورغم ذلك نجد مجموعة ليست باليسيرة من المعلمين والمتعلمين لا زالوا يخلطون بين مفهوم الوسائل التعليمية ومفهوم تقنيات التعليم.

الوسائل التعليمية وعملية التعلم..

لقد أكدت المدرسة القديمة بطرقها وأساليبها التعليمية على أن المدرس هو المصدر الأول للمعرفة والعامل الفاعل والمرتكز الأساسي لعملية التعليم.وبهذا أهملت

دور المتعلم كليا مع انه الأساس في النظرة الحديثة للتعليم، كما وأكدت المدرسة القديمة من خلال المنهج و المقررات الدراسية على تكثيف المعلومات النظرية الحديثة للتعليم عن طريق التحفيظ دون الاهتمام بالنظرية الحديثة للتعليم التي تعتمد الفهم و الإدراك للحقائق العلمية أما المدرسة الحديثة فقد ركزت على عناية للتعلم والتي تعتمد بشكل أساسي على استخدام المتعلم لجميع حواسه كأدوات التعلم تتصل بما حوله من مؤثرات، تنقلها إلى العقل الذي يقوم بتحليلها وتصنيفها على شكل معارف وخبرات يستوعبها ويدركها ليستخدمها لمواجهة ما يقابله من مواقف حياتيه جديدة. كما رفعة المدرسة الحديثة من قدر المدرس بأن جعلت منه موجه ومشرفا ينضم عملية التعليم والتعلم في ضوء استخدام وظيفي للأساليب والطرق الحديثة مع التركيز على التقنيات المتطورة والتي تخضع عملية التعليم والتعلم للطرقة العلمية التي تعتمد على المشاهدة والاستقرار والعمل وتنمية والاتجاهات.

فعن طريق المشاهدة والعمل واستخدام جميع أدوات التعلم لدى الإنسان (الحواس)، يكتشف المتعلم الحقائق العلمية أو أجزاء منها حيث يقوم العقل بتصنيفها لاستخلاص القوانين منها للوصول إلى الخبرات الحسية وأدراك وفهم الحقائق العلمية المطلوبة فالإنسان يتعلم بيديه وبينه وبأذنه وبحواسه الأخرى وبهذه الوسائل يشترك عقله ويشترك قلبه فيشترك جميعه في عملية التعلم، وبالتالي ينمو جميعه نموا محبب لنفسه وذلك لإحساسه بالتفاعل الكلي مع هذه العملية ويصبح السعي وراء العلم المعرفة وما يتطلبه من حب الاكتشاف والإدراك عادة محببة طبقاً معه طيلة حياته.

والطريقة العلمية لا تفصل بين الهدف والوسيلة، فالهدف يحدد الوسيلة المناسبة والوسيلة الجيدة يساعد على تحقيق الهدف ذلك من حيث كون الوسيلة التعليمية محتوى التعلمي يشمل واقع المعرفة ومرتكزاً للأسلوب التعليمي ومحور أساسي لموضوع الدرس وجزء لا يتجزأ من المادة التعليمية، كما أنها ليس معينات ولا مواد إيضاحية يمكن الاستغناء عنها والاكتفاء بالكلمة المجردة.

ومع ذلك على المدرس أن يدرك بأن أهمية الوسائل التعليمية لا تكمل في الوسيلة بحد ذاتها بل بمقدار ما تحققه هذه الوسيلة من أهداف سلوكية محددة ضمن نظام متكامل يضعه المدرس لتحقيق الأهداف العامة والخاصة للدرس.

وتجدر الإشارة هنا إلى أن مجال "الوسائط التعليمية"Educational Media يُعنى بالتعلم مـن خـلال الوسائط وبالتطبيقات التربوية لها، ويجب عدم الخلط بين هذا المصطلح ومجال ناشئ آخر اصطُلح عـلى تسميته بـ "تعلم الوسائط" Media Education فهو يُعنى بالتعلم عن الوسائط ومدى تأثيرها مـن النـواحي الأنثروبولوجية(*) والجماهيرية.

ويؤكد مصطلح "التكنولوجيا التعليمية" على تطبيقات التكنولوجيا والتي "... تعني أي فـن عـمـلي يستخدم المعرفة العلمية ..." (ساتلر، 1968: 6).

وقد لوحظ وجود درجة من الاضطراب في الناحية النظريـة بـين تعـاريف التكنولوجيـا التعليميـة وبين تطبيقات الباحثين الميدانيين، خاصة حين يكون الأمر متعلقاً بمراكـز التقنيـات والمصـادر التعليميـة في مراحل التعليم العالي. وكحل لهذا الاضطراب النظري فقد كان لا بد من تمييز مجال الوسائط إلى: "تقنيـات التعليم" و"التكنولوجيا التعليمية"، وذلك ليصبح مفهوم الوسائط أكثر وضوحاً.

* علم الإنسان أو الأنثروبولوجيا هو علم يهتم بكل أصناف وأعراق البشر في جميع الأوقات، وبكل الأبعاد الإنسانية. فالميزة الأساسية التي تميز علم الإنسان بـين كافة المجالات الإنسانية الأخـرى هـو تأكيـده على المقارنات الثقافية بين كافة الثقافات.

ويشرح برسيفال وإلينغتون هذا التمييز بقولهما أن التكنولوجيا التعليمية تضم كل الوسائط التـي يمكن بها عرض المعلومات باستخدام التكنولوجيا؛ وتنقسم هـي الأخـرى إلى قسـمين: التجهيـزات الفنيـة والمواد التعليمية. فالتجهيزات الفنية هي الأدوات المعدنية ذات الطابع الصـلب كعـارض الشـرائح وجهـاز الإسقاط العلوي والاستوديوهات التعليمية السمعية والتلفزيونية ... الخ، بينما تشمل المواد التعليمية كـل ما يرافق استخدام التجهيزات الفنية مثل الشفافيات والأشرطة السمعية والبرمجيات ونحوها. ولقد سبقت مرحلة تطوير التجهيزات الـفنية تاريخياً مرحلة تطوير المواد التعليمية لاستخدامهما في الأغراض التعليمية. ويمكن تعريف تقنيات التعليم بأنها الآلية الكلية لتحسين فاعلية طرق التعلم والتعليم وبذلك فهـي تهـتم بالجوانب الاقتصادية والتخطيطية

والتقويمية في العملية التربوية، ولهذا السبب فإنها تركز على "... معايير معينة يمكنها تحسين نوعية العملية التربوية ..." (برسيفال وإلينغتون، 1984: 13).

ويعتقد تاكر بأن التربويين يفضلون أن يروا التكنولوجيا التعليمية كطريقة لمزج العديد من العناصر المتداخلة عن طريق مدخل المنظومات Systematic Approach (تاكر، 1979: 13-14)، ويمكن تعريف الوسائط بطريقة منظومية في السياق العلمي أو المعارف المنتظمة الأخرى وبذلك فمن الممكن تصورها على أنها:

"ترتيب منظومي دقيق للتعليم والتعلم مصمم لممارسة معارفنا عملياً بنمط فعال يمكن توقعه وذلك لتحقيق أهداف تعلمية." (هاينش وآخرون، 1985: 19)

ويقدم المجلس الوطني البريطاني للتكنولوجيا التربوية تعريفاً منظوميا مشابهاً إلى حد كبير سابقه:

"... يمكن وصف التكنولوجيا بأنها علم تطبيق المعارف لأغراض عملية، وعليه فإن الظاهر أن تكنولوجيا التعليم تشمل تطبيق المعارف المتوافرة بطريقة منظومية لحل المشكلات في التربية والتدريب." (المجلس الوطني للتكنولوجيا التربوية، 1969: 7).

تطور مفهوم تقنيات التعليم

تكنولوجيا التعليم:

تكنولوجي: كلمة يونانية وتعني علم تطبيق المعرفة على الأغراض العلمية بطريقة منظمة. أو: المهارة في فن التدريس. هي: أكثر من التطور العلمي - أكثر من الإنجاز الهندسي - أكبر من القوى الميكانيكية.. فهي مجموعة الوسائل والأدوات التي يمكن أن تضيف لحياة الإنسان. وهي القوة المؤدية إلى الاختراعات، وهي المهارات والأجهزة والطرق.

ويظن البعض أن وسائل تكنولوجيا التعليم هي مجرد الأساليب الحديثة فقط من العملية التعليمية، ولكنها أعم وأشمل من ذلك فهي: سبورات، وأجهزة - ومعامل - ودوائر تليفزيونية مغلقة - وحاسب آلي - وأقمار صناعية - واستراتيجيات تدريسية، تُستخدم ضمن أي نمط تدريسي.

إن استخدام الطريقة الحديثة في التدريس بناءً على أسس مدروسة وأبحاث ثبت صحتها بالتجارب هي تكنولوجيا تعليم. وهي بمعناها الشامل تضم الطرق والأدوات والمواد والأجهزة والتنظيمات المُستخدمة في نظام تعليمي معيَّن بغرض تحقيق أهداف تعليمية محددة. وهي تعني الأخذ بأسلوب الأنظمة، بمعنى اتباع منهج وأسلوب وطريقة في العمل تسير في خطوات منظمة، وتستخدم كل الإمكانات التي تقدمها التكنولوجيا وفق نظريات التعليم والتعلم. ويؤكد هذا الأسلوب النظرة المتكاملة لدور الوسائل التعليمية وارتباطها بغيرها من الأنظمة ارتباطاً متبادلاً.

أهمية تكنولوجيا التعليم:

قد يظن البعض خطأً أن أهمية تكنولوجيا التعليم هي أهمية الوسائل التعليمية، ولكن هناك فرق بينهما، حيث أن الوسائل التعليمية هي جزء من تكنولوجيا التعليم، وبالتالي فإن أهمية تكنولوجيا التعليم أعم وأشمل من أهمية الوسائل التعليمية.

أهمية تكنولوجيا التعليم في العملية التعليمية

- الإدراك الحسي: حيث تقوم الرسوم التوضيحية والأشكال بدور مهم في توضيح اللغة المكتوبة للتلميذ.
- الفهم: حيث تساعد وسائل تكنولوجيا التعليم التلميذ على تمييز الأشياء.
- المهارات: لوسائل تكنولوجيا التعليم أهمية في تعليم التلاميذ مهارات معينة كالنطق الصحيح.
- التفكير: تقوم وسائل تكنولوجيا التعليم بدورٍ كبيرٍ في تدريب التلميذ على التفكير المنظم وحل المشكلات التي يواجهها.
- بالإضافة إلى: تنويع الخبرات، نمو الثروة اللغوية، بناء المفاهيم السليمة، تنمية القدرة على التذوق، وتنويع أساليب التقويم لمواجهة الفروق الفردية بين التلاميذ، و تعاون على بقاء أثر التعلم لدى التلاميذ لفترات طويلة، تنمية ميول التلاميذ للتعلم وتقوية اتجاهاتهم الإيجابية نحوه.

الفرق بين تكنولوجيا التعليم والوسائل التعليمية

سميت الوسائل التعليمية بالعديد من التسميات المختلفة نتيجة للتقدم التقني الذي رافق نوعية المواد التعليمية والتخصصات الفرعية لها وفي طرقها وأساليبها ومناهجها التعليمية وحتى بالهدف العام للعملية التربوية لتصبح الوسائل التعليمية في نهاية الأمر علما له مدلوله وتفريعاته وأهدافه وهو ما يطلق عليه مصطلح "تكنولوجيا التعليم"

وفي إطار ما سبق يمكن القول إن الوسائل التعليمية الحديثة التي يمكن استخدامها في زيادة تقبل الطلاب للمادة الدراسية هي كل ما يستخدمه المدرس من أدوات (وسائل) حسية تستخدم مع اللفظ أو بدونه في توصيل رسالة أو فكرة أو عناصر المادة الدراسية إلى الطلاب وتساعد على توصل المعلومات إلى أذهانهم بأسلوب منظم ومشوق وأسلوب يساعد على فاعلية عملية التدريس وزيادة تقبل الطلاب للمادة الدراسية والمتتابع لدراسات والأبحاث والكتابات الخاصة بوسائل التعليم يرى أن هناك عدة تسميات خاصة بوسائل وقد نبع هذا التعدد أو الاختلاف من مبدأين:

- طبيعة الوسيلة المستخدمة.

– دور هذه الوسيلة في العملية التعليمية.

وأننا في الحقيقة نرى أن المدلول أو التصور الضيق لأهمية الوسائل التعليمية الحديثة العملية التعليمية جعلها تسير في دائرة ضيقة ولم يحقق الغرض من استخدمها، وبصفة خاصة في الدول النامية، لأنهم ليضيعون الوسيلة التعليمية داخل نظرية شاملة تنظر لعملية التعليمية نظرة متكاملة منهجية تسير في خطوات متسلسلة تأثر كل منها في الأخرى بحيث تصبح الوسيلة التعليمية جزءا متكامل من استراتيجية التدريس التي يتبعها المدرس لتحقيق أهداف محددة يصوغها في صورة أنماط سلوكية يمارسها التلميذ ويمكن ملا حضتها وقياسها بطريقة موضوعية. وإنني أرى أن أهمية الوسائل التعليمية الحديثة لا يمكن في هذه الوسائل في حد ذاتها بقدر ما تحققه هذه الوسائل من أهداف سلوكية وتحقيق أهداف الدرس وحل المشكلات وزيادة تقبل الطالب للعملية التعليمية وللمادة الدراسية.. وهذا ما يحققه مفهوم (تكنولوجيا التربية) من خلال التركيز على وسائل التعليم كأسلوب في العمل وطريقة في التفكير وحل المشكلات بالاستعانة بنتائج البحوث في ميدان المعرفة.. أو إجراء بحوث تفيد في تطوير العملية التعليمية.. وتأتي الوسائل التعليمية الحديثة كحلقة في هذا المخطط المنهجي الذي يبدأ بتحديد أهداف الدرس وأتباع أسلوب منظم في تحقيق هذه الأهداف.

ولم تعد مهمة المدرس مقصورة على الشرح وإلقاء وإتباع الأساليب التقليدية في التدريس، بل أصبحت مسئوليتها الأولى هي رسم مخطط للإستراتيجية الدرس تعمل فيها طرق التدريس والوسائل التعليمية لتحقيق أهداف محددة مع الأخذ في الاعتبار جميع العناصر التي تؤثر في هذا الاستراتيجية التعليمية(*).

وفي الآونة الأخيرة تردد على أسماع المعلمين وغيرهم من المعلمين في الأوساط التربوية مصطلح جديد يرتبط بالوسائل التعليمية وهو مصطلح ((تكنولوجيا)) أو (تقنيات التعليم) فالمعلم الـذي يتفاعـل مع البيئة المدرسية مستخدم الأدوات أو الآلات التعليمية لتطويـع المـواد التعليمية الموجـودة في المدرسـة والاستفادة منها في تعليم طلابه، يقال أنها يستخدم (تقنيات التعليم)، فماذا يعني هذا المصطلح الذي صار يتردد على مسامعنا بصورة مطاردة على وجه التحديد ؟

(*)كلمة "استراتيجية" هـي اللفـظ المعـرب لكلمـة " strategie " الفرنسية أو strategy الانجليزية، وأصلها في هاتين اللغتين من الكلمة اللاتينية "stratêgos" من "stratos " وهو الجيش، وفعل "agein" بمعنـى قاد. وبهذا المعنى تكون كلمـــة "stratêgos" هي قائد الجيش، و "strategia" هي فن قيادة الجيش، أو فـن قيادة الحروب. ومع تطور الأسلحة والمعارك، أصبحت الكلمة تعني فن القيـادة خارج المعركـة. واتسعت دائرة استعمال المصطلح في العصر الحديث ليصبح دالاً عـلى قواعـد التخطيط أو فنـون التـدبير في جميع مجالات الحياة المعاصرة. والاستراتيجية تختلـف عـن التكتيـك الـذي يعنـي فـن تنفيـذ الخطـط، وتعني الاستراتيجية حالياً استخدام كل الوسائل والمعارف والمـواد لتحقيق أهداف معينـة، أي أن هنـاك تكامـلاً وتداخلاً بين الأهداف والوسائل، وعلى قدر تسلسل الأهداف واختيار أفضل الوسائل لتحقيقها، يكون تطور مستويات اتخاذ القرار.

أما **الاستراتيجية التعليمية** هو كـل مـا يتعلـق بأسلوب توصيل المـادة للطلاب مـن قبـل المعلـم لتحقيق هدف ما، وذلك يشمل كل الوسائل التي يتخذها المعلم لضبط الصف وإدارته؛ هذا وبالإضافة إلى الجو العام الذي يعيشه الطلبة، والتي تمثل الواقع الحقيقي لما يحدث داخل الصف من استغلال لإمكانات متاحة، لتحقيق مخرجات تعليمية مرغوب فيها.

الوسائل التعليمية الحديثة

تطور مفهوم تكنولوجيا التعليم:

المرحلة الأولى: **وفق الحواس**

التعليم المرئي – التعليم المرئي والمسموع – التعليم عن طريق جميع الحواس

المرحلة الثانية: **وفق المعينات التدريسية**

وسائل الايضاح – المعينات السمعية البصرية

المرحلة الثالثة: **وفق نظرية الاتصال**

الوسائل التعليمية وسيط بين المعلم (المرسل) والمتعلم (المستقبل).

المرحلة الرابعة: **وفق نظرية المنظومة**

الوسيلة جزء من منظومة التعليم.

يقرن الكثير من المربين استخدام وسائل التعليم بالتقدم الصناعي والتكنولوجي الذي شهده العالم في هذا القرن أو ما سمى بالثروة الصناعية وتطور وسائل الاتصال المختلفة. وفي الواقع أن الإنسان تعلم عن طريق المشاهدة أو ما نسميه بلغة العصر وسائل التعليم البصري منذ أو وطأت قدم الإنسان على سطح الكرة الأرضية، فقصة ابن أدم قابيل عندما قتل أخاه وقف حائراً أمام جثته لا يدري ماذا يفعل بها حتى أرسل الله له غراباً أراه ذلك، الدليل على تعلم الإنسان عن طريق المشاهدة.

وهكذا فان الوسائل التعليمية كمواد تعليمية وأسلوب تعليمي قديمة جدا رافقت حياة الإنسان منذ البداية، إلا أنها كمفهوم علمي مرت بتسميات متعددة أهمها.

1- الوسائل البصرية. Visual aids.

وسميت بالوسائل البصرية لكونها تعتمد حاسة البصر كمصدر أساسي للتعليم، والعين هي الإدارة الفعالة في هذا المجال، فالإنسان يشاهد ما حوله من حقائق تملئ بيئته الحياتية فيتفحص هذه الأشياء فيدركها ثم يفهمها وفي هذا تأكيد على ممارسة التعليم عن طريق الخبرات الحسية المباشرة. وقد أكد ذلك علماء التربية الأوائل كالحسن بن الهيثم الذي كان يفسر لطلابه ظواهر الطبيعة علميا. ورسو الذي أكد ضرورة وضع الأشياء أمام عين المتعلم حتى يراها ليتعلم تعليما واقعياً بعيداً عن الكلام المجرد.

اتخذت الوسائل التعليمية **البصرية** تسمياتها من الحواس التي تفعّلها فكانت أول تسمية لها هي التعليم البصري (Visual Instruction) لاعتقاد التربويين في هذه المرحلة بأن التعليم يعتمد على حاسة البصر بالدرجة الأولى وبأن 80:90% من الخبرات التي يحصل عليها المتعلم إنما تنتقل إليه عن طريق البصر مستندين في رأيهم هذا على المبدأ النفسي الذي يقرر بأن الفرد يدرك الأشياء التي يراها بشكل أفضل مما لو قرأ عنها أو سمع بها.

ثم ظهرت تسمية أخرى للوسائل التعليمية وهي التعليم السمعي (AudioInstruction) استند التربويون فيها على قناعة جديدة ترى في الجهاز السمعي لدى المتعلم العامل الأول في اكتساب معارفه وخبراته.ثم جاءت تسمية التعليم السمعي

البصري (Audio-Visual Instruction) التي تؤكد على حاستي السمع والبصر معا لاعتقادهم بأن هاتين الحاستين لهما الباع الأساس في اكتساب المعارف والخبرات مهملين بذلك ما لبقية الحواس -الشمّ والذوق واللمس- من أثر في كسب المعرفة.

ثم ظهرت تسميات جديدة أخرى لا تركز على أحادية الحاسة أو ثنائيتها في اكتساب المعلومة بل تؤكد على دور جميع الحواس فسميت الوسائل التعليمية بالوسائل الحاسية أوالوسائل الإدركية.

2- الوسائل السمعية البصرية Audio-visual

وتعني هذه التسمية التأكد على استخدام أكثر من حاسة من حواس الإنسان في العملية التعليمية كالبصر والسمع أي مرافقة الكلمة المنطوقة لعملية المشاهدة للأشياء سواء كانت حقيقة أو بديله، وقد زاد في تأكيد هذا الأسلوب ظهور السينما التي تعتمد تقديم المعارف بواسطة الصور المتحركة وما يرافقها من مؤثرات صوتية.

سميت الوسائل التعليمية في هذه المرحلة تسمية جديدة هي المعينات التدريسية أو المعينات التعليمية (Instructional Aids & Teaching-Aids) كما اتخذت تسمية آخرى هي "وسائل الايضاح" أو "المعينات السمعية البصرية" وسبب هذه التسمية راجع إلى استعانة المعلمين فيها في تدريسهم. ومما يؤخذ على هذه التسميات اجمالا بأنها تجعل استعمالية هذه الوسائل استعمالية مقيدة الغاية ذات قيمة وأهمية ثانوية يمكن للمعلم اللجوء إليها أو الاستغناء عنها هذا من جهة ومن جهة أخرى فقد ربطت هذه التسميات الوسائل التعليمية بالمدرس لتوضيح ما يصعب شرحه ولكنها اهملت المتعلم ولم تعطه أيّ دور أو قيمة لا في الاعداد لها ولا في التطبيق عليها.

وسواء أكانت الوسائل سمعية وبصرية فيجب أن تشكل جزءا أساسي لا يتجزأ من المادة التعليمية ومن عملية التعليم نفسها. ومن هنا كانت تسمية الوسائل التعليمية أشمل وأعم حيث أنها تعتمد جميع حواس الإنسان وأساليب العمل واستخدام كل الإمكانيات المتوفرة في بيئة المتعلم.

3- تكنولوجيا التدريس IT Staff

وتكنولوجيا التدريس هي استخدام المدارس للطرق النظرية والعملية في إطار العملية التربوية للوصول إلى تعليم أكثر فعالية.

وقد عرف تيكتون هذا المفهوم بأنه، (طريقة منظمة للتصميم وتنفيذ وتقويم العملية التربوية على أساس من البحث العلمي عن طرق التعليم الإنساني مصحوبة باستخدام مصادر بشرية وغير بشرية للوصول إلى عملية تعلميه متطورة تتسم بتأثير والجودة).

ومن هنا يتبين لنا أن تكنولوجيا التدريس تساهم في حل المشاكل التعليمية في المدرسة وتوفر للمدارس إمكانات فعالة في تحسين مواقفه التعليمية.

ولقد أخذ التربويون ينظرون إلى الوسائل التعليمية على أنها أدوات لتحقيق الاتصال أي لتحقيق التفاهم بين عناصر الاتصال (المُرسِل والمستقبلِ والوسيلة والبيئة) مستندون في تفسيرهم هذا على مفهوم معطيات نظرية الاتصال في التربية Communication Theory والتي تعرف الوسيلة (Medium) بأنها القناة التي يتم بها نقل الاهداف التعليمية (الرسالة) من المُرسل إلى المستقبل لذا فإن قنوات الاتصال متعددة ويتم اختيارها وفق عوامل كثيرة منها ما يتعلق بالهدف التربوي وطبيعته ومنها ما يتعلق بالهدف السلوكي الذي يحدده المعلم ووفق متطلبات الهدف التربوي العام ومنها ما يتعلق أيضا بخصائص المتعلمين من حيث العمر الزمني والعقلي والفروق الفردية بينهم ومنها ما يتعلق كذلك بالموارد البشرية والمادية المتاحة ومنها ما يتوقف ايضا على اختيار الظروف البيئية التي يتم بها الاتصال.

ثم ظهرت عدة تسميات للوسائل التعليمية في المرحلة هذه مثل وسائل الاتصال (MeansCommunication) أو الوسائل التعليمية (Educational Media) وبهذا صار الاهتمام متجها على العملية الاتصالية واصبحت الوسائل التعليمية جزءا متمما لها لكن الانتقاد الموجه لهذه المفاهيم والتسميات أنها جعلت من الوسائل التعليمية قناة اتصال لحمل الرسالة من المُرسِل إلى المستقبل لا غير.

الاتصال: إدخال مفهوم الاتصال لإبراز مفهوم تكنولوجيا التعليم.

أهداف عملية الاتصال:

1 - نقل عادات العمل والتفكير من جيل إلى آخر

2 - دوام المجتمع.

3 - تلازم الحياة الاجتماعية مع الاتصال.

هدف الاتصال من وجهة نظر المرسل:

نقل فكرة - الاعلام - التعليم - الاقناع - الترفيه

هدف الاتصال من وجهة نظر المستقبل:

الفهم - التعلم - الاستمتاع - اكتساب معلومات جديدة.

عناصر الاتصال:

1 - المرسل

2 - المستقبل

3 - الرسالة

4 - قناة الاتصال

5 - بيئة الاتصال.

العوامل التي تؤثر على فعَّالية الاتصال

- عوامل تتعلق بالمرسل
- عوامل تتعلق بالمستقبل
- عوامل تتعلق بالرسالة
- عوامل تتعلق بالوسيلة نماذج مختارة لعملية الاتصال

4- تكنولوجيا التربية و التعليم Education and technology education

من المفاهيم الشائعة لدى الكثير من الناس ارتباط كلمة التكنولوجيا بالمبتكرات الحديثة الآلية و الإلكترونية والكمبيوتر وإنها وليدة الثورة الصناعية التي تعم حياة البشرية وحلول الإله محل الإنسان في كثير من المواقف إلا أن هذا الموقف يختلف اختلافا كبيرا بالنسبة للتربية حيث يبقى الإنسان سيد الموقف وعليه أن يسخر جميع هذه الأشياء في الوصول إلى نتائج أفضل في تحقيق أهدافه في مجالات التربية و التعليم. وتنبع هذه التسمية من الطبيعة الحركية التي تتكون منها هذه الوسائل وتستخدم في التربية فيما بعد.. مثل الصور الثابتة المتنوعة، والأفلام. التعليمية والتلفاز التعليمي والكمبيوتر وأشرطة التسجيل، وأشرطة الكاسيت وغيرها.

وقد عرف روبرت جانيه تكنولوجيا التعليم بأنها (تطوير مجموعة من الأساليب المنظمة مصحوبة معارف علمية لتصميم وتقويم وإدارة المدرسة كنظام تعليمي .(

كما عرفتها رابطة الاتصالات والتكنولوجيا التربوية الأمريكية بما يلي: تكنولوجية التعليم كلمة مركبة تشمل عدة عناصر هي: الإنسان والآلات والتجهيزات المختلفة والأفكار والآراء، أساليب العمل وطرق الإدارة لتحليل المشاكل وابتكار وتنفيذ وتقويم وإدارة الحلول لتلك المشاكل التي تدخل في جميع التعليم الإنساني.

وقد عرفها مجموعة من الباحثين العرب بأنها " تسخير المصادر المختلفة من بشرية وغيرها لتحسين نوعية الخبرات التعليمية وخل مشاكل التعليم."

حيث عرفت هذه الوسائل التعليمية الحديثة Modern teaching aidsبأنها الوسائل الحسية أو الأدوات والمواد الحسية التي يستخدمها المدرس لمساعدة الطلاب على فهم ما يريد له أن يفهمه على تدريبهم على وتنمية اتجاهاتهم كما عرفت أنها كل شي يحمل فكرة أو معنى أو رسالة ويستعين به المعلم لكي يوصل هذه الرسالة إلى غيره بجانب شرحه وأسلوبه.

كما يشير التاريخ الوسائل التعليمية الحديثة إلى كل الوسائل التي يستخدمها المعلم في الموقف التعليمي بغرض إيصال المعارف والحقائق والأفكار والمعاني للدارسين.

كما عرفت الوسائل التعليمية بأنها وسائط تربوية يستعان بها عادة لإحداث عملية التعليم ؛ فالمدرسة والمعلم والكلمة المفوضة والكتاب والصورة والشريحة وغيرها تعتبر كلها على هذه الأساس وسائل تعليمية مهمة لتوجيه وإنتاج التربية الرسمية للتلاميذ.

وقد أشار إلى أن هذه الوسائل هي مواد يمكن بواسطتها زيادة جودة التدريس وتزويد الطلاب بخبرات باقة الأثر.

والوسائل التعليمية الحديثة إنما هي جزء من المنهج باعتبارها تساعد في الحصول على خبرات منوعة لتحقيق غايات وأهداف المنهج وهي ... ليست بالمواد الثانوية أو الإضافية وإنما هي من الناحية العملية جزء متكامل مع ما يتضمنه المنهج المدرسي من مقررات دراسية، كالعلوم والرياضيات والمواد الاجتماعية واللغات وأوجه النشاط المتصلة بها وطرق وأساليب التدريس المختلفة في تدريسها.

ومع مرور الزمن بدأ النظر إلى الوسائل التعليمية نظرة متميزة تختلف في توصيفاتها عن التسميات السابقة حيث أخذ ينظر إلى الوسائل التعليمية في ظل مفهوم

جديد يطلق عليه اسم أسلوب المنظومات (System Approach) بمعنى أنها أصبحت جزءا لا يتجزأ من منظومة متكاملة وهي العملية التعليمية فلم يعد الاهتمام في العملية التربوية مقتصرا على المواد التعليمية أو الأجهزة التعليمية وحسب ولكن بدأ الاهتمام يتوجه إلى الاستراتيجية Strategies المعدة من قبل مصمم هذه المنظومة التعليمية (Designer) للكيفية التي سوف يتم بها استخدام هذه الوسائل لتحقيق الأهداف السلوكية المحددة مسبقا آخذا بنظر الاعتبار معايير اختيار الوسائل وأسلوب استخدامها ومدى توفر الإمكانيات المادية والبشرية المتاحة في البيئة التي تستخدم بها وقابليات المتعلمين والخصائص البيئية لهم مع مراعاة الأهداف التربوية والتعليمية المطلوب تحقيقها في جانبها المعرفي والسلوكي.

وفي إطار أسلوب "المنظومة" أُدخل علم تكنولوجيا التعليم (Instructional Technology) وأدخل أيضا علم (EducationalTechnology) الذي به تم تجاوز مفهوم الوسائل التعليمية في التعليم فاهتم بالعملية التعليمية ككل منذ بدايتها في تحديد الاهداف التربوية حتى التقويم مع الاستفادة الكبيرة من عنصر الرجع (Feed Back) على الدوام فنتج عن هذا التطور في مفهوم الوسائل التعليمية تسميات أخذ التربويون يطلقونها عليها ولعل من أبرز هذه التسميات التي يذكرها لنا أحمد منصور (1983):

1. الوسائل التكنولوجية المبرمجة للتعليم (Technologically Aided Programmed Learning).
2. الوسائل التكنولوجية التعليمية (Instructional Technology).
3. الوسائط المتعددة أو ما يطلق عليه (Multi Media System).

ولعل التسمية الاخيرة هي الأعم والاكثر شمولية في الدلالة على الأثر الوظيفي للوسائل التعليمية في ظل مفهوم "المنظومة" للعملية التعليمية في سياقها التربوي.

بإختصار يمكننا القول بأن الوسائل التعليمية بمفهومها القديم كانت تعني المواد التعليمية والادوات والاجهزة وقنوات الاتصال التي تنتقل بها المعارف والعلوم من المرسِل أي (المعلم) إلى المستقبِل أي (التلميذ). لكن هذا المفهوم تطور تطورا جادا وأصبح يشمل إلى جانب كل ما تقدم التخطيط والتطبيق والتقويم المستمر للمواقف التعليمية التربوية حتى تتمكن هذه المواقف من تحقيق أهدافها المقررة آخذة بنظر

الاعتبار جميع العناصر الداخلة والعمليات التي تحدث من أجل المخرجات المحددة مستخدما "الرجع" لتحديد مجالات الضعف التي تحدث سواء في المداخلات أو في العمليات.

الفصل الثاني

التقنيات التربوية Educational techniques

لقد أنتشر مصطلح تقنيات التعليم منذ نحو عقدين مـن الـزمن أو أكـثر قلـيلاً، واسـتخدام هـذا المصطلح في أحيان كثيرة، ليحـل محـل مصـطلحات الوسـائل التعليميـة أو الوسـائل السـمعية البصريـة أو الوسائل المعينة، إلى درجة أنها قد غلب على تفكير كثير من المعلمين والمشتغلين في مجال التربية والتعليم أن مصطلح التقنيات التعليمية كثير من المعلمين والمشتغلين في مجال التربية والتعليم أن مصطلح التقنيات التعليمية ما هو إلا مرادف لمصطلح الوسائل التعليمية وأن مصدر هذا المصطلح هو رغبة المربين في تطوير مصطلح الوسائل التعليمية أو الوسـائل السـمعية أو الوسـائل البصـرية لتتماشى مـع الوسـائل التعليميـة الحديثة، التي أمكن التوصل إليها نتيجة التقدم العلمي والتكنولوجي الناتج عن تطبيق المعـارف العلميـة المتقدمة / في مجال صناعة الأجهزة والمـواد التعليميـة خاصـة في ميـادين الكمبيـوتر والإذاعـة والتلفزيـون وأجهزة العرض.

المعتم و الشفاف، أشرطة التسجيل و غير ذلك من المواد و الأجهزة التعليميـة الحديثـة قـد يكـون لإطلاق مصطلح تقنيات التعليم و انتشاره علاقة بالتطور الحادث في مجال العلوم والتقنية،إلا أن ذلك – في واقع الأمر– ليس السبب الحقيقي أو الأساسي لـولادة مصطلح تقنيات التعليم،و انتشاره في الأوسـاط التربوية و لذا سنناقش في هذا الفصل أولا مفهوم تقنيات التعليم لننطلق عقب ذلك إلى توضيح موقع الوسائل التعليمية من هذا المفهوم.

وفي واقع الأمر فان إطلاق مصطلح تقنيات التعليم على الوسائل التعليميـة أو البصـرية إلى إضـفاء الغموض على ذلك المفهوم وقد نتج هـذا الغمـوض بسـبب اقتصـار إطـلاق هـذا المصـطلح عـلى الوسـائل التعليميـة السـمعية البصـرية ذات الأجهزة الحديثة،وقد تسـاءل بعضـهم عـن دور الوسـائل التعليميـة التقليدية واستخدامها بطريقة مبتكره من اجل تحقيق نتائج تعليمية واعده عن طري استخدام مما يبشرـ بنتائج قد تفوق في أثارها تلك الناتجة عن استخدام الوسائل الحديثة.

لقد أدت مثل هذه التساؤلات إلى إسراع المهتمين بهذا الميدان ألي التفكير في تشكيل فرق عمل و لجان فنية متخصصة لتحديد مضمون مصطلح التقنيات التربوية بعامه وتقنيات التعليم لكونها جزءا من التقنيات التربوية بخاصة.

و مصطلح تقنيات التعليم تعريب للمصطلح الأجنبي و إذا ما رجعنا إلى المعاجم يتبين لنا أن لفظة تكنولوجيا تعني بشكل عام دراسة كيفية وضع المعرفة العلمية قي إطار الاستخدام العلمي لتوفير الوقت و الجهد فيما هو ضروري لمعيشة الإنسان ورفاهيته.

وفي ضوء ذلك فانه يمكن القول أن (التقنيات التعليمية)لابد أن تشمل وضع الحقائق و النظريات العلمية في مجال تعلم الإنسان في مراحل نموه المختلفة،وطرق ووسائل تعلمه في إطار الضر وف الاجتماعية التي يعيش فيها في كل مرحلة من تلك المراحل موضع التطبيق العلمي و وذلك من اجل حل المشكلات التي تعوق تربية الإنسان وتعليمه بشكل متكامل في كل مرحلة من مراحل نموه.

وبصورة أكثر إيجازا، فان تقنيات التعليم هي نظام مخطط لتطبيق النظريات التربوية والنفسية بشكل يهدف إلى خدمة مجال تصميم و تنفيذ المنظومة التعليمية وتقنيات التعليم مكون من مكونات التربية أو جزء منها.

وتجدر الإشارة إلى أن تقنيات التعليم عملية تكاملية مركبة تهدف إلى تحليل مشكلات المواقف التعليمية ذات الأهداف المحددة،و إيجاد الحلول اللازمة لها،وتوظيفها وتقويمها و إدارتها، على أن تصاغ هذه الحلول في إطار مكونات منظومة كافة المكونات البشرية و المادية للموقف التعليمي،مما يعني تأكيد تقنيات التعلم على الجوانب التالية:

- وجود الأهداف التعليمية المحددة القابلة للقياس.
- مراعاة خصائص المتعلم و طبيعته.
- مراعاة إمكانات و خصائص المعلم.
- توظيف المواد والأجهزة التعليمية التوظيف الأمثل لخدمة مواقف التعلم.
- الاستفادة من النظريات التربوية في حل المشكلات وتصميم المواقف التعليمية الناجح.

وعلى الرغم من شيوع الآراء التي ترى صعوبة إيجاد تعريف دقيق شامل لمفهوم تقنيات التعليم، إلا أن الربط بين هذا المفهوم ومفهوم النظم قد قلل من أهمية تلك الآراء، حيث أصبح مفهوم تقنيات التعليم يستند إلى جذور مستمدة من كل من المفاهيم التالية:

مفهوم التكنولوجيا، ومفهوم التدريس ومفهوم النظم.

ولعلنا نستخلص مما سبق أن تقنية التعليم مجال جديد بالنسبة لغيره من المجلات، والعلوم الأكاديمية والأخرى. وقد أعتمد هذا المجال على علم النفس بفروعه المختلفة، كم أعتمد على علم الاجتماع، ونظرية الاتصال والإعلام، وكثير من العلوم الطبيعية كالفيزياء.، ومجال تكنولوجيا التعليم حيوي متطور، يكافح ليكون مجالاً علمياً في دقة العلوم الطبيعية، مما يجعل باحثيه يجتهدون في استخدام المنهج العلمي الرصين في بحوثهم، كما يجهدون لتحديد المصطلحات ولغة الحديث العلمي المتفق عليها.

وعلى الرغم من تعدد التعريفات الخاصة بتقنيات التعليم بمفهومها المعاصر، والذي استفاد من جميع المفاهيم السابقة في مجال الوسائل التعليمية، وعملية التعلم، فإننا سنعرف تقنيات التعليم بأنها (عملية منهجية منظمة لسير التعلم الإنساني، تقوم على إدارة تفاعل بشري منظم مع مصادر التعلم المتنوعة من المواد التعليمية والأجهزة أو الآلات التعليمية، وذلك بتحقيق أهداف محددة) وإذا تفحصنا هذا التعريف يمكن أن نلاحظ مايلي:

1- أنه مشتق من فهم خصائص التقنية لكونها عملية تفاعل بين الإنسان والبيئة المحيطة بها، والإنسان المتفاعل في تقنيات التعليم هو المعلم أو المتعلم أو فني الوسائل التعليمية، أما البيئة هنا فهي البيئة التعليمية بما تحتويه من مواد والآلات، وبطبيعة الحال فأن المواد هنا هي بالضرورة مواد تعليمية مثل: الكلمات المقروءة أو التسجيلات المسموعة أو المرئية، وهكذا الحال بالنسبة للآلات فهي أيضاً آلات تعليمية تستوعب تلك المواد من مثل جهاز التسجيل أو جهاز الفيديو.

2- أنه يستفيد من جميع مراحل التطور التاريخي لمجالي التـدريس والوسـائل التعليميـة ويشـير في ثناياه إلى مدخل النظام، كم يشير إلى عمليات التعليم الإنساني، ويشير إلى مفهـوم الاتصـال عـلى أنه أحد المفاهيم الرئيسية في ميدان التدريس والوسائل التعليمية كـم يشير أيضاً إلى الوسـائل السمعية البصرية سواء المواد أو الأجهزة التعليمية.

3- أنه يحدد المجالات التي ينبغي على المعلم وغـيره مـن المربين دراسـتها،. كي يكتسـب الكفايات المهنية الضرورية لشغل مكان التخطيط وإدارة المنظومات التعليمية، وهذه المجالات هي:

- دراسة أنواع المواد التعليمية
- دراسة أنواع الآلات التعليمية.
- دراسة أنماط التفاعل والعمليات اللازمة للتدريس وفق منظومة تقنيات التعليم.

وتجدر الإشارة إلى تأثر مفهوم تقنيات التعليم بالاتجاهات الحديثة التي نادت باسـتخدام مـداخل النظام لتحليل النظام التربوي إلى عناصره الرئيسة. ومدخل النظام هـو عبارة عـن محاولـة لتنسـق جميـع مظاهر أو مكونات أي ظاهرة بشكل موجه نحـو هـو تحقيـق أهـداف محـددة. والمقصـود بالنظام هنـا (مجموعة من العناصر المتفاعلة أو المستقلة، والتي تشكل معناً كلاً واحداً تتكامل مكوناته)

يبدو أن مجال الوسائل التعليمية قد مرّ في ثلاثة مراحل تطورية (سـاتلر، 1968): الأسلاف الأوائـل (حتى عام 1700)، والمشاركون المتأخرون (حتى عام 1900)، والفترة العلمية في التعليم التكنولـوجي (القـرن العشرين). وتشير الدراسات إلى تضاعف تطورات الوسـائط خـلال الفـترة الأخيرة خاصـة بعد أن أصبح التعليم الثانوي إلزامياً في الدول الغربية؛ وتزايد التفتيش عن مصادر وطرق تدريس جديدة بسـبب تزايـد أعـداد الطلاب المقيدين في المـدارس والجامعـات. وقد أشار تـاكر واصفـاً الكليـات التقنيـة المتوسـطة polytechnics:

"وكنتيجة للضغط الناتج عن الزيادة في أعـداد الطـلاب فقـد أصبح مـن الضروري تلمـس بـدائل إيجابية للتدريس الصفي التقليـدي. وبدا أن الوسائط التعليمية هي التي

تمثل بديلاً مناسباً لمشاكل تدريس الأعداد المتزايدة من الطلاب." (تاكر، 1990: 112).

ويعتبر ماكنزي وزملاؤه أن الوسائط قد أنجزت للمدارس "أربعة أهداف رئيسية:

الحاجة إلى الوصول إلى عدد أكثر من الطلاب، وأن تصلهم في إطار مجموعة محسنة من المواد التعليمية، ولتقديم فرص أكبر للدراسة الذاتية، وأن تسمح على الأقل باستجابة محدودة للطلاب. " (ماكنزي وزملاؤه، 1970: 93) .

الأسس النفسية والتربوية لوسائل التعليم التكنولوجية المبرمجة:

وجه التربويون جل اهتمامهم إلى العناية بكيفية إعداد المواد المتعلقة بالوسائل التكنولوجية وإنتاجها بطريقة عالية الكفاءة تحقيقا للأهداف التربوية السليمة كما انصب اهتمامهم باستراتيجية استخدام هذه الوسائل. إذ لم يعد الاهتمام مقتصرا فقط على العناية بكيفية استخدام الوسائل التكنولوجية في العملية التعليمية وهذا ما استدعى مراعاة جملة من الأسس النفسية والتربوية أشار إليها أحمد خيري (1970) والتي يمكن استعراضها كما يلي:

أولا:

إن الأثر التعليمي لدى المتعلم يرتبط ارتباطا طرديا بمدى مساهمته في العملية التعليمية فكلما زادت مساهمته فيها كلما زاد أثر التعليم في تغيير سلوكه وتعديله لذا أصبح تصميم البرامج التعليمية يعتمد على أسلوب "الوسائل التكنولوجية المبرمجة للتعليم" مما يستدعي بالمقابل من المتعلم أن يساهم مساهمة فعالة ودائمة في العملية التربوية وعلى أن يكون طوال مدة تعلمه ناشطا إيجابيا في برنامجه التعليمي.

ثانيا:

أن يكون للتعلم أثر حياتي واجتماعي كبير فينتقل المتعلم بهذا الأثر التعلمي من مجتمع المدرسة والصف إلى مجتمع الحياة لكي يستفيد المتعلم مما تعلمه في مواجهة ظروفه الحياتية إذ للوسائل التكنولوجية التربوية دور متميز في تضييق المساحة بين عالم المدرسة والعالم الخارجي للمتعلم.

ثالثا:

إن أثر الاتصال عن طريق الكلام وحده لا يساعد التلميذ على الاحتفاظ به إلا إذا تم تعزيزه بالتعليم عن طريق استخدام أكبر عدد ممكن من الحواس وهذا ما يمكن تحقيقه من خلال الوسائل التكنولوجية المبرمجة للتعليم.

رابعا:

إن الإعداد الذهني المسبق لدى المتعلم من أجل استقبال المعلومات أمر أكدته التربويات الحديثة فكان لابد لمصمم الوسيلة التكنولوجية من تضمينها الحوافز التي تتمكن من تعزيز قدرة المتعلم على مراقبة ومتابعة العناصر المعرفية المراد له تعلمها مما يسهل عليه توقع هذه المثيرات ومن ثم الاستجابة لها لمساعدته فيما بعد بإعادة وترتيب المجال الادراكي عنده.

خامسا:

إنّ إتاحة الفرصة للمتعلم للقيام بجملة استجابات منشطة تحقيقا لعملية تعليمية له اثر شديد في إدراك ما يتعلم لذا كان من المحتم على من يصمم الوسيلة التكنولوجية أن تحتوي على مواقف وخبرات تشجع المتعلم وتمنحه الفرصة بأن يمارس نشاطات فعالة للمادة التعليمية وبذلك تضمن له المشاركة في العملية التعليمية مشاركة جادة.

سادسا:

لابد من اشتمال الوسيلة التكنولوجية على ما يعزز السلوك المرغوب لدى المتعلم لذا لزم على مصمم الوسيلة أن يستخدم من خلالها عبارات التشجيع والاستحسان للاستجابات السليمة والصحيحة ويمكن إعطاء الاستجابات الصحيحة ليقارن المتعلمون بينها وبين استجاباتهم.

مما تقدم ذكره يمكننا التوصل إلى نتيجة مفادها إن من الأسس النفسية والتربوية للإعداد الجيد للوسائل التكنولوجية للتعليم ما يلي:

(1) تحديد الأهداف التربوية بدقة على المستوى السلوكي وبالتفصيل.

(2) ارتباط الوسيلة بالمنهج وطرق التعليم وعلم النفس.

(3) الأخذ بخصائص المتعلمين من العمر الزمني والعقلي وميله ورغباته وخبراته وبيئته.

(4) الأخذ بخصائص المعلم من حيث معرفة قدرته على استخدام الوسيلة بالإطلاع على أنواعها ومصادرها وطرق إنتاجها وكيفية تشغيلها.

(5) تجربة الوسيلة عمليا من خلال مرحلة الإعداد لها وقبل مرحلة استخدامها وحتى قبل مرحلة إنتاجها للتأكد من صلاحيتها.

(6) توفير المناخ المناسب لاستعمال الوسيلة من مراعاة للظروف الطبيعية المحيطة باستخدام الوسيلة كالإضاءة والتهوية وتوفير الأجهزة وطريقة وضعها.

(7) عدم ازدحام الدرس بالوسائل التكنولوجية ويتحقق هذا من خلال اختيار المعلم للوسيلة المناسبة لدرسه وطلابه وعلى ضوء الأهداف التربوية.

(8) تقويم وتقدير قيمة الوسيلة ومدى ملاءمتها للدرس وللدارسين بمرحلتين:

الأولى: التقويم الداخلي للوسيلة ويعني التقويم عند الإعداد والتصميم والتنفيذ للوسيلة

ثانيا: التقويم الخارجي والذي يعني تجريب الوسيلة على عينة ممثلة لمن يتعلم بهذه الوسائل التكنولوجية والتي تختار عشوائيا فإن حققت الوسيلة أهدافها تم تعميمها وإن فشلت يمكن مراجعتها للتعديل.

(9) استمرارية الوسيلة وذلك بأن تضمن الوسيلة مقترحات ببعض الانشطة التعليمية التي يمكن للمتعلمين تنفيذها بعد استخدام الوسيلة بمعنى الحرص على عدم انتهاء الفائدة من الوسيلة بانتهاء استعمالها.

الأسباب الدافعة إلى استخدام الوسائل التكنولوجية في التعليم

هناك جملة من الأسباب الدافعة إلى استخدام الوسيلة التكنولوجية المبرمجة بحيث أصبح هذا الاستعمال ضرورة لا غنى عنها في تحقيق الأهداف المعرفية والسلوكية للنشاط التربوي ومن هذه الأسباب ما يلي:

أولا: الانفجار المعرفي

تعيش البشرية الآن زمن صنع المعرفة بشكل متزايد وسريع حيث تطل علينا في كل يوم اختراعات واكتشافات وأبحاث جديدة في كافة المجالات المعرفية ولما كان الهدف من التربية في الأساس نقل المعرفة من الجيل الذي توصل إليها للجيل الذي بعده أصبحت التربية تتسم بالاستمرارية ولكي تحافظ على هذه الاستمرارية كان لابد عليها استخدام الوسائل التكنولوجية المبرمجة ويمكن تصنيف الانفجار المعرفي من عدة زوايا:

1. النمو المتضاعف وزيادة حجم المعارف.
2. استحداث تصنيفات وتفريعات جديدة للمعرفة الواحدة.
3. ظهور مجلات تقنية جديدة بدأ استعمالها في العملية التعليمية لنقل المعلومة والاحتفاظ بها مثل التلفاز والفيديو والسبورة الضوئية والكومبيوتر.
4. زيادة في عدد المتعلمين مما أدى إلى زيادة الإقبال على البحث العلمي الذي أدى بدوره إلى زيادة حجم المعرفة.

ثانيا: الانفجار السكاني

يعيش عالمنا اليوم مشكلة حادة وخطيرة تتمثل بزيادة عدد السكان وما يرافق هذه الزيادة من مشكلات اقتصادية واجتماعية وتربوية ولعل المشكلة التربوية من أهم تحديات العصر ـ الراهن حيث تواجه التربية في كل مكان مشكلة زيادة عدد طالبي العلم والمعرفة لادراك الأمم ما في المعرفة من فائدة ونفع تقف عليه أوضاعهم الاجتماعية والاقتصادية والانتقال بهم إلى أعلى درجات السلم الاجتماعي ولعلمها بأن أرقى أنواع الاستثمار هو الاستثمار العلمي الذي يقود إلى الاستثمار البشري فاتاحت الفرصة للتعليم أمام كل المواطنين بغض النظر عن ظروفه المادية والصحية والاجتماعية ليصبح واحدا من حقوق المواطنة التي تقاس بها حضارية الامة مما دفع بتلك الأمم إلى فتح مدارس جديدة وتسخير الامكانيات الطبيعية والمادية لكل مدرسة والامكانات البشرية والعلمية قدر الامكان مما ألجأها بالتالي إلى استخدام الوسائل التكنولوجية المبرمجة في التعليم لأجل تأمين فرص التعليم واتاحته لاكبر عدد ممكن من طالبيه.

ثالثا: انخفاض الكفاءة في العملية التربوية

إن انخفاض الكفاءة في العملية التربوية عملية معقدة ومركبة تتضمن مناحٍ عديدةً وفي كل منحى نجد مفقودا:التلاميذ ينسلون هاربين من مدارسهم والذين حاربوا أميتهم عادوا إلى أميتهم مرة أخرى والذين ينتهون من مرحلة تعليمية لا يتأقلمون بسرعة مع المرحلة التي تليها أما الذين أكتفوا بما حصلوه من معارف وخرجوا إلى الحياة لم يجدوا فيما تعلموه ما يرتبط بحياتهم اليومية العملية أو ما يعينهم على مواجهة الحياة. كما أن تركيز المعلمين في تعليمهم على هدف تحصيل المعلومات وحفظها من أجل الامتحان فقط وإهمالهم المهارات العقلية والحركية والخلقية وتكوين القيم والمثل والتدريب على التفكير السليم كل هذه أمور فشلت كثير من تربيات الامم في تحقيقها ولكي تراجع التربيات أهدافها وتطور أساليبها لزيادة كفاءتها وعائدها وجب عليها استخدام الوسائل التكنولوجية المبرمجة للتعليم في العملية التربوية لربط التربية بالحياة وإثارة الدافع لدى المتعلم على التعلم وتكوين المهارات السليمة والتدريب على انماط العقل النقدي التحليلي الابتكاري.

رابعا: الفروق الفردية بين المتعلمين

قاد الانفجار السكاني واهتمام الأمم بالتعليم باعتباره أرقى أنواع الاستثمار الإنساني إلى اتساع القاعدة الطلابية وهذا قاد بدوره إلى عدم تجانس الفصول التعليمية فظهرت الفروق الفردية للمتعلمين داخل الفصل الدراسي الواحد فقد يتفقون في العمر الزمني إلا أنهم يختلفون في العمر العقلي مما يؤدي بالنتيجة إلى اختلاف القدرات والاستعدادات والميول والرغبات.

وقد لا تكون مشكلة الفروق الفردية واضحة المعالم في المرحلة التعليمية الأولى إلا أن ظهورها يتوالى بروزها منذ المرحلة المتوسطة ثم تشتد في المرحلة الثانوية لتكون في المرحلة الجامعية على أشدها.

وحتى تتجاوز النظم التربوية إشكالية الفروق الفردية لابد من اللجوء إلى استخدام الوسائل التكنولوجية المبرمجة للتعليم لما توفره هذه الوسائل من مثيرات

متعددة النوعية وعرضها لهذه المثيرات بطرق وأساليب مختلفة تتيح للمتعلم فرصة الاختيار المناسب منها الذي يتفق مع قابلياته ورغباته وميوله.

خامسا: تطوير نوعية المعلم

المعلم المعاصر يواجه تحديات عديدة تتمثل بالتطور التكنولوجي ووسائل الإعلام وازدحام الفصول والقاعات الدراسية وتطور فلسفة التعليم مما جعل اعداده عملية معقدة وطويلة ولا يمكن أن يكتفي بهذا الاعداد قبل الخدمة بل أصبح يدرب ويعاد تدريبه أثناء الخدمة ليساير هذه التطورات ويتمكن من مواجهة تحديات العصر.

لم تعد التربية الحديثة تنظر إلى المعلم نظرة "الملقن والمحفظ" للمتعلمين بل ترى فيه الموجه والمرشد والمصمم للمنظومة التعليمية داخل الفصل التعليمي بما يقوم به من تحديد الاهداف الخاصة بالدرس وتنظيم الفعاليات والخبرات واختيار أفضل الوسائط لتحقيق اهدافه التربوية ووضع استراتيجية تمكنه من استخدامها في حدود الامكانات المتاحة له داخل البيئة المدرسية.

إذا تم النظر إلى المعلم بهذا التوصيف التربوي المعاصر ستظهر مشكلة هامة تتمثل بقلة عدد المعلمين المتصفين بهذه الصفات علميا وتربويا ومن أجل معالجة هذه الاشكالية كان لابد من اللجوء إلى التقنية المبرمجة للتعليم.

سادسا: تشويق المتعلم في التعلم

إن طبيعة الوسائل التكنولوجية سواء أكانت مواد تعليمية متنوعة أو اجهزة تعليمية أو أساليب عرض طبيعة تتصف بالاثارة لأنها تقدم المادة التعليمية باسلوب جديد يختلف عن الطريقة اللفظية التقليدية وهذا ما يحبب إلى نفس المتعلم ما يتعلم ويثير لديه الرغبة فيه كما أن التعليم التكنولوجي يتيح للمتعلم انماطا عديدة من طرق العرض مما يتيح له حرية الاختيار للخبرات التعليمية ولأسلوب تعلمه بما يتفق وميوله وقدراته فيزيد هذا من مشاركته في العملية التعليمية وبناء المفاهيم المفيدة لديه.

سابعا: جودة طرق التعليم

يساعد استعمال الوسائل التقنية المبرمجة على تكوين مدركات وفاهيم علمية سليمة مفيدة فمهما كانت اللغة واضحة في توصل المعلومة للمتعلم يبقى أثرها محدودا

ومؤقتا بالمقارنة مع أثر استخدام الوسائل التقنية التي تزيد القدرة على الاستيعاب والتذوق وتعين على تكوين الاتجاهات والقيم بما تقدمه لهم من امكانية على دقة الملاحظة والتمرين على اتباع أسلوب التفكير العلمي للوصول إلى حل المشكلات وترتيب واستمرار الافكار التي يكونها المتعلم. كما أنها توفر لديه خبرات حقيقية تقرب واقعه إليه مما يؤدي إلى زيادة خبرته فتجعله أكثر استعدادا للتعلم.

عند استخدام وسائل التعليم التقني المبرمج يتضح دور كل من المعلم والتلميذ في العمبلية التربوية من تحديد الاهداف التربوية وصياغتها والخبرات التعليمية وخلق المواقف التعليمية واختيار الاجهزة التعليمية ورسم استراتيجية استخدامها وتقرير انواع التعلم وواجب كل منهم اتجاهه لكي يتم الوصول إلى مرحلة التقويم وهذا ما يفعّل العملية التربوية التعليمية ويعمقها.

شروط الوسيلة التعليمية الناجحة

مما تقدم يمكننا استخلاص الشروط الأساسية التالية التي تتوقف عليها الوسيلة التعليمية الناجحة:

1. أن تكون مناسبة للعمر الزمني والعقلي للمتعلم.
2. أن تكون الوسيلة التعليمية نابعة من المقرر الدراسي وتحقق أهدافه.
3. أن تجمع بين الدقة العلمية والجمال الفني مع المحافظة على وظيفة الوسيلة بحيث لا تغلب الناحية الفنية لها على المادة العلمية.
4. أن تتناسب مع البيئة التي تعرض فيها من حيث عاداتها وتقاليدها ومواردها الطبيعية أو الصناعية.
5. أن تكون الرموز المستعملة ذات معنى مشترك وواضح بالنسبة للمعلم والمتعلم.
6. أن تكون مبسطة بقدر الامكان وأن تعطي صورة واضحة للأفكار والحقائق العلمية شريطة عدم الاخلال بهذه الحقائق.
7. أن يكون فيها عنصر التشويق الجذاب.
8. أن تكون الوسائل مبتكرة بعيدة عن التقليد.
9. أن يكون بها عنصر الحركة قدر الامكان.

10. أن يغلب عليها عنصر المرونة بمعنى امكانية الوسيلة على التعديل لتحقيق هـدف جديـد مـن خلال إدخال إضافات أو حذف بعض العنصر فيها.

11. أن تحدد المدة الزمنية لعرضها والتي تتناسب مع المتعلمين وطبيعة المادة التعليمية.

12. أن تكون قليلة التكاليف وحجمها ومساحتها وصوتها إن وجد يتناسب وعدد المتعلمين.

11. أن تكون متقنة وجيدة التصميم من حيث تسلسل عناصرهـا وأفكارهـا وانتقالهـا مـن هـدف تعليمي إلى آخر والتركيز على العناصر الآساسية للمادة التعليمية.

دور التكنولوجيا التربوية في التعليم

لقد قادت عمليات الاتجار بالأجهزة إلى تطورها ونموها في استخدامـات التربويـة للوسائط، و اقترن هذا بتجهيزات الوسائط السمعبصرية وطرق استخدامها في المذياع والتلفاز التربـوي، والـدوائر التلفزيونيـة المغلقة والحاسبات الالكترونية والأنظمة متعددة الوسائط.

وفي بريطانيا، أبرز تقرير "المعينات السمعية البصرية في مؤسسات العلمية للتعليم العالي" (1965) ووضعته لجنة برئاسة السير بريمور جونز الحاجة لتأسيس تنظيم وطنية التكنولوجيا التربوية. وفي عام 1967 تأسس المجلس الوطني التكنولوجيا التربوية NCET، وتمثلت أهدافه في تقديم أسباب ومفاهيم وطرق التكنولوجيا التربوية إلى الجمهور التربوي وأن يطور أمثلـة نموذجيـة مـن التكنولوجيا التربوية في الميدان وذلك بهدف نشر المعرفة المتراكمة في هذا المجال للمبتكرين، وأن يساعد هـؤلاء المبتكرين علـى تطبيـق التكنولوجيا التربوية في مواقفهم المتخصصة. ومنذ ذلك الحين شرعت الجامعـات البريطانيـة في تأسـيس مراكزهـا ومؤسساتها الخاصـة بالتكنولوجيا التربويـة كمـا أصـدر المجلس المـذكور الدوريـة البريطانيـة التكنولوجيا التربوية "British Journal of Educational Technology" منـذ 1970. وعـلاوة عـلى ذلك؛ "نجـح المجلس الوطني للتكنولوجيا التربوية على وجه الخصوص في تركيز الانتباه على الحاجة

للمعلومات المتعلقة بمواد الوسائط الجديدة. وبعد استطلاع عام 1970، قام المجلس بنشر قائمة المواد المتوفرة للتبادل، وذلك كجزء من برنامج التعليم العالي لخدمات المعلومات (HELPIS)." (إنرايت، 1972: 85)

اهتمت البحوث الكثيرة المبكرة في هذا المجال أما بمقارنة فاعلية التكنولوجيا التربوية أو وصف استعمالها (كوبن، 1968؛ تاكر، 1990)، وأظهرت بحوث حديثة بعض الاضطراب من ذلك مثلاً ما أشار إليه تاكر من ظهور الصعوبة عند محاولة المرء "... بسط مجموعة عريضة من النتائج الغير حاسمة والمتضاربة." (تاكر، 1990: 116). و طبقاً لتاكر، فإن بحث واستكشاف دور التكنولوجيا التربوية في التعلم قد أعيد التأكيد عليه في أواسط السبعينات بسبب التأثير الناتج من تقديم الحاسبات في قاعة المحاضرات. وقد أعد هوبر (1977) تقريراً عن مشروع للمجلس الوطني التكنولوجيا التربوية لتطوير برنامج وطني للتعلم باستخدام الحاسب الإلكتروني، كما قام لاحقاً بدراسة بعض الحالات البريطانية المستفيضة في هذا المجال (هوبر وتوي، 1975).

ركزت العديد من الدراسات خلال فترة السبعينات على التكنولوجيا التربوية في التعليم العالي (فلود بيج، 1971؛ بكفوردس، 1975؛ هولرويد، 1974؛ هيوتون وزملاؤه، 1975؛ ريد، 1977؛ بيرد وبلاي وهاردنج، 1978؛ مكاليس، 198.؛ هنري،199.). لقد غطت هذه الدراسات جانباً عريضاً من الاهتمامات مثل طرق تعليم وتنظيم التكنولوجيا التربوية وتصميم منظوماتها ومدى تأثيرها وتقويمها بالإضافة إلى ذلك إلى تدعيمها وظيفياً. وفي الثمانينات والتسعينات كتب العديد من الباحثين عن دور التلفزيون والفيديو في التربية (موس، 1984؛ بيتس، 1987). وقد قدم بيتس نموذجاً للاستعمال الفعال للإذاعة لحل العديد من مشاكل القراءة لدى الراشدين وذلك من خلال تدريب المدرسين أثناء خدمتهم؛ وعلى الرغم من هذا، فقد أكد ضعف استعمال الإذاعة حيث أن الطلاب لا يمكن أن يتقنوا مهارات القراءة باستخدام الإذاعة لوحدها. وعلاوة على ذلك، فإن المدرسين لا يمكنهم بسهولة أن يكاملوا بين المادة المسموعة ونشاطات تعلمية أخرى؛ إلا أن بيتس وصف التلفزيون على أنه مصدر فريد للتربية عن بعد (بيتس، 1987: 233-234). وقد تم تنفيذ بحوث متعمقة أخرى على تعليم مهارات

الاتصال باستخدام الفيديو والفيديو التـفاعلي (سالومون، 1981؛ هارت، 1987؛ لوريـلارد، 1993).

كان من بين المظاهر النظرية لمراحل تطور التكنولوجيا التربويـة بـروز مفـاهيم البرمجـة الخطيـة والتفريعية واللتان أصبحتا من التطبيقات المألوفة في هذا المجال. كما أجريـت البحـوث في التعلـيم الـذاتي التقليدي والتعليم المبرمج (راونتري، 1968؛ ستونز، 1968؛ رومسزوسكي، 1986؛ لوريلارد، 1993). وقـد تركـزت الجهود البحثية في هذه المجالين على المدى يمكن به تكييفهما للتعليم داخل قاعات الدراسـة، بالإضـافة إلى ذلك إلى نماذجهما الأكثر قابلية للتطبيق في هذا الميدان؛ كما ركزت بعض الدراسات على الجدوى الاقتصادية لأنواع التعليم هذه (هيث وأورليتش، 1977).

طُبقت نظرية الاتصالات بشكل مكثف ضمن التكنولوجيا التربوية فيما يتعلق بالمـرسل، والرسـالة والمستقبل. وقد لعبت الحاسبات الالكترونية دوراً مهماً كوسط يتم إرسال المحتـوى عـن طريقهـا وذلـك في حالة استخدامها في التعلم باستخدام الحاسب الإلكتروني (CAL). وكان المدخل المنظومي مرحلة أخرى مـن مراحل تطور التكنولوجيا التربوية وأن تمتد جذورها من الدراسات العلمية، ويؤكـد هـذا المـدخل الجانـب السلوكي ابتداءً من التصميم، ثم التطبيق، والتقويم والتغذية الراجعة.

ورغم دراسة بعض البحوث المبتكـرة الحديثـة باسـتعمال الوسـائط المتعـددة مـن خـلال ارتباطهـا بالتعلم التفاعلي باستخدام الحاسب الإلكتروني، فإن شويسو يذكر بأن "... لقد أجريت القليل مـن البحـوث على استخدامات التكنولوجيا المعلومات من قبل الأكاديميين في التعليم (شويسـو، 1993: 88). ويبـين المسـح قام به هذا الباحث تحت عنوان "استعمال الأكاديميين للمعلومات في التعليم العالي: مسح ودراسـة حالـة"، أن هناك اختراقاً واسع النطاق لتكنولوجيا المعلومات بـين أكـاديمي الحالـة المدروسـة؛ ويظهـر مسـتخدمو تكنولوجيا المعلومات كمجموعة مكرسة في استخدامها، فغالبيـة عينـة المسح المسـتهدفة يعتقـدون بـأنهم استفادوا من هذه التكنولوجيا في عملهم مما جعلهم أكثر كفاءة، وأنهم اكتشفوا القوة المتوافرة فيها؛ وهم، عموماً، مجموعة ذات نظرة عمليـة نسـبياً لتكنولوجيـا المعلومـات (شويسـو، 1993: 93). ويؤكـد كـاربري الأهمية الاجتماعية والاقتصادية للجمع بين أدوات التعلم لتكنولوجيا المعلومات، وأشار

إلى أن العام 1982 قد أعلن عاماً لتكنولوجيا المعلومات من قبل الحكومة البريطانية. واستمر في تقريره واصفاً الحملة الاسكتلندية لتكنولوجيا المعلومات، حيث أنها توجهت نحو الشركات المشاركة في صناعة هذه التكنولوجيا، والجمهور، ورجال الأعمال (كاربري، 1982: 108-107).

إن المشكلة ليست في التكنولوجيا نفسها ولكن في التقنيين الذين يعتقدون بأن حل المشاكل التربوية هو في استخدام التكنولوجيات المتعددة من أجل تعليم الطلاب، وهؤلاء لا ينتبهون إلى ما يمكن أن يلعبه دور المعلم في قاعة الدرس.

وكما ذكر سابقا، فإن التكنولوجيا لا يمكن أن تحل محل المعلمين، ومن باب التشبيه، فإن التكنولوجيا تتيح وقتاً يتفرغ المعلمون فيه ليقوموا بأداء التعليم "وجها لوجه" وعليه فإن توظيف التكنولوجيا بهذا الشكل في التعليم لا يجعل من المعلمين أناساً عاطلين. صحيح أن التكنولوجيا يمكن أن تجعل العمال عاطلين في أحيان معينة، لكن دور المعلم والقاسم المشترك بين المعلم والطالب هو أمر فريد، فالتكنولوجيا لا تقلل جوهرياً من الحاجة للموارد البشرية في التعليم لكنها تحول التأكيد من جانب إلى آخر.

إن الوسائط التربوية تساعد المعلم على أن يعلم بطريقة أكثر كفاءة وتنظيماً، وإضافة إلى ذلك، تساعد الطلاب لكي يصبحوا متفاعلين بشكل نشيط مع درسهم من خلال الاستخدام المستمر للوسائط التربوية ونظراً لأن طلاب اليوم يتقدمون بصورة متزايدة للتطبيقات التكنولوجية، فإن مفاهيم الأخصائيين التربويين سوف تستبدل بشكل سريع عبر الأجيال وأن أولئك الذين يحافظون بإصرار على مفاهيمهم التقليدية الرافضة لاستخدام الوسائط في التعليم سيصبحون معزولين. وعلى التقنيين، من ناحية أخرى، أن يتفهموا طبيعة العملية التربوية وان يحترموا موقع المعلمين فيها، وأن يعتبروا أن الأخصائيين التربويين الذين لا يستعملون التكنولوجيا ليسوا دائما من الذين يعانون رهاب التكنولوجيا technophobic.

إن هناك عوامل أخرى تلعب دوراً مهماً في تقديم التكنولوجيا في التعليم، ويمكن رؤية ذلك في: التحضير المضيع للوقت للوسائط خاصة عندما يحتاج الأمر لاختصاصيين؛ الحياة القصيرة للمنتجات بسبب التغيرات التقنية السريعة التي تحتاج

الكثير من التدريب؛ وطبيعة تصعيد الاستثمار في التكنولوجيا، وعلى التقنيين أن يكونوا مدركين لنقاط ضعف الوسائط، وحدودها وقدراتها. ولربما تدل هذه النقطة على احتياج أي مؤسسة للتكنولوجيا التربوية، بما في ذلك مراكز الوسائط التربوية لوجود أكاديميين و/أو تقنيين تربويين وقد أشار تقرير جونز إلى هذه الحاجة (تقرير جونز، 1969: 95) وبهذه الطريقة، فإن المشكلة الأصلية القائمة بين التكنولوجيا والاستقلال الذاتي ستحل من خلال التفاهم والتعاون بصورة أكبر. وسينعكس هذا الحل بالتالي وبقوة على فاعلية الوسائط من حيث الاختيار، الإنتاج، التقديم، والتقويم.

بعد تحليلها لدور أكثر أشكال التكنولوجيا التربوية المتوفرة للتعليم في العملية التعليمية، تنكر لوريلارد) 1993) الزعم القائل بأن التكنولوجيا التربوية ستتغلب على مشاكل أعداد الطلاب المتزايدة ونسب الموظفين إلى الطلاب.

مما سبق يتضح أن التعليم يحتاج لتعزيز قوة المعلم وذلك باستعمال وسائط سمعبصرية. ومن الواضح أن العديد من الناس يعتقدون أن الطريقة الأفضل والأكثر كفاءة لتعليم الطلاب هي أن يعلم المعلم الواحد طالباً واحداً، إلا أن ذلك سيكون الطريق الأكثر كلفةً أيضاً. وللحفاظ على حركية عملية التعليم فإن التعليم يحتاج لاستخدام التكنولوجيا التربوية لتحسين قوة المعلمين. وسيمكن هذا المعلم من تقديم بيئة تعلميه نشطة لا يمكن تنفيذها دون تقديم كفء للوسائط التربوية، وتؤكد هذه النقطة بوضوح أكثر على مدى تقديم خدمات الوسائط، وكفاءتها وأهدافها التعليمية. وليس معنى هذا أن السواد الأكبر من الطلاب لا يمكن تعليمهم باستخدام الوسائط أو مواد التعلم عن بعد، لكن يجب التضحية إلى مدى معين بالنوعية في هذه الأحوال. إن دور التكنولوجيا التربوية في مساعدة التعليم مهم للغاية، خاصة إذا أريد الحفاظ على الجدوى الاقتصادية المنخفضة وقدرة المؤسسة التربوية على حد سواء.

أثر مفهوم تقنيات التعليم في مكونات منظومة التدريس

إذا نظرنا إلى منظومة التدريس وحاولنا تحليل مكوناتها فسوف نتوصل إلى عدد من العناصر الرئيسية مثل:

- محتوى التعلم.
- المعلم.

- الطالب.
- وسائل التعلم والتعليم- إمكانيات المدرسة.
- مستوى الطلبة - المرحلة التعليمية.
- زمن التعلم.
- بيئة الصف.
- وسائل التقويم
- مشوشات أو مشتتات الانتباه.

وعند التدريس في ضوء مفهوم النظم ومفهوم تقنيات التعليم، سنلاحظ وجود اختلاف كبيرة في أدوات كل من المعلم و المتعلم وفي أثر المكونات الأخرى لمنظومة التدريس عنه في حالة التدريس في نظام التربوي التقليدي. ففي النظام التربوي التقليدي يلعب المعلم الدور الأول في نقل الملومات إلى الطلاب، كما أنه يقوم بتفسير هذه المعلومات، وقد يستعين بالكتب المقررة، أما في نظام التقنيات التعليم، فإن المعلم يخطط لتوظيف عدد من الوسائل لنقل المعلومات إلى الطلاب، أو لجذب الطلاب وإثارتهم من أجل الحصول على تلك المعلومات، ويتوقف عدد ونوعية هذه الوسائل على عدد من العوامل من العوامل مثل أهداف التعليم، ومستوى الطلاب وخصائصهم وحجتهم إلى المشاركة في المواقف التعليمية، وإستراتيجية التدريس المستخدمة، وغيرها من العوامل تتضمنها منظومة التدريس.

ولا يعاني استخدام المعلم أكثر من وسائل التعلم مع المعلومات أن ذلك نوع من الرفاهية في استخدام التقنيات التعليمية، وإنما هو ضرورة يفرضها تخطيط المواقف التعليمي من أجل إتقان التعلم من قبل الطلاب.

كما يختلف الموقف التعليمي ذاته في نظام تقنيات التعليم عنه في النظام التربوي التقليدي، فهو يقلل العرض الفضي للمعارف، وينشط الطلاب للممارسة أدوار تجعل الموقف التعليمي أكثر مرونة، فلا يكون العرض الفضي الشكل الوحيد للتعليم، وإنما وحسب طبيعة المحتوى وخصائص الطالب وأهداف التعلم ... الخ.

وهكذا دور المتعلم في نظام تقنيات التعليم إلى دور يتخلص فيه من السلبية ' حيث يميل الطلاب إلى النشاط و المشاركة في عملية التعلم، وتتاح لهم الفرصة للتعبير عن رأيهم و السير في مراحل التعلم كل و فق سرعة تعلمه، ومدى مشاركته ونشاطه.

ونلمس مما سبق بأن الدارسين والمهتمين بالتقنيات هم على ثلاثة أقسام:
القسم الأول: لازال فهمه قاصراً على أن الوسائل التعليمية تختلف عن تقنيات التعليم حيث يرى أن الوسائل تتمثل في السبورة والكتاب المدرسي والأدوات التي يحضرها معه المعلم داخل الصف فقط.

أما التقنيات فهي الأجهزة الحديثة التي تتوفر فيها التقنية العالية من أدوات كهربائية كالفانوس و الأوفر هد وجهاز الشفافيات ونحو ذلك.

أما القسم الثاني: يرى أن الوسائل هي بمعنى التقنيات الحديث فليس لديه اختلاف في المضمون والجوهر، بل الاختلاف في التسمية فقط.

القسم الثالث: ويرى أن تقنيات التعليم تتمثل في كون الجميع من معلم وغيره وفق منظومة التعليم في موقف واحد، حيث أن وسائل التعليم يكون محور العملية التعليمية هو المعلم وحده دون سواه.

العلاقة بين التفكير الابتكاري وتكنولوجيا التعليم

سبق وأن تمّ تعريف تقنية التعليم بمفهومها المعاصر بأنها طريقة في التفكير تعتمد على اسلوب المنظومات في تصميمها وانتاجها وتطبيقها بمعنى أنها - تكنولوجيا التعليم - طريقة تتكون من مجموعة عناصر متداخلة ومتفاعلة فيما بعضها ولا يمكن الاستغناء عن أي عنصر فيها أو إهمال الآخر أو تفضيل عنصر على آخر فجميع هذه العناصر والأجزاء تمثل مكونات المنظومة وهذه المكونات أو العناصر تقسم كما تمت الإشارة إليه إلى مدخلات المنظومة و عمليات المنظومة ومخرجات المنظومة والتي بها يستدل على مدى نجاح المنظومة في تحقيق أهدافها وإن لم تتحقق هذه الاهداف طبقا للمعايير والشروط المحددة لها مسبقا فتعود الأسباب في ذلك إلى إما لعنصر المدخلات أو لعنصر العمليات داخل هذه المنظومة ويستدل على ذلك بالرجع أي بالتغذية الراجعة (Feed back).

مما تقدم يتبين لنا بـأن تكنولوجيـا التعلـيم هـي طريقـة في التفكـير أي أن تقنيـة التعلـيم تعتمـد اعتمادا حيويا على التفكير ولا يمكنها الاستغناء عنه أو التنصل منه. ولكونها عملية تسير في خطوات منظمة يمر بها المتعلم أثنـاء تعلمـه خـبرات جديـدة تـؤدي إلى تحسـين أسـلوب حياتـه ومعيشـته وتنمـي ذاتـه وشخصيته فإنه -المتعلم- عن طريق هذه الخبرات يمكنه أن يعيش وجوده كما يجب أن يعيشه أي إنسان متعلم. ومن هذا يتبين لنا بأن تقنية التعليم لها علاقة بالتفكير الإبداعي الابتكاري كأسلوب للحياة.

وعند الكلام عن مدى تحقيق أهداف المنظومة التعليمية ونوعية هـذه الاهـداف وكميتهـا ومـدى أصالتها وجِدَّتِها فإننا نعرف الابتكـار وكأنـه نـاتج محـدد وعنـدما نـذكر بـأن تكنولوجيـا التعلـيم تسـير في خطوات منظمة تؤثر وتتأثر كل منها بالأخرى فإن تحديد هذه الخطوات واختبار صـحتها ومـدى ارتباطهـا ببعض ومدى تحقيقها للأهداف التعليمية التي وضعت مـن أجلهـا فإننـا نتحـدث بهـذا كلـه عـن الابتكـار كعملية عقلية.

يعتقد تورنس وآخرون (1978) بأن برنامج التفكير الابتكاري في التعليم والتدريب يجب أن يتضمن التركيز على ثلاثة أبعاد رئيسية تساهم في تعميق فهمنا عن الابتكار ووسائل الابتكـار لتنميـة القـدرة لـدى المتعلم على التفكير الابداعي ويمكننا تلخيص هذه الابعاد على الوجه التالي:

أولا: الاتجاهات الابتكارية (Creative Attitudes)

الاتجاهات الابتكارية شرط للسلوك الابتكاري ويمكن تعديل السلوك الابتكاري في اتجاه أكثر مرونة وأكثر قدرة على التخيل.

ثانيا: القدرات الابتكارية الإبداعية (Creative Abilities)

القدرات الإبداعية قدرات فطرية يمكن تنميتها من خلال التمرين والتدريب المتواصل.

ثالثا: طرق ووسائل التفكير الابتكاري (techniques Creative Thinking)

هناك طرق عديدة ومختلفة ثلاثة طرق تعين المتعلم عـلى الابتكـار وتفعيـل قابليـة الإبـداع لديـه منها:

(أ) طريقة التركيب الشكلي (Morphological Synthesis)

(ب) طريقة قائمة المراجعة (Check-listing)

(ج) طريقة المجاز (Synecdoche)

والطرق الثلاثة في مجموعها تهدف إلى مساعدة المتعلم وتدريبه على إنتاج الأفكار الجديدة وإلى خلق حالة من التآلف والترابط الجديد لهذه الأفكار.

التعليم الإلكتروني ELearning...والواقع الجديد

لقد كان من أهم الأهداف الرئيسة للتعلم من بعد - بأشكاله المختلفة عبر قرون عديدة - توفير وسائل تربوية بديلة لهؤلاء الطلاب الذين يعيشون في أماكن بعيدة، أو تحول ظروفهم دون الانتظام في التعليم الرسمي، وذلك بدءًا من المقررات بالمراسلة ومرورًا بالراديو والإذاعة والمؤتمرات الصوتية والتليفزيون التعليمي إلى مقررات الوسائط المتعددة القائمة على الكمبيوتر، وانتهاءً بشكل المقررات عبر الإنترنت.

ويعرف التعلم الإلكتروني بأنه استخدام التكتولوجيا الحديثة من إنترنت أو أقمار صناعية أو إذاعة أو أفلام فيديو أو تليفزيون أو أقراص مدمجة أو مؤتمرات فيديو أو بريد إلكتروني أو حوار مباشر بين طرفين عبر الإنترنت في العملية التعليمية، كما يعرف البعض التعلم الإلكتروني بأنه ذلك النوع من التعلم الذي يعتمد على استخدام وسائل تكنولوجيا الكمبيوتر وشبكاته من قبل المتعلم، حيث تتضمن تلك الوسائل جميع الآليات الجديدة للاتصال مثل: شبكات الكمبيوتر والوسائط المتعددة والمحتوى الإلكتروني ومحركات البحث والمكتبات الإلكترونية والفصول المتصلة بالإنترنت.

في ضوء ما سبق يمكن القول إن المقصود بالتعلم الإلكتروني بصفة عامة استخدام التكنولوجيا الحديثة المرتبطة بالكمبيوتر والإنترنت لإحداث تعلم بأقل وقت وجهد وأكبر فائدة. ولقد انتشر التعلم الإلكتروني بشكل سريع إلى الحد الذي جعل البعض يتوقع أن التعلم الإلكتروني سيكون الأسلوب الأمثل والأكثر انتشارًا للتعليم والتدريب في المستقبل القريب، وكل هذا بفضل المميزات الكثيرة التي يتسم بها هذا النوع من التعلم.

وهناك ثلاثة أشكال للتعلم الإلكتروني:

الشكل الأول: التعلم الإلكتروني باستخدام الأقراص المدمجة CD:

حيث شهد عقد الثمانينيات استخدام الأقراص المدمجة CDs في التعليم، غير أنه كان ينقصها التفاعل بين المادة والمتعلم، ونظرًا للتطورات التي حدثت فقد اشتمل هذا النمط فيما بعد على برامج تعليمية صممت بطريقة ذكية، وتعني كلمة (ذكية) وجود تفاعل في اتجاهين بين البرنامج والطالب الذي يستخدمه، ويمكن اعتماد هذا النمط من التعليم كصورة مكملة لأساليب التعليم التقليدية.

الشكل الثاني: التعلم الإلكتروني باستخدام الكتب الإلكترونية E- Books

الكتاب كتاب، أو كتيب، أو أي مطبوع بشكل عام يوجد على هيئة إلكترونية، ويمكن توزيعه إلكترونيًا عن طريق الإنترنت، والبريد الإلكتروني، والنقل المباشر للملفات، أو النقل على أي من الوسائط التخزينية المختلفة، ويتم قراءة هذه الكتب على الشاشات الخاصة بأجهزة الكمبيوتر المختلفة. وقد بدأ استخدام الكتب الإلكترونية في مجال التعلم الإلكتروني مع بداية عام 2000 في بعض مدارس الولايات المتحدة على سبيل التجربة، حيث تم توفير الأجهزة الخاصة بالكتب الإلكترونية لكل طالب بعد تحميلها بالمناهج الدراسية التي سيدرسها، كما تم توفير جهاز مماثل لكل معلم مع توفير شبكة ربط داخل الفصل بين مكتب المعلم ومكاتب الطلاب، وفي بداية اليوم الدراسي يوصل كل طالب جهازه بالشبكة الموجودة داخل الفصل، وبعدها يبدأ المعلم الشرح عبر شاشة عرض كبيرة يظهر عليها ما يوجد من صفحات داخل جهاز الكتاب الإلكتروني، ويمكن للمعلم في نهاية الدرس إرسال أسئلة وتمارين مرتبطة بالموضوع، ويبدأ الطلاب في حل هذه التدريبات بعد رجوعهم إلى منازلهم، وفي اليوم التالي يطلع المعلم على إجابات الطلاب ويعلق عليها ويصححها.

الشكل الثالث: التعلم الإلكتروني باستخدام الإنترنت أو التعلم القائم على استخدام الإنترنت.

في هذا النوع من التعليم تقوم المؤسسة التعليمية بتصميم موقع خاص بها ولمواد أو برامج معينة لها، ويسمح هذا النمط من التعليم للمتعلمين بالاتصال من منازلهم بالكلية ومتابعة دروسهم ومناقشة المحاضرين وفق جداول زمنية محددة، وبالتالي فالمحتوى في

ذلك النوع من التعليم هو المقررات المعدة إلكترونيًا في موقع عبر الإنترنت. وبالرغم من أن عديدًا من الجامعات ما زالت تستخدم أسلوب المراسلة وأساليب العرض القائمة على الفيديو التي كانت تستخدم في الماضي، فإن النمو الحالي الأكثر شيوعًا وانتشارًا في مجال التعلم من بعد التعلم القائم على الإنترنت.

وقد واجه التعلم القائم على الإنترنت منذ نشأته مقاومة كبيرة جدًا من جانب معظم الطلاب والمعلمين والإداريين؛ وذلك لاختلافه عن أساليب التعليم التقليدية التي ألفوها داخل الفصل. أما الآن فقد أصبح أكثر تقديرًا، وأكثر ألفة بالنسبة لهم، فهو يبدو للطالب أسلوبًا أكثر مرونة وملاءمة لأخذ المقررات عبر الإنترنت، ويبدو للمعلمين بداية جيدة لبدء التعلم القائم على الإنترنت، ويبدو للإداريين أكثر فاعلية من حيث التكلفة.

ونتيجة لذلك لقي هذا النوع من التعلم صدى واسعًا من قبل المؤسسات التعليمية، وبخاصة تلك التي تبحث عن فرص لتعليم هؤلاء الطلاب الذين يرغبون في التعلم في أي مكان أو زمان، حيث تتكون البيئة التعليمية الجديدة من فصول ليست كتلك الفصول التقليدية ذات الجدران التي تبنى من الطوب، بل تتكون من فصول من نوع آخر تبنى من برامج الكمبيوتر، وبها أماكن افتراضية، حيث يقابل المعلم طلابه ويتفاعل كل مع الآخر ويشارك في خبرات التعلم. وبهذا يعد التعلم القائم على الإنترنت مدخلًا مبتكرًا وجديدًا للتعلم من بعد، حيث تحدث عمليتا التعليم والتعلم عبر الإنترنت مقارنة بالفصل التقليدي.

كلنا نؤمن بأن التعليم الإلكتروني لا بد أن يحل محل كل النظم التعليمية والتربوية المتعارف عليها.. وإن تمردنا على حالة التغيير ربما لا يغير في الحالة شيئاً.. ومع تقبلنا للرأي الآخر الذي افترض أن التعليم عن بعد ربما لا يتناسب مع جميع أساليب التعليم، فهناك تخصصات يمكن الاستعانة بها بالمزج بين نوعي التعليم لتحسين حالة التعلم الآنية ولتحقيق نتائج أفضل، ومع هذا فإن كثيراً من الاختصاصيين يركزون على مفهوم التواصل البشري لتحقيق ثورة في التعليم الإلكتروني على الرغم من آفاق انتشاره وسرعة هذا الانتشار، حيث إن التعليم عن بعد (التعليم الإلكتروني) له أيضاً سلبياته وإيجابياته، حيث إننا نستطيع أن نحصل على العلم في أية مرحلة عمرية،

فهناك طلاب يدرسون ولديهم أسر ووظائف وهذا الجانب يوفر لهم الكثير من الجهد والوقت والمال.

والحقيقة التي لا بد أن تقال هي أننا نستطيع أن نستخدم الحاسوب بدلاً من الورقة والقلم والكتاب وأننا نستطيع أيضاً أن نعتمد على مفهوم أداء الامتحانات الدراسية عن بعد وبشكل رسمي وأن مشاركتنا فيها تأكيد على تحقيق التخصص من منطلق قياس المستوى وصقل المواهب وبناء الشخصية وتكوينها، وكذا الاستعانة ببرامجه المختلفة لإحداث هزة في التوازن بين ما يقدمه المعلم في الصف وما يقدمه الإنترنت من معلومات ومصادر يتم الاستعانة بها، وإن ما طرحناه سابقاً في أن التعليم الإلكتروني بكل أشكاله وأنواعه يشكل بالفعل ثورة رقمية.. وعلينا أن نتوصل إلى فهم أبعاد هذه الثورة والاستفادة منها، لكي نردم الهوة السحيقة بين الدول المتقدمة والدول النامية.

إن التطور لا بد منه وفيه كثير من الإيجابيات التي من أجل تحقيقها علينا أن لا نتمسك حرفياً بنظمنا التعليمية التقليدية والتي هي الأخرى فيها بعض الحسنات التي لا تخلو من فائدة، وعملية التوافق في المفهوم لا بد منها.. لأننا سنستطيع ان نتسلق الشجرة ونأكل ثمارها من دون أن نسقط، فالمفهوم التوفيقي يحل كل إشكال، فنستفيد من ثورة المعلومات في دعم الجوانب المضيئة من نظامنا التقليدي الذي حافظ على ثباته واستقراره، وهذه الفائدة في أن نطعمه باتجاهات جديدة وأساليب مبتكرة في التعليم والتعلم لتطويره حتى يواكب التطور والمستجدات التي تطرح.. حيث هناك قناعات محددة يمكن الاعتماد عليها في مجالات دراسية يمكن للطالب فيها التعلم عبر استخدام نظام التعليم الإلكتروني كالعلوم الإنسانية المختلفة، أما في مجال التخصصات العلمية البحتة كالرياضيات مثلاً فالموضوع فيه صعوبة وعدم شفافية لهذا نلجأ إلى الأساليب التقليدية لإزالة تلك الصعوبة وكي تكون الأمور واضحة لكي نرى الموضوع ونطوره ونحن نلم في الوقت نفسه بكل التجارب والأبحاث والدراسات المتاحة في هذا المجال.

إن إنشاء مصرف دولي لتقنية المعلومات الأساسية سيوفر للتعليم في مرحلة التأسيس تجربة ثرية ويزيدنا قناعة بأن هناك كثيراً من البدائل التي يمكن

استخدامها في باب صقل المواهب وتفتق المدارك التي نسعى جميعاً للوصول إليها بأي أسلوب كان أو أي طريقة.. فحقل الإعلام مثلاً يكون مؤهلاً لتقبل التغيير والتطور مع وجود نسبة قليلة من المفهوم التقليدي في مسألة الحوار المباشر والأخذ والعطاء في التصورات والأفكار من خلال النقاش المباشر.

إن التطور المذهل في ميدان المعلومات الرقمية وتقنيتها سريع جداً ومذهل، وهذه التقنية وكما قلنا من قبل قد فرضت علينا واقعاً جديداً في تقبل المفاهيم التربوية الجديدة وتطويرها وفي إحداث تغييرات جذرية في طرق التدريس وإن التركيز على استعمال اللغة العربية في هذه الأنشطة جيد جداً ويربط المتعلم بواقعه وبإرثه الثقافي ويكون وسيلة فعالة للإسراع في عملية التقبل، ولا سيما أن عدم التقيد بسن محددة أو تخصص ذي علاقة يفتح المجال واسعاً لأكبر عدد من المتعلمين للدراسة ولمواصلة عملية التعلم مع التأكيد على دور وأهمية ربط العلوم بعضها بالبعض الآخر للوصول إلى تعليم متكامل.

مما سبق يمكن جمع العوامل التي تؤثر في التعلم الإلكتروني في ثمانية أبعاد هي:

البعد المؤسسي، والبعد الإداري، والبعد التقني، والبعد التربوي، والبعد الأخلاقي، وبعد تصميم الواجهة، وبعد دعم المصادر، والبعد التقويمي. أن هذه الأبعاد الثمانية هي الأكثر فائدة لبيئة التعلم الإلكتروني نظرا لشموليتها المنطقية والتجريبية.

لماذا التغيير والتسلح بالتقنية الحديثة ؟

إن الظروف المتسارعة التي تمر بمجتمعنا العربي وكثرة التحديات والأطماع التي تجابهه، فرضت عليه كثيراً من المتغيرات التي لا بد أن يتفهمها بدقة وسرعة لكي لا يكون ضحية ولقمةً سائغة للآخرين ولكي لا يستغلوا بعض نقاط الضعف لتأجيجها وتفعيلها ولإيجاد الأسباب والمبررات للتدخل عن عمد وبأسلوب غير نزيه في تغيير خارطة بنائه الثقافي والتربوي، إننا بحاجة ماسة لتقبل رياح التغيير وأن نستوعبها ونمتص زخم الموجات الشرسة التي تتلاطم على سواحلنا حماية لثقافتنا وحضارتنا ولصيغ التربية والتعليم التي تهدف فيما تهدف إلى الحماية والترصين، ولكي نفوت الفرصة على كل تلك الأطماع لا بد أن نتسلح بالتقنية الحديثة وأن ندخل ميدانها، وان نتفهم أسس

وأوليات تكنولوجيا التعليم التفاعلي بشكل مباشر وان يكون طموحنا واسعاً لاستخدامها وتطبيقها بشكل فعال في كل الأنظمة والبرامج التعليمية التي نقرها كأساس ومرتكز لأنظمة وبرامج التعليم في الوطن العربي حيث إنها الطريق الجديد والوحيد لتطوير وترسيخ البنية الأساسية لحقول التربية والتعليم لكافة المراحل الدراسية بدءاً من تطوير مهارات المعلمين ومروراً باستخدام آخر مستجدات أنظمة وبرامج التعليم عن بعد وانتهاءً بتطوير المناهج والمفاهيم بما يتناسب مع حالات التطور مع الحفاظ على شخصيتنا وبنائها التركيبي. والجميع مدعوون لإنجاح هذه التجربة التي لا بد منها، المؤسسات ذات العلاقة، مراكز البحوث والتطوير، المربون والتربويون...... وبقية الأطياف..... هذا ان أردنا ان يكون لنا كيان قوي راسخ لا تجرفه الأمواج ولا تعصف به الرياح، نريد كياناً قوياً لا يكسر وصلباً لا يعصر..... لكنه في الوقت نفسه يمارس الكر والفرَّ فهي الوسيلة الوحيدة التي تضمن لنا البقاء... والحفاظ على كينونتنا.

ان أهم ما يميز هذه المرحلة عملية التفجر المعرفي وثورة الاتصالات والمعلوماتية، وهذه سمات مترابطة ومتشابكة فعملية التطور في إحداها يؤثر في الأخرى.

نعيش الآن في عصر التكنولوجيا والانفجار التقني والمعرفي والثقافي ومن الضروري جدا أن نواكب هذا التطور ونسايره ونتعايش معه ونحاكيه ونترجم للآخرين إبداعنا ونبرز لهم قدرتنا على الابتكار ولعل من أهم المهارات التدريسية المعاصرة مهارة استخدام وتوظيف الحاسوب لمصلحة المواد الدراسية والتدريس حيث التجديد والتغيير والخروج من الروتين المتكرر والرتيب الذي يطغى غالبا على أدائنا التدريسي داخل حجرات الدراسة. يوجد الكثير من التطبيقات للحاسوب التي تفيد في عملية التعليم والتعلم.

الفصل الثالث

حوسبة التعليم

تتسابق دول العالم اليوم وبشكل سريع على عوامل الرقي والتقدم الحضاري في شتى المجالات، وخصوصاً في مجال التربية والتعليم إدراكاً منها بدوره الكبير في رقي وتقدم البلاد.

وتعتبر ثورة التعليم الإلكتروني من الثورات التي أحدثت وستُحدث تغيرات مستقبلية إيجابية في مجال التربية والتعليم جعلت الدول تنفق الكثير من الأموال في سبيل الاستفادة منه.

يعتبر توظيف الحاسوب في العملية التعليمية مطلباً ملحاً؛ لأن الحاسوب يعد من أكثر مظاهر التطور التكنولوجي في هذا العصر، ولقد احتلت المعرفة دوراً أساسياً في العملية التعليمية سواء أكانت تفكيراً استراتيجياً (المعرفة كإطار)، أو ميزة تنافسية (المعرفة كموضوع). ومع التطور الكبير في الاستراتيجيات القائمة على المعرفة، أخذت المعرفة في التطور المتسارع، إذ أصبحت المعرفة هي المصدر الأول في إنشاء المعارف الجديدة وتطوير تطبيقاتها في الحصول على منتجات وخدمات وعمليات وممارسات جديدة.

فقديماً كانت الأرض ورأس المال والعمل هي أبرز عناصر الإنتاج ومصادر الثروة الرئيسة، أما الآن، فقد أصبحت المعرفة مصدر الثروة الأول والأكثر أهمية وحيوية، فلكل عصر ثروته، وثروة هذا العصر عصر- العولمة وعالمية المعرفة وتكنولوجيا المعلومات والاتصالات هي المعرفة بلا منازع.

ومثلما تعد الإنتاجية حالياً المقياس الحقيقي لتقدم الدول أو تخلفها، فإن التقدم الاقتصادي اليوم يتأثر بنوع التعليم وجودته ومحتواه، كما أن إنتاجية الفرد تتأثر بمقدار التعليم الذي حصل عليه ونوعيته.

وتتحدد قيمة أي منتج اليوم، بقيمة مكون المعرفة فيه، فقيمة المعرفة غدت المكون الأساس في عصر اقتصاد المعرفة، كما أن قدرة أي دولة على تشجيع أبنائها لامتلاك المعرفة تُعد معياراً مهماً للتقدم والأمن الوطني معاً.

وباختصار، فإن تقدم أي دولة في هذا العصر يتوقف على قيمة المعرفة فيها، وعلى قدرتها على إدارة هذه المعرفة لصياغة السياسات العقلانية، واتخاذ القرارات الرشيدة، والإنجاز وفق مستوى الأداء المنشود والمخطط له سعياً للارتقاء.

يعتبر موضوع حوسبة التعليم موضوع جديد بالنسبة للتعليم في الدول العربية وبدأت بعض تلك الدول بحوسبة المناهج التعليمية وكذلك النظام التعليمي ككل. ان عملية حوسبة التعليم تعتبر ذات اهمية كبيرة نتيجة للتطور الهائل والحاصل في دول العالم ولمواكبة هذه التطورات لا بد ان نستمر بشكل مكثف لمواكبة تلك الدول.... ولتعريف عملية حوسبة التعليم نقول انها عملية يتم فيها حوسبة المناهج والاعتماد على التعليم الالكتروني بدلا من الاساليب التقليدية في التعليم والتي اثبتت عدم فاعليتها خلال السنوات الاخيرة. ان عملية استخدام تكنولوجيا المعلومات والاتصالات اصبح لها دور فاعل في نقل الخبرة والمعلومة للطالب بطريقة تثير اهتمامه وتجعل الكتاب ليس هو المصدر الوحيد لتلك المعلومة.

وبدأت في الأردن كما في دول عربية اخرى محاولات لتطوير هذا الموضوع في الجامعات ومنها برنامج دبلوم التربية في تكنولوجيا الاتصالات والمعلومات"(كادر)والذي تقدمه جامعة اليرموك ويهدف إلى تدريب المعلمين على الاساليب الجديدة في التعليم باستخدام تكنولوجيا المعلومات والاتصالات.(من ويكيبيديا، الموسوعة الحرة)

أول وزارة تربية وتعليم تحصل على شهادة الآيزو في الوطن العربي

تعد وزارة التربية والتعليم في الأردن، أول وزارة في الوطن العربي تحصل على شهادة الآيزو، فقد حصلت الوزارة على شهادة الآيزو 9001 إصدار 1994 بتاريخ 24 / 1 / 2002، فكانت بذلك أول وزارة تربية وتعليم تحصل عليها في الوطن العربي، نتيجة تطور التعليم، واستخدام الاستراتيجيات الحديثة في التعليم، وكذلك حوسبة المناهج والاعتماد على التعليم الالكتروني بدلا من الاساليب التقليدية في التعليم، ولتحقيق خططها الإستراتيجية وتطلعاتها المستقبلية بما يسهم في تحقيق الأهداف الوطنية. (رسالة المعلم، العدد 3- 4، ص 46، 2005)

وقد عملت وزارة التربية والتعليم في الأردن على تطبيق مجموعة من المشاريع التربوية معتمدة على تكنولوجيا المعلومات، حيث شرعت الوزارة منذ عام 2001 بتطبيق مشروع الملكة رانيا لحوسبة التعليم الذي يركز على توظيف الحاسوب في التعلم عن بعد، وفي التعلم الذاتي.

ويهدف البرنامج إلى الإشراف على إعداد المعلمين إعدادا صحيحا يتناسب ومتطلبات خطط التطوير التربوي، وإكساب المعلمين المتدربين مهارات التعامل مع الحاسوب كأداة تعليمية متطورة وذات إمكانيات واسعة.

وقد بدأت وزارة التربية والتعليم في الأردن بالانتقال إلى نظام إدارة الجودة الآيزو 9001 إصدار 2000 منذ السادس من تموز 2003 على تبني آليات ونماذج تخطيط فاعلة تستند غلى معلومات متكاملة عن عناصر النظام الإداري التربوي من خلال مدخلات، وعمليات، ومخرجات، لرفع الكفاءة بما يسهم في تحقيق الأهداف والانجاز.

ويسعى البرنامج إلى زيادة استخدام الوسائط المتعددة في تدريب المعلمين، وتعزيز فكرة التعلم الإلكتروني، والتعلم عن بعد بالاستعانة بمكتبة إلكترونية لتجهيز العديد من الأقراص المدمجة والأفلام التعليمية التي تساهم في حوسبة التعليم.

ضمن سعي جلالة الملكة رانيا العبدالـلـه وجهودها في نشر تكنولوجيا المعلومات واتاحة الفرصة امام مختلف الفئات العمرية والاجتماعية في المملكة قامت بافتتاح نادي إنتل الالكتروني Intel Clubhouse في عمان2007.

ويذكر ان نادي إنتل Intel Clubhouse هو ثاني نادي يفتتح في منطقة الشرق الاوسط بعد افتتاح اول نادي في رام الـلـه في الضفة الغربية في عام 2003

ويجري في هذا السياق تأهيل المدرسين وموظفي الدولة لاستيعاب التحول نحو تطبيق الحاسوب في التعليم والإدارة وتجري أيضا عمليات واسعة لتزويد المدارس والجامعات بأجهزة الحاسوب (حوسبة التعليم) وذلك في بادرة نحو تطوير عمليات التعليم والإدارة واستيعاب التحولات الكبرى في التقنية، وبخاصة في المعلوماتية والاتصال.

أهمية استخدام الحاسوب في المدارس

يستخدم الحاسوب في مجالات عديدة في حياتنا،ومن أبرزها تكنولوجيا المعلومات. وقد برزت أهمية استخدام الحاسوب في المدارس بعد اكتشاف شبكة البريد الإلكتروني وشبكة المعلومات العالمية "الإنترنت". وأصبحت المدارس في كثير من دول العالم متصلة ببعضها البعض وبمراكز المعلومات عبر هذه الشبكات المتطورة والتي أصبحت جزءا لا يتجزأ من الثقافة المدرسية السائدة، ومصدرا مهما للتعليم والتعلم داخل الصفوف، لما لهذه التقنية من قدرة على توفير المعلومات من جميع أنحاء العالم ووضعها بين يدي المعلم والطالب عبر شاشة الحاسوب.

وقد أحدثت التكنولوجيا الحديثة ثورة في كيفية عمل المدرسة، وسوف يتمركز التعليم والتعلم في المستقبل بشكل كبير حول الحاسوب والذي يسمح بالتعلم الذاتي والتدريب الشخصي- بعد أن كان في الماضي مقتصرا على الأغنياء فقط.

ولا يبدأ تبني تقنية الحاسوب في التعليم بتوفير الأجهزة والبرمجيات، فقد تتوفر هذه الإمكانيات أو لا تتوفر ولكن فهم أهميتها لدعم العملية التعليمية ضروري. وعند وضوح الرؤية حول ما نريد عمله بمساعدة الحاسوب، فأننا نكون جاهزين لتبني هذه الأساليب الجديدة حتى نهايتها.

الأهداف الاستراتيجية في حوسبة التعليم

هنالك العديد من الأهداف التي يمكننا أن نقسمها إلى فئات متنوعة:

❋ **توظيف تكنولوجيا المعلومات والاتصالات في تحقيق التنمية الاقتصادية:**

يتم توظيف تكنولوجيا المعلومات والاتصالات في المساهمة الفعالة في تحقيق التنمية الاقتصادية والرفاه الاجتماعي من خلال:

1- إحداث نقلة نوعية في مسيرة التعليم من خلال الاستفادة القصوى من المعلوماتية ونظم التعليم الإلكتروني في المدارس وجعلها اكثر قدرة وكفاءة على التعامل مع المستجدات وأكثر استجابة لمتطلبات التنمية الشاملة.

2- تلبية الاحتياجات المباشرة لسوق العمل في مجال التعامل مع تكنولوجيا المعلومـات والاتصـال الحديثة وأساليب الوصول للمعلومات ومعالجتها.

3- تهيئة المواطن للولوج في مجتمع المعلومات الحديث والتعايش معه وتحقيق متطلبات التحـول إلى الاقتصاد القائم على المعرفة (K-economy)

4- استثمار القدرات الكبيرة التي تتيحها تكنولوجيا المعلومات والاتصـال (ICT) لتحقيـق جـودة التعليم ورفع كفاءته وتحقيق كفايات مناهج المواد الدراسية في جميع مراحل التعليم.

5- تزويد الطلبة بالقيم والمهارات التالية:

- التعلم الفردي

- الخبرات لتكنولوجية

- التعلم التعاوني

- الدافعية الذاتية التعلم التفاعلي

- التدريب والممارسة لإتقان المهارات الأساسية

- المهارات الإبداعية

- محاكاة بيئة العمل الحقيقية

- مهارات حل المشكلات

- التعلم مدى الحياة.

الأهداف الاستراتيجية المتصلة بالموارد البشرية:

توظيف التقنية في الارتقاء بالمواطنة:

- توسّع استخدام التقنيات الحديثة والقديمة في كثير من المجالات.

- أفادت في كافة التطبيقات ونواحي الحياة المختلفة.

- ساعدت على توصيل المعلومات وسهّلت العديد من الخدمات.

- تعزيز القدرة على البحث والتعلم وتوظيـف التقنيـة، والمسـاهمة في بنـاء اقتصـاد متجـدد مبني على المعرفة، ويسهم في تحقيق تنمية شاملة مستدامة.

- رفع مستوى التعليم في العملية التعليمية مع التركيز على تنمية الكفايات

النوعية، وتزويد الطلبة بالمهارات اللازمة وتطوير مواهبهم للمساهمة في بناء اقتصاد مبني على المعرفة .

- تفعيل دور التربية المستقبلية في تحقيق التنمية المستدامة والمتكاملة.
- الارتقاء بالعملية التعليمية لتصبح مجتمع تعلم.
- انخفضت تكلفة استعمالها عما كانت عليه.

فما أحوجنا نحن مع متغيرات هذا العصر وتنوع وسائل التقنية فيه أن نستفيد منها ونسخّرها لتأصيل المبادئ والقيم الإيجابية والتي من أغلاها تلك التي تقوم على أساسها الوطنية والمواطنة

توظيف تكنولوجيا المعلومات والاتصالات في التعلم والتعليم بفاعلية:

ان معظم الدول تسعى إلى تحقيق جودة التعليم من خلال استخدام تكنولوجيا الاتصال داخل الغرفة الصفية وتحويل التعليم وتطويره نحو منهجية إستراتيجية للاستخدام الأم.ثل والفعال لتكنولوجيا التعليم في المدارس لدعم المواقف التعليمية في تفعيل منهجية الاستخدام الواسع للتكنولوجيا في التعليم وتطبيق ذلك من خلال أساليب تربوية حديثة عالية الجودة بشكل يحقق الجدوى الاقتصادي في التعليم والاستثمار الأمثل في العملية التربوية، وذلك من خلال:

- تحديث الأنظمة التربوية.
- إعداد الطلبة لدخول سوق العمل مسلحين بالمهارات الإنتاجية والكفايات التكنولوجية.
- تعزيز الاستخدام الرشيد للتكنولوجيا في غرفة الصف والمدرسة والمديرية والوزارة.
- تعميق العمليات الإدراكية وإدماج المتعلمين في مواقف تعليمية تعلمية تتسم بالتحدي والتميز.
- إتاحة الفرصة للمعلمين لـِ:
  - فتح آفاق متعددة للمعرفة والإضافة للمعلومات.
  - تقديم أطروحات إدراكية متنوعة المحتوى.

- تطويعها لاحتياجات الطالب والمعلم ولأنماط واستراتيجيات التعلم والتعليم المختلفة.
- بناء بيئات جديدة حافزة للتعلم.
- تطوير نماذج جديدة للتعلم:
  - تعلم إلكتروني/ مبرمج.
  - تعلم عن بعد.
  - تعلم ذاتي مستمر.
- تحسين نوعية التعلم والتعليم.
- إتاحة الفرص للوزارة والمدارس لإعادة التفكير في:
  - أهدافها.
  - فلسفتها التربوية.
  - مناهجها (محتوى التعلم والتعليم).
  - وسائلها التعليمية.
  - أساليب التقويم التربوي.
  - أساليب التخطيط والتطوير.

كما أنه حل سيحقق متطلبات التعلم الإلكتروني المباشر إذ سوف يغطي عدداً كبيراً من المستخدمين في وقت واحد مما سيغير بيئة الصف التقليدية من بيئة محدودة المصادر إلى بيئة مفتوحة فاعلة مشوقة تساعد الطالب على التفاعل مع الدرس الإلكتروني بالصوت والصورة وإجراء تجارب علمية تطبيقية وغير ذلك من أوجه التطبيق العملي للمعرفة في أي وقت مما سيسهم في رفع تحصيله العلمي من خلال الاستفادة من الإمكانات الهائلة التي توفرها تقنية المعلومات عبر البوابة التعليمية. وبفضل التحول سيسمح لكل طالب أن يتعلم وفق قدراته مع مراعاة الفروق الفردية في سرعة التعلم كما سيسمح للمعلم بالتفاعل مع الطلبة ومتابعتهم وتقويمهم بشكل فردي ويساهم في تنمية شخصية الطالب وتأهيله ليكون منتجاً للمعرفة وليس مجرد متلق لها وتأهيله ليكون عنصراً فاعلاً متكيفاً مع مجتمع المعلومات المبني على اقتصاد المعرفة.

كما سيسهم هذا النظام في إمكانية تحويل الكتاب المدرسي إلى كتاب إلكتروني مرن تنتقل فيه الصورة الصامتة إلى حركة مع شرح لأي جزء من أجزاء المحتوى ويمكن للمعلم من تحديد معنى أي كلمة في المحتوى وتعميمها على الطلبة. وتوفر المنظومة إمكانية نقل المحاضرات الحية بكاميرات تمكن المعلم من الشرح للطلبة بالصوت والصورة في أي مكان لجميع المدارس المربوطة بالشبكة كما توفر إمكانية الدخول إلى أي موقع تعليمي لتعزيز الدرس وإثرائه بالمصادر المختلفة من المعرفة المتوافرة على شبكة الإنترنت.

تفتح هذه المنظومة التعليمية للطالب مجالاً واسعاً من التفاعل مع زملائه ومعلميه من خلال طرح الأسئلة وإبداء الرأي وتبادل الآراء والمعلومات والأفكار مع الآخرين في مدرسته وفي المدارس الأخرى وفي أي مكان في العالم مما يوفر له فرصة التعلم الذاتي حيث يكون لديه خيار جرب بنفسك.

الاتجاهات والتطورات الحديثة في خدمة التعليم الإلكتروني

أن التعليم الالكتروني جاء ليحل مشاكل التعليم التقليدي،ومن بينها مدى القدرة على التوسع، والتكيف مع متطلبات وتطورات العصر التكنولوجية. أن من أهداف التعليم الإلكتروني استخدام المدرب الفعال للوسائل التكنولوجيا من أجل مساعدة الطالب في الحصول على مستويات علمية وأكاديمية عالية، ويختلف التعليم الالكتروني عن التعليم التقليدي من حيث: المحتوى، ووسائل الاتصال، وطرق توصيل المحتوى، والتكنولوجيا المستخدمة.

ظهرت الحاجة للتعليم الإلكتروني مع ظهور شبكة الإنترنت، و شهدت هذه التقنية في السنوات الأخيرة تطورا ملموسا مع تطور الشبكة نفسها. ففي بدايات الإنترنت كانت الوسيلة المستخدمة في التعليم عن بعد مقتصرة على النص فقط و لكن مع التطور التكنولوجي الحديث أصبحت الوسائط المتعددة تلعبا دورا مهما في دعم العملية التعليمية.

يتم التعليم عن بعد بشكل مبدئي عندما تفصل المسافة الطبيعية ما بين المعلم والطالب/ الطلاب خلال حدوث العملية التعليمية، حيث تستعمل التكنولوجيا مثل الصوت، الصوت والصورة، الفيديو، والمواد المطبوعة و غيرها لإيصال المادة التعليمية للمتعلم. لذا نجد أن التعليم عن بعد يأخذ أشكال متعددة تعتمد على الوسائل التكنولوجية المستخدمة و دور الطالب و المدرس في العملية التعليمية.

حوسبة المناهج

استراتيجيات حوسبة المناهج هي:

1- توفير البنية التحتية اللازمة للمدارس بما تتضمنه من مختبرات وأجهزة حاسوب

2- تدريب المعلمين وتأهيلهم على كيفية استخدام المهارات الحاسوبية في العملية التعليمية

3- تطوير المحتوى الالكتروني للمناهج والكتب المدرسية

ان حوسبة المناهج تهدف الى توفير أفضل وسائل الربط والاتصال الممكنة لدعم عملية توزيع المحتوى الالكتروني للمدارس وجعل العملية التعليمية تتمحور حول المعلم والطالب وجهاز الحاسوب. وسيمكن الطلاب من إتقان المبادئ الأساسية للحاسوب وإتقان المهارات الاجتماعية والأخلاقية والإنسانية مثل موضوع حقوق الملكية الفكرية وإتقان التعامل مع برامج الاتصال وحل المشاكل وإتقان مهارات اتخاذ القرار.

العصر الرقمي والتعليم

قادت التقانة الرقمية إلى تطورات كبيرة في المجالات المختلفة، ويمكن وصف العصر الحالي بالعصر الرقمي.

أن التعليم في هذا العصر سيعتمد على المدرسة الإلكترونية، حيث التقانة الجديدة من الحواسب والأجهزة المرتبطة بها والشبكات وخاصة الإنترنت ستكون أدوات شائعة. وستؤدي هذه التقانة إلى تغير جذري في العملية التعليمية..

لا شك بأن الحاسوب يحتل مكانة هامة في البيئة التعلمية، ونشهد في هذه الفترة جهودا كبيرة تصب في حوسبة المدارس من قبل وزارة التربية والتعليم ومن قبل مبادرات مدرسية وشخصية، في المقابل تقوم كليات اعداد المعلمين في بحث ومعالجة طرق وأساليب التدريس وتحديثها وكذلك تقوم بتأهيل المعلمين للعمل في بيئة تعليمية محوسبة تتمشى مع الواقع الحياتي الذي نعيشه في ظل التطور التكنولوجي السريع.

التطور التكنولوجي السريع وطرق التعلم والتعليم المستحدثة في بيئة محوسبة تستوجب وقفة تمعن في الموجود في مدارسنا العربية كما تستوجب وضع خطط لدمج مستحدثات الحوسبة في مدارسنا لتمكين المعلمين من وجود ادوات محوسبة كفيلة في دعم وأستحداث اساليب التدريس وتهيئة بيئة محوسبة تدعّم طرق التعلّم عند الطلاب.

لا بد من التركيز على موضوع المعلوماتية المحوسبة والذي هو الاساس في تداول المعلومات اثناء عملية التعلم، حيث يجب التركيز على الطرق التي من الواجب اتباعها في تطبيق المسار المعلوماتي منذ اللحظة التي يتم تحديد الحاجة (الهدف) مراراً بالبحث عن المعلومات ومعالجتها حتى الوصول الى مرحلة التقييم بعد عرض المنتج المحوسب.

استثمار المختبرات التعليمية

إن وجود الأجهزة والأدوات والمواد في المدرسة الحديثة، وخاصة في مختبراتها، ضرورة لابد منها، وحقيقة واقعة، لتقدم للمتعلم صيغة جديدة تزيد من مشاركته في عملية التعليم والتعلّم في جوٍ مليءٍ بالتشويق والحيوية.

وحيث تعني "تكنولوجيا التعليم" ضرورة اتباع المعلم للأساليب الحديثة في التخطيط للتدريس، نظراً لأن مهمته لم تعد قاصرة على الإلقاء والشرح والاقتصار على الأساليب التقليدية في التدريس من استخدام السبورة أو الكتاب أو الطباشير بغرض التلقين والحفظ والاستظهار، بل أصبحت مسؤوليته الأولى هي رسم خطة الدرس المبنية على الاستفادة من طرق التدريس الحديثة والوسائل التعليمية المختلفة، لتحقيق أهداف معينة..

الثورة التكنولوجية بين الأمس واليوم

إن ما نلحظه اليوم من تدفق علمي تكنولوجي هائل، لم يعد بالأمر المربك كما في الماضي، فتعدد التقنيات الحديثة، وانتشار العلوم الفكرية والتطبيقية، وتوافر

الكفاءة التدريبية، وسّع نطاق المعرفة بأنواعها وأثار حوافز المتعلمين بجميع فئاتهم، مما سهّل في احتواء المستجدات الحديثة وتقبلها بمرونة بل وتطويرها وفق البيئات والأساليب الاجتماعية الراهنة.

وتعتبر مراكز مصادر التعلم أحد أهم الوحدات المغذية للعملية التعليمية الحديثة نظرًا لما تشمله من موارد تكنولوجية عالية التقنية وأساليب استراتيجية تربوية حديثة، وبانتشار هذه المراكز على المدى القريب يمكننا القول باعتزاز أننا أصبحنا على مشارف الخوض ضمن مضمار التطور العلمي التكنولوجي العالمي.

شبكة المعلومات العالمية World Wide Web

تعتبر شبكة المعلومات العالمية من أهم مكونات الإنترنت وهي توفر المرونة والتكامل في الخدمات المتنوعة من تجارية وعلمية وأكاديمية. وهي تعتبر كذلك من الوسائط التعليمية المتعددة لاحتوائها على الصور والنصوص والرسومات التوضيحية والمتحركة والأصوات، وبالتالي فهي تعتبر من الوسائل التعليمية المهمة مما يزيد من مبررات استخدامها داخل الصف.

وتمتاز الشبكة بالقدرة على تحويل الملفات الخاصة من جهاز أو مصدر معلومات إلى أي جهاز حاسوب موصول بالشبكة في أي مكان بالعالم بناء على بروتوكولات نقل الملفات.

Chattingأيضا بتوفير تقنية التحدث الآني مع الآخرين وتمتاز الشبكة

والتي من شأنها أن توفر التواصل اللحظي بين مجموعة من المعلمين والإداريين و الطلبة أينما كانو.

تتلخص الخدمات التي توفرها شبكة الاتصال الإلكترونية وشبكة الإنترنت للمعلمين وللطلاب فيما يلي:

الاتصال والتواصل السريعان:

فعبر شبكة البريد الإلكتروني يتواصل المعلمون و الطلبة مع بعضهم البعض ومع المعلم بسرعة وفاعلية ومن دون مواعيد مسبقة أو تحديد ساعات مكتبية. وبخدمة البريد الإلكتروني يستطيع المعلم الاتصال بطلبته وبعائلاتهم وإرسال معلومات لمجموعة

من المعلمين أو الطلبة المشتركين بقائمة تعليمية، وتوجيه انتباه الطلاب إلى مراجع مختلفة على الإنترنت.

الدخول إلى مراكز المعلومات:

فعبر شبكة الاتصال العالمية والتي تتوفر في الإنترنت يستطيع المعلمون والطلبة الدخول إلى مراكز المعلومات ومحركات البحث المختلفة للوصول إلى أي مرجع موجود في المكتبات العالمية مثل مكتبة

الكونغرس ومكتبات الجامعات المختلفة الموصولة بهذه الخدمة، والحصول على ملخص لهذه المعلومات أو مقالات كاملة يمكن تخزينها على قرص الحاسوب الشخصي.

الاشتراك بمنتديات حوار:

يمكن للمعلمين والطلاب الاشتراك مع قائمة حوار عبر البريد الإلكتروني تهتم بمناقشة محاور مختلفة. وبالإمكان الاشتراك بمنتديات محلية وعالمية مختلفة

الاشتراك بالدوريات الإلكترونية:

بسبب التنافس الكبير في دور النشر، ارتأت كثير منها توفير خدمة نشر المجلات والدوريات وبعض الكتب الصادرة عنها عبر الإنترنت، بالإضافة إلى طبعها على مطبوعات ورقية. وبذلك فهي توفر لزبائنها الأكاديميين والمعلمين والطلاب فرصة الاشتراك بها، والحصول على المقالات والمواضيع بسرعة فائقة ودون عناء الانتظار لكي تصل إلى صناديق البريد. وبهذا فهي توفر الوقت والجهد والمال لزبائنها. وما على المشتركين إلا توفير برنامج لفتح ملفات الدوريات بحيث يتم من خلالها حفظ المعلومات على الحاسب الشخصي.

ويعتمد التربويون على العديد من المبررات التربوية التي يدعمون من خلالها إدخال الإنترنت إلى المدارس والى غرف التعليم. فبعد دراسة مسحية لليونسكو عام 2000 والتي راجعت تسعين دراسة من بلدان مختلفة حول دور الإنترنت في التعليم، تبين أن هذه التكنولوجيا تؤثر بشكل إيجابي على دافعية الطلبة نحو التعلم وتزيد من تعلمهم الذاتي، وتحسن من مهارات الاتصال ومهارات الكتابة. ولهذه التكنولوجيا اثر إيجابي على المعلمين أنفسهم حيث تساعدهم على التنويع في أساليب التعليم، وتزيد من

تطورهم المهني، ومن معرفتهم بتخصصهم، وتساعدهم على إيجاد حلول إدارية داخل الصف، وترفع مـن الألفـة والتواصل بين المعلم والطلبة. كما أنها تساعد المعلم على التعرف على المهارات المتنوعة، والخصائص الفردية لطلبته

وتتميز شبكة الاتصال "الإنترنت" وشبكة البريد الإلكتروني كأداة تعليميـة عـن غيرهـا مـن الأدوات التعليميـة بـالأمور التالية:

البحث عن المعلومات يوفر جوا من المتعة اكثر من طرق البحث من خلال الكتب، ففيها أصـوات وصـور متحركـة وأنماط مختلفة من العروض.

توفر خيارات تعليمية عديدة للمعلم والطالب لما فيها من تنويع في المعلومات والإمكانيات.

المعلومات تكون حديثة ومتجددة باستمرار.

ما يميز شبكة الإنترنت أنها تزود الجميع بالقدرة على أن يكونوا ناشرين. فمعظم الشـركات المـزودة بالاتصـال عـلى الشبكة توفر مساحة للأفراد لنشر موادهم. فيمكن للمعلم أن يتبادل المعلومات مع المعلمين الآخرين عن مصادر تعليمية أو خطط وأوراق عمل. كذلك يمكن للطلبة أن يشاركوا في نشر أعمالهم بـإشراف المدرسة وتبـادل التغذيـة الراجعـة مـن خـلال إمكانية الاتصال مع خبراء في المواضيع المختلفة.

مزايا الإنترنت كأداة تربوية

تتلخص هذه المزايا فيما يلي:

توفر فرصة تعليمية غنية وذات معنى: فالطلبة ومع شعورهم بالسيطرة والتحكم على تعلمهم يتحكمون بمدى تقدمهم الأكاديمي ويشاركون رؤيتهم وتجاربهم مع الآخرين أكثر من أولئك الطلبة الذين لا تتوفر لديهم فرصة التعلم عبر الإنترنت. ويمكن تطوير هذه القدرات بواسطة الاتصال مع الأصدقاء والزملاء ومشاركتهم للأفكار.

تطور مهارات الطلبة على مدى ابعد من مجرد تعلم محتوى التخصص: إن ما يميز طلبة هذا العصر هو قدرتهم على اكتساب مهارات مثل القيادة، بناء الفريق،

مهارات التواصل الجيد، التفكير الناقد، وحل المشكلات. إن استخدام الإنترنت يمكن أن يزيد من احتمالية اكتساب الطلبة لهذه المهارات.

توفر فرصة تعلم في أي وقت وأي مكان: إن التعلم عبر الإنترنت يوفر بيئة تعليمية غير مقتصرة على غرفة الصف أو على زمن معين. إن التحرر من الوقت والحيز يحفز العلاقات مع الآخرين من أجل التغذية الراجعة وأخذ المعلومات من مصادر مختلفة وتكوين قدرات ذاتية.

دور جديد للمعلم:

بالإضافة إلى توفير فرص تعليمية للطلبة، فان الإنترنت يوفر فرصة تطوير مهني وأكاديمي كبيرة للمعلم عبر الاشتراك بالمؤتمرات الحية من خلال البريد الإلكتروني أو شبكة الاتصال المباشر، والحوار بين الأكاديميين بحيث يبقى على اتصال بالتطورات الأكاديمية الحاصلة في العالم. ومن خلال هذا الاتصال الأكاديمي فان المعلم يشكل قدوة لطلبته بالاتصال بالأمور التي تفيدهم مقللا بذلك فرصة اتصالهم بأمور غير تعليمية وغير مناسبة.

على الرغم من الدور المتميز للإنترنت كأداة تربوية، إلا أن استخدام الإنترنت لأغراض التعليم والتعلم يواجه بعض **العقبات**، من أهمها:

- أن هناك حاجة لتدريب المعلمين وتقديم لهم المساعدة الفنية اللازمة للتغلب على هذه العقبات. حيث يرى جونسون في دراسته(1999) أن هناك حاجة لتدريب معلمي المدارس على كيفية استخدام الإنترنت، ومساعدة مصممي برامج التدريب على تحديد قدرات معلمي المدارس في بعض الأمور المتعلقة باستخدام الإنترنت.
- عدم توافر الدعم الفني technical support فقد يواجه الطلاب بعض المشكلات أثناء استخدام الإنترنت لعدم توفر الخبرة الكافية لهم لحل هذه المشكلات.
- إن استخدام الإنترنت للتعليم يتطلب وقتا أكثر بكثير من التعليم التقليدي، إن الاستجابة لكل طالب كتابيا عبر الإنترنت يتطلب الكثير من الوقت، كما أن تحضير القراءات للمساق وعرضها عبر الإنترنت يستهلك الكثير من الوقت.

- التركيز على عملية التعلم بدلا من مضمون التعلم focus on process not content، ويبدو أن بعض هذه الفوائد والعقبات تعود لحداثة التجربة، فالطلاب تزيد دافعيتهم عند المشاركة بتجربة جديدة، واستهلاك الكثير من الوقت وقلة الدعم الفني يعود أيضا إلى أن الطلاب والمعلمين على حد سواء ليسوا معتادين على التعلم والتعليم بهذه الطريقة.

أن استخدام الإنترنت في التعليم له العديد من المزايا التي تؤدي إلى رفع نوعية التعلم وزيادة التعاون بين الأكاديميين والطلبة إلا أن هناك بعض المشاكل التي تواجه التربويين في توظيف الإنترنت كأداة تربوية ولا بد من أخذ هذه المحددات بعين الاعتبار والتخطيط للتغلب عليها عند استخدام الإنترنت لأغراض تربوية.

كيف يمكن استخدام الإنترنت كأداة تربوية

1- توفير الأرضية المناسبة لتوظيف الإنترنت في التعليم:

فعلى المسؤولين ومخططي البرامج أن يوفروا برامج التأهيل الفعالة للمعلمين واستغلال تكنولوجيا الإنترنت وميزاتها الضخمة في عمل منتديات وقنوات اتصال بين المعلمين في جميع أنحاء العالم العربي وفي العالم لتبادل الخبرات والتجارب التربوية. تدريب وتشجيع المعلمين على الاتصال بطلبتهم من خلال الصفحات المدرسية الإلكترونية والبريد الإلكتروني، باعتبار أن عددا لا يستهان به من الطلبة لديهم خدمة الإنترنت في بيوتهم أو يذهبون إلى مقاهي الإنترنت.

2- زيادة الدعم الفني:

من خلال وجود مشرف على الأجهزة والمختبرات يكون على صلة بالمدارس ويقدم الصيانة للأجهزة والدعم الفني للمعلمين

3- التوجه نحو حوسبة التعليم:

فالهدف ليس أن يتعلم المعلم والطالب كيف يستخدم الإنترنت، بل كيف يوظف الإنترنت في تعليم المواد المختلفة.

4- إعداد نشرات مبسطة:

تحتوي على المواقع التربوية المختلفة والمتخصصة بشتى المواضيع وتبادلها بين المعلمين بحيث تصف الموقع وما يقدمه من أفكار تعليمية.

5- الدمج بين المنهاج واستخدام الإنترنت:

إن هذا بحاجة إلى مراجعة شاملة لفلسفة المناهج ووضع أهداف استراتيجية تركز في جوهرها على التطور التكنولوجي وتراعي الثورة التكنولوجية الهائلة الحاصلة في العالم. فلسفة تحاكي التطور ضمن ثقافة المجتمع العربي وتروض الصعوبات والتوجهات السلبية المعارضة لاستخدام الإنترنت، وتظهر الفائدة التي يمكن جنيها في عملية التعليم والتعلم من جراء استخدام مثل هذه التكنولوجيا.

إن منهاج التكنولوجيا الجديد ليعد خطوة أولى نحو هذا الهدف، لكن الأهم هو وجود "التكنولوجيا" في مناهج العلوم والجغرافيا واللغة العربية واللغة الإنكليزية والتربية الإسلامية وكافة المناهج الأخرى وخلق نشاطات لا يمكن إتمامها إلا عبر توظيف الإنترنت.

6- أن ندرك بأن التدريب يؤمن النجاح الوظيفي وأن نلتزم بهذا النجاح في كل الأوقات من خلال التدريب الذاتي وغيره.

7- تحديد الاحتياجات التدريبية بالشكل العلمي السليم والدقيق.

8- التخطيط السليم منذ البداية للبرامج التدريبية بصورة تعاونية بين المسئولين عن التدريب مع مراعاة أهداف البرنامج واحتياجات المتدربين والاهتمام بالكيف دون الكم .

9- أن تشمل برامج التدريب جميع الفئات للعاملين الجدد والقدامى والمرشحين لوظائف أعلى والعاملين بصفة عامة.

10- استخدام الأساليب التدريبية الحديثة في تدريب العناصر التربوية ..كأجراء البحوث التربوية، الندوات، واللقاءات التربوية بفعالية وتنويعها في ضوء

الاحتياجات التدريبية، والتدريب على مهارات الحاسوب ؛ ومنها دورة World Links Arab Region (WLAR).

خلال زيارة المنسق الوطني للوورلد لينكس في الأردن والخليج الأخت هالة الطاهر

11- الاهتمام بتعليم مهارات التفكير الناقد للطلبة وإستراتيجيات تقييم صفحات الإنترنت المختلفة.

وذلك للحكم على ملائمة هذه الصفحات لموضوع بحثهم. فمثلا أن يهتم الطلبة بتقييم المعلومات: هل هي حديثة، هل هي دقيقة، هل يوجد توثيق لهذه المعلومات، هل تم فحص المواقع التي تقود إليها هذه الصفحة؟ وبأساليب الأمان: الوعي لدى الطلبة بأخلاقيات استخدام الإنترنت.

12- من خلال التوضيح لهم أنه لا يجوز أن يعطوا عنوانهم الإلكتروني لمن لا يعرفونه، عدم مقابلة شخص تعرفوا عليه من خلال البريد الإلكتروني والمحادثة الآنية.

كذلك من الضروري تشجيعهم على الحديث عن مواقعهم المفضلة ومشاركتهم في الدخول إليها.

دور الحاسب الآلي في إنتاج المواد التعليمية وتصميمها

يعتبر الحاسب الآلي من أهم الأجهزة المساعدة التي يعتمد عليها المعلم أو الطالب أو المشرف أو أمين مركز مصادر التعلم في إنتاج الوسائل التعليم و تصميمها و هذا راجع لعدة عوامل منها:

1- الوضوح

2- الدقة

3- المرونة

4- السهولة

5- المتعة

6- التعدد

7- التنوع.

من البرمجيات المستخدمة (السوفت وير) في إنتاج المواد التعليمية:

1. معالج النصوص (الوورد)
2. عرض الشرائح (الباوربوينت)
3. معالج البيانات (الأكسل)
4. معالج قواعد البيانات (الأكسس)
5. معد صفحات الويب (الفرنت بيج) و تلك ما يسمى ببرامج الأوفيس
6. الفلاش.
7. السويتش.
8. الفوتوشوب
9. الفجول بيسك.
10. الصوتيات.

أجهزة مصاحبة يمكن الاستعانة بها في الإعداد:

1. الماسح الضوئي (السكينر)
2. الكاميرا الرقمية الدجاتيل.
3. الطابعات الملونة الليزرية و غيرها.
4. كاميرات الفيديو
5. الكاميرا الوثائقية.
6. المجهر الرقمي Digital Microscope

ونظراً لاستخدام المجهر الرقمي Digital Microscope في التعليم سوف نتعرض بالتفصيل لكيفية عمل هذا الجهاز.

المجهر الرقمي
Digital Microscope

برنامج تشغيل الكاميرا الرقمي: متطلبات المجهر الرقمي

- Intel Pentium with 166 MHz or equiv. or higher
- Operating system Windows 98 SE / ME /2 **000**/ XP
- Min. 64 MB RAM
- Min. 1.. MB free hard disk space

تركيب الكاميرا الرقمية وتعريف الحاسوب عليها.

بعد تحميل البرنامج على جهاز الحاسوب عليك أن تقوم بتعريف الكاميرا كما في الخطوات التالية:

1.قم بإزالة العدسة العينية من مكانها مع عدسة بارلو (Barlow lens)، ثم ضع الكاميرا الرقمية مكانها.

2.صل الطرف الآخر لوصلة الكاميرا (USB) بجهاز الحاسوب.

3.عند توصيل الكاميرا بجهاز الحاسوب ستظهر شاشة الويزرد تلقائياً لتقوم بالبحث عن مشغل الكاميرا.

4.عند ظهور الشاشة التالية انقر زر التالي (Next).

5.عند ظهور الشاشة التالية انقر زر التالي (Next).

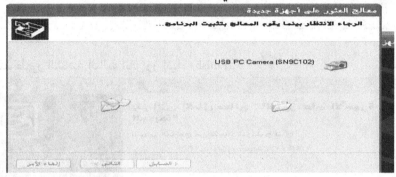

6.عند ظهور الشاشة التالية انقر زر (المتابعة في أي حال).

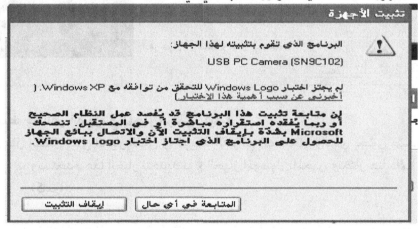

7.عند ظهور الشاشة التالية، انتظر حتى يقوم الجهاز بتثبيت البرنامج ثم انقر زر التالي (Next).

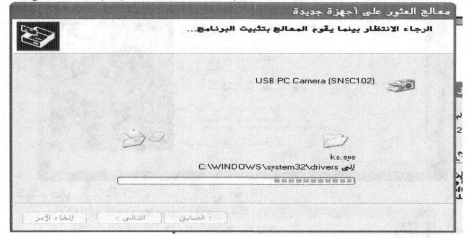

8.عند ظهور الشاشة التالية انقر زر إنهاء (Finish).

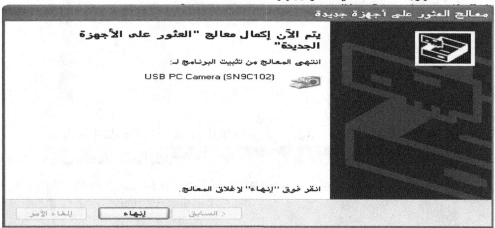

ضبط خصائص الصورة في المجهر الرقمي كيفية

1.يمثل الشكل التالي الخيار الثاني في شريط القوائم (Devices)، والذي يحوي منسدلة الأجهزة، ويستخدم هذا الخيار لتحديد نوع الجهاز الموصول بالمجهر، ونختار هنا دائماً الخيار الأول (كاميرا).

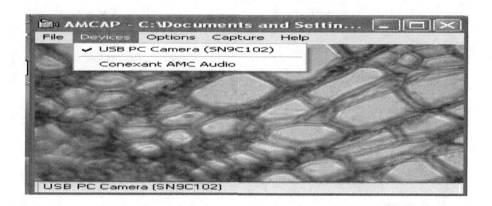

2. يمثل الشكل التالي الخيار الثالث في شريط القوائم (Options)، وهو خيارات، عند تحديد هـذا الخيار تظهر منسدلة تتكون من الخيارات التالية:

3. عرض (Preview): عند الضغط عليه (في حال عدم وجود إشـارة (√) إلى جانبـه) يبـدأ الحاسـوب بعرض الصورة المجهزة على المجهر كما في الشكل التالي:

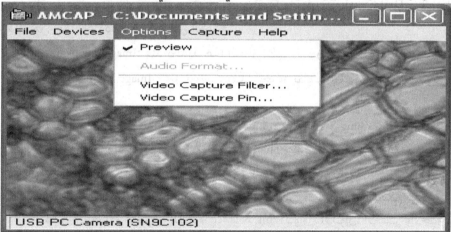

- الخيار الثاني غير مفعّل، يستخدم مع أجهزة أخرى.

- الخيار الثالث video capture filter: عند النقر علية تظهر الشاشة التاليـة التـي تعـرض خصـائص الصورة (properties- settings)) وهي:

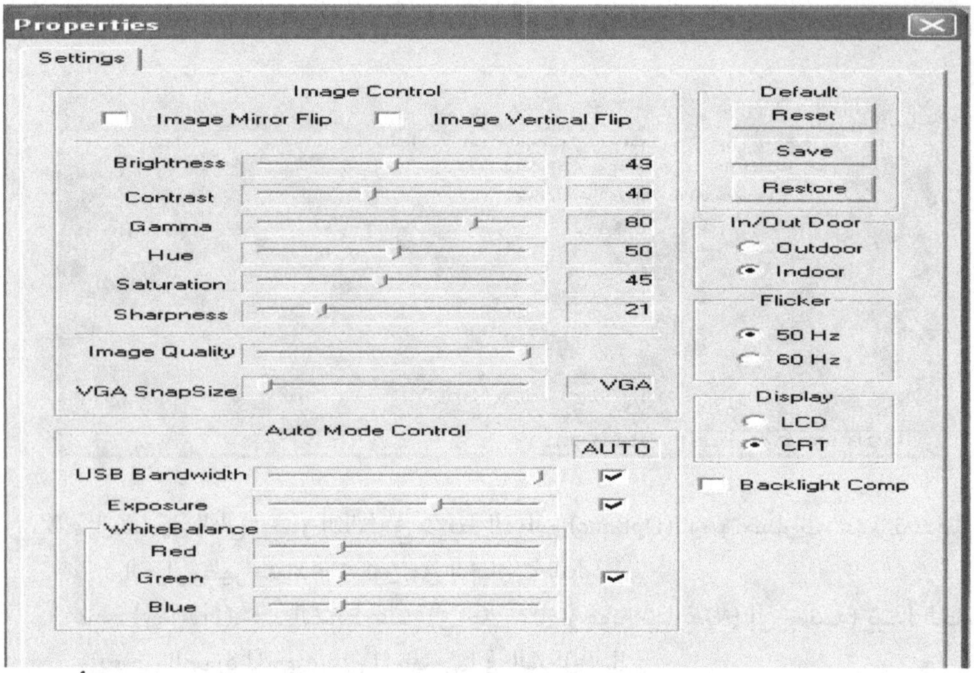

ملاحظة: في حال عدم ظهور كافة عناصر المنسدلة، كما يظهر في المنسدلة المبينة أعلاه، يمكن معالجة ذلك من خلال إعادة ضبط خصائص الشاشة.

- Image mirror flip: عند تحديد هذا الخيار تظهر الصورة كصورة مرآة (مقلوبة جانبياً).
- Image Vertical Flip : عند تحديد هذا الخيار تظهر الصورة بشكل عمودي (مقلوبة رأسياً).
- أما الخيارات: (Brightness الإضاءة، Contrast الوضوح، Gamma السطوع، Hue ألوان الشكل، Saturation الإشباع بالألوان، Sharpness حدة اللون)، فيتم تحديدها من خلال تحريك المؤشر بجانب كل خيار من هذه الخيارات.
- أما الجزء المعنون بـ Auto Mode Control فيمكن من خلاله التحكم ببعض الخصائص مثل exposure التعرض للضوء، Whit Balanceتوازن الألوان: الأحمر والأخضر والأزرق، ويفضل تحديد المربعات الموجودة أسفل الخيار Auto.

- الخيارات: Reset من أجل إعادة الضبط، Save من أجل حفظ التغيرات التي قمت بتغييرها، Restore من أجل إعادة الضبط الافتراضي للجهاز.
- الخيار In \ Out Doorهذا الخيار من أجل المجاهر التي تحوي مصدر إضاءة كهربائي، حيث تعني indoor أن المصدر الضوئي في الداخل و outdoor في الخارج.

أما في القائمة Flicker، نحدد الخيار Hz05 المناسب لخصائص التيار الكهربائي للمنطقة كالأردن.

- أما خيار LCD: فيحدد إذا كنت تستخدم جهاز حاسوب محمولLap top، CRT: فيحدد عند استخدام الشاشات التلفزيونية مثل شاشة الحاسوب الشخصي.
- عند النقر على الخيار الأخير في Option: (video Capture pin). تظهر الشاشة التالية والتي تتعلق بتنسيقات إطار الصورة.

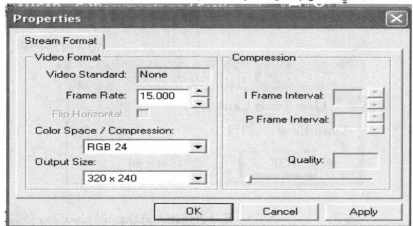

4.عند النقر على الخيار التالي Capture تظهر المنسدلة التالية:

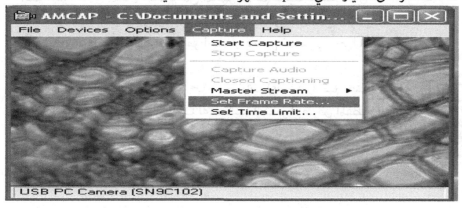

5.عند النقر على الخيار Set Frame Rate تظهر الشاشة التالية من أجل تحديد معدل الإطارات (وفي الغالب يعتمد معدل عدد الإطارات في الثانية الواحدة، على نوع العينة التي يتم دراستها وطبيعتها والغاية من دراستها):

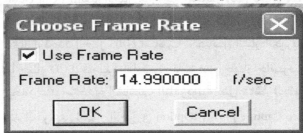

6.عند النقر على الخيار set time limit تظهر الشاشة التالية من أجل تحديد طول القصاصة المراد تسجيلها بالثواني:

فحص شريحة محضرة باستخدام الكاميرا الرقمية

1.ضع الشريحة في المكان المحدد على المجهر ثم قم بضبط مقطع معين من الشريحة.

2. كرر الخطوتين الأولى والثانية من خطوات تعريف الكاميرا الرقمية.

3.أذهب إلى سطح المكتب وافتح رمز اختصار برنامج تشغيل كاميرا المجهر ((AMCap)).

4. عند ظهور الشاشة التالية، حدد خيارات (options)، ثم اختار عرض (preview) من القائمة المنسدلة. ستبدأ الكاميرا بعرض المقطع الذي قمت بضبطه في الشريحة.

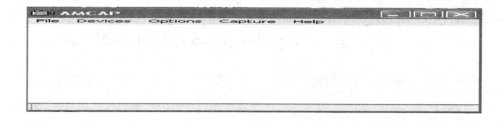

تسجيل قصاصة فيديـو

10 **إذا** أردت تسجيل قصاصة فيديو للمقطع، أذهب إلى خيـار "الـتقط Capture" في شريط أدوات الشكل السابق وانقر على خيار "start capture"، سـوف تبـدأ الكـاميرا بتصـوير المقطع وتستطيع تحريـك الشريحة لتصوير جميع محتوياتها.

1. عندما ترغب بتوقيف تسجيل الفيديو، انقر على خيار التقط capture في شريط الأدوات ثم انقر على خيار توقيف (stop capture).

حفظ التسجيـــــل

1. إذا أردت حفظ ما قمت بتسجيله في ملف خاص، أذهب إلى خيار ملف (file) في شريط الأدوات ثم انقر على خيار ضبط القصاصة الملتقطة في ملف (set capture file).

2. تظهر النافذة التالية، من أجل تحديد مكان حفظ واسم الملف، حدد المكان والاسم ثم انقر فتح (open). إذا أردت مشاهدة قصاصة الفيديو التي قمت بتسجيلها اذهـب إلى المكـان الـذي حفظت فيه الملف وقم بفتحه.

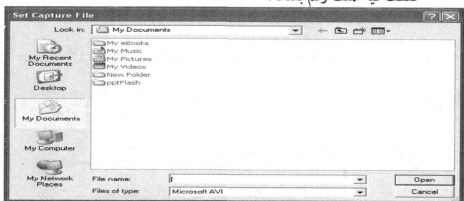

3. تتيح لك الخيارات الأخرى في القائمة المنسدلة من خيار ملف، كما في الشكل التالي، تحديد حجم ملف قصاصة الفيديو المسجلة بحيث لا تزيد

عن الرقم المحدد (مثلاً MB 01) من خلال النقر على خيار تحديد حجم الملف (Allocate file space)، ويمكنك الخيار الآخـر (save Captured Video As) مـن تحديـد مكـان الحفـظ بحيـث تحفظ الملفات التي تقوم بتسجيلها تلقائياً في المكان الذي تحدده.

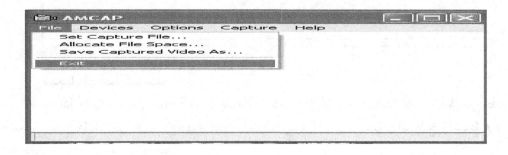

استخدام وتوظيف برمجية   Ulead Photo Explorer 7.. SE

1- انقر على (Disk top) المبين على سطح المكتب

عند ظهور الشاشة التالية (File) انقر على ملف من شريط الادوات

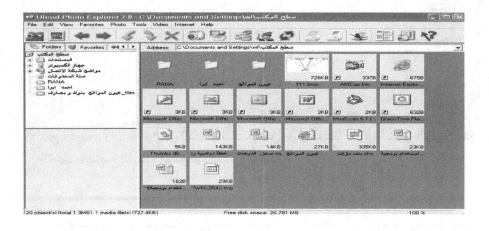

2- اختار من المنسدلة التي Select Source ظهرت Twain acquire ثم اختار من القائمة الفرعية الخيار(Digital Camera).

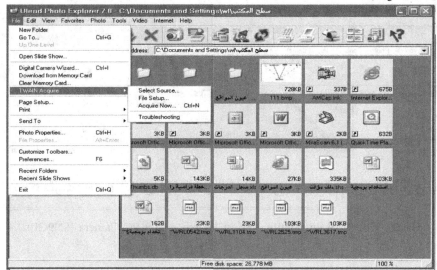

3- في حال ظهور الشاشة التالية اختار نوع الكاميرا ثم انقر زر موافق (OK) .

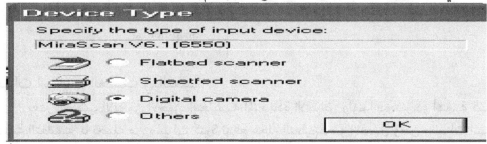

4- عند ظهور الشاشة التالية اختار اسم الكاميرا (USB PC Camera SN9C102) ثم انقر زر Select .

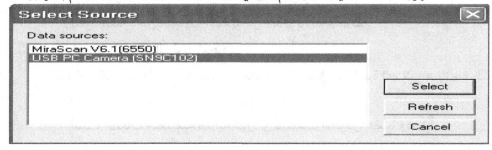

– أو اختار من شريط الأدوات صورة الكاميرا بأن تنقر DOUBLE CLICK: على صورة الكاميرا، المشار إليها في السهم، في الشاشة المبينة أدناه

– بعد النقر على صورة الكاميرا، اعمل على التقاط الصور، واستخدم جميع القوائم في البرمجية.

===

1.Desk top – Ulead – File – Twain acquire – Select Source – USB PC Camera (SN9C102) – Select – Snapshot.

      OR ......

2. Desk top – Ulead –   صورة كاميرا

                                  – Device ....
                                  – Format.....
                                  – Perform.....
                                  – Snapshot....

مميزات استخدام الحاسب في التعليم:

يعتبر الحاسب الآلي من الأجهزة التعليمية المتعددة الأغراض ولهذا فيعتبر ذو أهمية كبيرة في العملية التعليمية لما يحمله من مميزات كثيرة تدفع عجلة التعليم نحو الأفضل ومن مميزات استخدام الحاسب في التعليم

- تنمية مهارات الطلاب لتحقيق الأهداف التعليمية.

- تنفيذ العديد من التجارب الصعبة من خلال برامج المحاكاة.

- تقريب المفاهيم النظرية المجردة.

- برامج التمرين والممارسة أثبتت فعالية واضحة في مساعدة الطلاب على حفظ معاني الكلمات

- أثبتت الألعاب التعليمية فعالية كبيرة في مساعدة المعوقين عضلياً وذهنياً.

- يوفر الحاسب الآلي للطلاب التصحيح الفوري في كل مرحلة من مراحل العمل
- يتيح الحاسب الآلي للطالب اللحاق بالبرنامج دون صعوبات كبيرة ودون أخطاء
- يتميز التعليم بمساعدة الحاسب الآلي بطابع التكيف مع قدرات الطلاب
- تنمية المهارات العقلية عند الطلبة
- قدرتها على إيجاد بيئات فكرية تحفز الطالب على استكشاف موضوعات ليست موجودة ضمن المقررات الدراسية.
- القدرة على توصيل أو نقل المعلومات من المركز الرئيسي للمعلومات إلى أماكن أخرى.
- يمكن للمتعلم استخدام الحاسب الآلي في الزمان والمكان المناسب.
- للحاسب الآلي القدرة على تخزين المعلومات وإجابات المتعلمين وردود أفعالهم.
- تكرار تقديم المعلومات مرة تلو الأخرى
- حل مشكلات المعلم التي تواجهه داخل الصف (زيادة عدد الطلاب- قلة الوقت المخصص.)
- تنمية اتجاهات الطلاب نحو بعض المواد المعقدة مثل الرياضيات.
- عرض الموضوعات ذات المفاهيم المرئية (الخرائط-أنواع الحيوانات-الصخور......) بالبعد الثالث.
- توفير بيئة تعليمية تفاعلية بالتحكم والتعرف على نتائج المدخلات والتغلب على الفروق الفردية.
- رفع مستوى الطلاب وتحصيلهم عن طريق التدريبات ووجود التغذية الراجعة.
- تشجيع الطلاب على العمل لفترة طويلة دون ملل.

استخدام خدمات الإتصال في الإنترنت بفاعلية في التعليم

تعاقبت الأحداث خلال القرن الماضي (العشرين) بصورة مذهلة في مجال الحاسب الآلي وتطبيقاته، حيث ظهر الحاسب الآلي في البداية ثم دعمت إمكانياته. وما إن حلت الثمانينات من القرن العشرين حتى كان الحاسب الشخصي يحتل مكان الصدارة في الصناعات العسكرية والمدنية وشهدت الأعوام التالية تطورات بدأت مع زيادة قدرات الأجهزة وربطها مع بعضها البعض لِتكوّن شبكة تستطيع فيها الأجهزة أن تتبادل الملفات والتقارير والبرامج والتطبيقات والبيانات والمعلومات وساعدت وسائل الاتصالات على زيادة رقعة الشبكة الصغيرة بين مجموعة من الأجهزة ليصبح الاتصال بين عدة شبكات واقعاً ملموساً في شبكة واسعة تسمى الإنترنت (Internet).

وفي بداية التسعينات بدأ استخدام هذه الشبكات كعنصر أولي وأساسي للأعمال التجارية، وأصبحت مصدراً من مصادر الحصول على المعلومات بوقت قياسي.ومع إطلالة القرن الجديد (الحادي والعشرين) ازداد عدد مستخدمي هذه الخدمة إلى أكثر من 3.. مليون مستخدم لهذه الشبكة على وجه العموم، وأكثر من 75 مليون مستخدم للبريد الإلكتروني فقط. وتجدر الإشارة إلى أن هناك أكثر من 160 مستخدم للبريد الإلكتروني فقط وبهذا يكون عدد المستخدمين حوالي 46. مليون مستخدم في عام 2000م.

حَقاً إن العالم يَمُر بحقبة جديدة في تطور سبل إيصال المعلومات. فتقنيات الاتصالات تتفجر يوماً بعد يوم ولا يمكن التنبؤ لعالم الاتصالات في المستقبل حيث يقول سيتلر (Saettler)" ليس من السهل التنبؤ بمستقبل استخدام التقنية في مجالات الحياة، ولكن التنبؤ السهل الذي ينبغي أن يُبنى عليه المستقبل هو أن الأشياء التي تحصل عادة تكون أكبر مما تم توقعه".

ولم يقتصر الأمر عند هذا الحد، بل أصبح تداول المعلومات عن طريق الحاسب الآلي باستخدام الإنترنت أمراً يدعوا للحيرة والقلق بنفس الوقت. وعندما تحدث (Will Hively)عن عصر (قرن) المعلومات قال" إن الألياف البصرية سوف يكون لديها القدرة على إرسال مئات المحطات التلفزيونية وسوف تتيح الفرصة لكل بيت للدخول إلى

مكتبات العالم بل سوف تكون لدى هذه الألياف القدرة على حمل أكثر من 10 ملايين رسالة في الثانية"
ثم علق على هذا جوردون و جينيتي (Jordon and Jeannette) بقولهما " نحن بحاجة إلى إعادة تصميم منازلنا من حيث أنها سوف تكون مصدراً من مصادر التعلم في القرن القادم" ثم إن تعلم الفرد على التعامل مع التقنية بجميع مفاهيمها يعتبر من المطالب والمقومات الأساسية لبناء المجتمعات في العصر القادم.(د: عبدالله الموسى)

ونظراً للتغيرات الكبيرة التي يشهدها المجتمع العالمي مع دخول عصر المعلومات وثورة الاتصالات، فإن برامج المؤسسات التعليمية بحاجة إلى إعادة النظر والتطوير لتواكب هذه التغيرات في مجال الحاسب الآلي من أجل العيش في هذا الكوكب الأرضي. ولقد لمس التربويون في الآونة الأخيرة هذه الأهمية، ولذا فقد تعالت الصيحات من هنا وهناك لإعادة النظر في محتوى العملية التربوية وأهدافها ووسائلها بما يُتيح للطالب اكتساب المعرفة المتصلة بالحاسب. يعلق على هذا فخرو بقوله " ... وقد اقتنعت العديد من الدول بضرورة إعادة النظر في النظام التعليمي برمته، وتكييفه ليتوافق مع عصر المعلومات وذلك على ضوء اعتبارين اثنين: الأول هو ضرورة أن يستغل النظام التعليمي مكتسبات علوم وتكنولوجيا المعلومات. والاعتبار الثاني هو الترياق الواقي الذي يتعين على نظام التعليم تقديمه ضد الأثر السلبي لتكنولوجيا المعلوماتية في الكائن البشري".

ونتيجة لهذه الأهمية قامت بعض الدول الصناعية بوضع خطط لبناء المجتمع المعلوماتي – إن صح التعبير– ففي سنة 1971 بدأ معهد تطوير استخدامات الحاسبات باليابان(Computer Usage Development Institute) بعمل دراسة لطبيعة المجتمع الياباني بعد عام 2000 وقد أوضحت الدراسة أنه بحلول عام 2000 سيعتمد الاقتصاد على المنتجات المعلوماتية وليس على الصناعات التقليدية، أما بريطانيا فقد نشرت خطتها الوطنية للمعلوماتية في عام 1982 ضمن وثيقة بعنوان " منهج لتقنية معلوماتية متقدمة: تقرير عام ألفين" وقد أوضح التقرير أن بريطانيا قد بدأت تفقد موقع أقدامها في هذه الأسواق وأنها سوف تضطر إلى استيراد المنتجات المعلوماتية.

إن هدف إيجاد " المجتمع المعلوماتي" لا يمكن تحقيقه إلا بتكوين" الفكر المعلوماتي" بـين أفراد المجتمع بمختلف المستويات ومن أهم المؤسسات التي يمكن الاستفادة منها في تكوين هـذا المجتمـع هـي المدارس والجامعات. والمتتبع لواقع استخدام الحاسب الآلي في مجال التعليم في العالم يجـد أن نسبة الاستخدام تزداد بسرعة منقطعة النظير متخطية بـذلك العوائق والمشاكل والصعوبات مـا اسـتطاعت إلى ذلك سبيلا.

أولاً: استخدامات الإنترنت في التعليم:

إن المتتبع للتغير المستمر في تقنيات تحديث قوة وسرعة الحاسب الآلي يستطيع أن يـدرك أن مـا كان بالأمس القريب الأفضل تقنيةً والأكثر شيوعاً أصبح أداءه محدوداً، أو ربما أصبح غـير ذي جـدوى (Obsolete). وقياساً على هذا التسارع الكبير، والمخيف أحياناً،يؤكد (ثرو 1998) أن "التـأثير الحقيقـي لثـورة المعلومات والاتصالات يوجد أمامنا وليس خلفنا.".

وتعتبر الإنترنت أحد التقنيات التي يمكن استخدامها في التعليم العام بصفة عامة،فالإنترنت هـي شبكة ضخمة من أجهزة الحاسب الآلي المرتبطة ببعضها البعض والمنتشرة حول العالم. وقد أكد عـلى هـذه الأهمية (Ellsworth،1994) حيث قال " إنه من المفرح جداً للتربـويين أن يسـتخدموا شـبكة الإنترنـت التـي توفر العديد من الفرص للمعلمين وللطلاب على حد سـواء بطريقـة ممتعـة" أمـا (Watson، 1994) فقـال " تعتبر وسائل الاتصالات الحديثة من أهم الأدوات التي استخدمتها في التدريس".

هذا ويشير بعض الباحثين إلى أن الإنترنت سـوف تلعـب دوراً كبـيراً في تغيـير الطريقـة التعليميـة المتعارف عليها في الوقت الحاضر، وبخاصة في مراحل التعليم الجامعي والعـالي. فعـن طريـق الفيديـو التفاعلي (Interactive Multimedia) لـن يحتاج الأستاذ الجامعي مستقبلاً أن يقـف أمـام الطـلاب لإلقـاء محاضرته، ولا يحتاج الطالب أن يـذهب إلى الجامعـة، بـل سـتحل طريقـة التعليـم عـن بعـد (Distance Learning) بواسطة مدرس إلكتروني وبالتالي توفر على الطالب عنـاء الحضور إلى الجامعـة. ويضرب المؤلـف مثالاً حياً لدور خدمات الإنترنت في عملية التعليم، وبالتحديد في معهد ماساتشوستس للتكنولوجيا (MIT) الذي قدم ولأول مرة برنامجاً لنيل درجة الماجستير في "إدارة

وتصميم الأنظمة" دون الحاجة لحضور الطلاب إلى الجامعة. وتعتبر أكاديمية جورجيا الطبية (Georgia
State Academic and Medical System) من أكبر الشبكات العالمية في العالم حيث يوجد فيها أكثر من 200
فصل دراسي في مختلف أنحاء العالم مرتبط بهذه الأكاديمية خلال عام1995، ومن خلال هذه الشبكة
يستطيع الطلبة أخذ عدد من المواد والاختبار بها.

ويرى بعض الباحثين في هذا المجال أمثال (ثرو، 1998)أن هذه الطريقة الإلكترونية في التعليم
مقتصرة فقط على المناهج الدراسية التي يغلب على محتواها أساليب العروض التوضيحية وذات الطابع
التخيلي، لكن الحقيقية أن هذه الطريقة يمكن تكييفها لكل الأقسام العلمية، ثم أن هذه التقنية التعليمية
المستقبلية ستكون مناسبة لبعض الدول النامية التي تفتقر إلى عاملي الكم والكيف في كوادر المعلمين.

وقد علق على تطبيقات الإنترنت في التعليم بيل جيتس (1998) مدير عام شركة مايكروسوفت
العالمية بقوله "...فإن طريق المعلومات السريع سوف يساعد على رفع المقاييس التعليمية لكل فرد في
الأجيال القادمة، وسوف يتيح - الطريق- ظهور طرائق جديدة للتدريس ومجالاً أوسع بكثير
للاختيار....وسوف يمثل التعلم باستخدام الحاسوب نقطة الانطلاق نحو التعلم المستمر من الحاسوب...
وسوف يقوم مدرسو المستقبل الجيدون بما هو أكثر من تعريف الطلاب بكيفية العثور على المعلومات عبر
طريق المعلومات السريع، فسيظل مطلوباً منهم أن يدركوا متى يختبرون، ومتى يعلقون، أو ينبهون، أو
يثيرون الاهتمام" ص 320–321.

هذا وقد أكد (Jacobson، 1993) أن المدرسين لديهم القناعة التامة أن استخدام التقنية يساعد في
تعليم الطلاب وتحصيلهم، ثم خلُص إلى أن استخدام البريد الإلكتروني في البحث والاتصال يساعد على توفير
الوقت لدى الطلاب، وأن معظم أساتذة الجامعات لا يرغبون تخصيص الوقت الكافي لاستخدام التقنية
داخل الفصل الدراسي.

أما (Williams، 1995) فقد ذكر أن هناك أربعة أسبابٍ رئيسية تجعلنا نستخدم الإنترنت في التعليم
وهي:

1.الإنترنت مثال واقعي للقدرة على الحصول على المعلومات من مختلف أنحاء العالم.

2.تُساعد الإنترنت على التعلم التعاوني الجماعي، نظراً لكثرة المعلومات المتوفرة عبر الإنترنت فإنه يصعب على الطالب البحث في كل القوائم لذا يمكن استخدام طريقة العمل الجماعي بين الطلاب، حيث يقوم كل طالب بالبحث في قائمة معينة ثم يجتمع الطلاب لمناقشة ما تم التوصل إليه.

3.تساعد الإنترنت على الاتصال بالعالم بأسرع وقت وبأقل تكلفة.

4.تساعد الإنترنت على توفير أكثر من طريقة في التدريس ذلك أن الإنترنت هي بمثابة مكتبة كبيرة تتوفر فيها جميع الكتب سواءً كانت سهلة أو صعبة. كما أنه يوجد في الإنترنت بعض البرامج التعليمية باختلاف المستويات.

وهنا تجدر الإشارة إلى أن التأثير المستقبلي للإنترنت و الإنترانت على التعليم سوف يتضمن بعداً إيجابياً ينعكس مباشرةً على مجالات التعليم للمرأة المسلمة والذي سوف يجنبها عناء التنقل داخل وخارج مجتمعها، وفي نفس الوقت سوف يوفر لها تنوعاً أوسع في مجالات العلم المختلفة.

واستخدام الإنترنت كأداة أساسية في التعليم حقق الكثير من الإيجابيات.

وقد ذكر كل من (Bates، 1995 Eastmond، 1995& ؛ Wulf، 1996) الإيجابيات التالية:

1.المرونة في الوقت والمكان.

2.إمكانية الوصول إلى عدد أكبر من الجمهور والمتابعين في مختلف العالم.

3.عدم النظر إلى ضرورة تطابق أجهزة الحاسوب وأنظمة التشغيل المستخدمة من قبل المشاهدين مع الأجهزة المستخدمة في الإرسال.

4.سرعة تطوير البرامج مقارنة بأنظمة الفيديو والأقراص المدمجة (CD-Rom).

5.سهولة تطوير محتوى المناهج الموجودة عبر الإنترنت.

6.قلة التكلفة المادية مقارنة باستخدام الأقمار الصناعية ومحطات التلفزيون والراديو.

7.تغيير نظم وطرق التدريس التقليدية يساعد على إيجاد فصل مليء بالحيوية والنشاط.

8.إعطاء التعليم صبغة العالمية والخروج من الإطار المحلي.

9.سرعة التعليم وبمعنى آخر فإن الوقت المخصص للبحث عن موضوع معين باستخدام الإنترنت يكون قليلاً مقارنة بالطرق التقليدية.

10. الحصول على آراء العلماء والمفكرين والباحثين المتخصصين في مختلف المجالات في أي قضية علمية.

11. سرعة الحصول على المعلومات.

12. وظيفة المعلم في الفصل الدراسي تصبح بمثابة الموجة والمرشد وليس الملقي والملقن.

13. مساعدة الطلاب على تكوين علاقات عالمية إن صح التعبير.

14. إيجاد فصل بدون حائط (Classroom without Walls).

15. تطوير مهارات الطلاب على استخدام الحاسوب.

16. عدم التقيد بالساعات الدراسية حيث يمكن وضع المادة العلمية عبر الإنترنت ويستطيع الطلاب الحصول عليها في أي مكان وفي أي وقت.

أخيراً، أرجو من الأخوة والأخوات الأعزاء الإجابة عن الأسئلة التالية:

- كم ساعة تقضي من وقتك على الإنترنت؟
- أين تستخدم الإنترنت؟
- هل تعتبر استخدام الإنترنت أمرا أساسيا للمعلم ؟
- ما هي المشاكل الرئيسية التي تواجهك عند البحث من خلال الإنترنت؟
- ما هي المواقع التي تكثر زيارتها؟ لماذا؟
- هل تستخدم الإنترنت لأغراض تربوية؟ لماذا؟
- ما هي الأمور التي تحتاجها للبدء باستخدام الإنترنت في التعليم؟
- هل استفدت كمعلم من استخدامك للإنترنت؟ لماذا؟

- هل شاركت زملائك بما حققته من إنجاز في التعليم عبر الإنترنت؟ لماذا

ثانياً: استخدامات البريد الإلكتروني (Electronic Mail) في التعليم.

البريد الإلكتروني (Electronic Mail) هو تبادل الرسائل والوثائق باستخدام الحاسوب ويعتقد كثير من الباحثين أمثال كاتب أن البريد الإلكتروني من أكثر خدمات الإنترنت استخداماً وذلك راجع إلى سهولة استخدامه. ويعزو (Eager، 1994) نمو الإنترنت بهذا السرعة إلى البريد الإلكتروني ويقول " لو لم يوجد البريد الإلكتروني لما وجدت الإنترنت " ص 79.

بل ويذهب البعض أبعد من ذلك ويقول من أنه- البريد الإلكتروني- يعد السبب الأول لاشتراك كثير من الناس في الإنترنت. ويعد البريد الإلكتروني أفضل بديل عصري للرسائل البريدية الورقية ولأجهزة الفاكس. ولإرسال البريد الإلكتروني يجب أن تعرف عنوان المرسل إليه، وهذا العنوان يتركب من هوية المستخدم الذاتية، متبوعة بإشارة @ متبوعة بموقع حاسوب المرسل إليه.

ويعتبر تعليم طلاب التعليم على استخدام البريد الإلكتروني الخطوة الأولى في استخدام الإنترنت في التعليم وقد ذكر بعض الباحثين أن استخدام الإنترنت تساعد المعلم في التعليم على استخدام ما يسمى بالقوائم البريدية (Listserve) للفصل الدراسي الواحد حيث يتيح للطلبة الحوار وتبادل الرسائل والمعلومات فيما بينهم.

هذا وقد تساءل (Lue & Leu، 1997) حول الوقت الذي يحتاجه الشخص لتعلم البريد الإلكتروني وعن علاقة الوقت الذي أمضاه المتعلم بالفوائد التي سوف يجنيها فقال "....حقاً كثير من الناس يستكثرون الوقت الذي يمضونه في التعلم [البريد الإلكتروني] لكنه استثمار حقيقي في الوقت والجهد والمال" ص 58.

أما أهم تطبيقات البريد الإلكتروني في التعليم فهي:

1. استخدام البريد الإلكتروني (Electronic Mail) كوسيط بين المعلم والطالب لإرسال الرسائل لجميع الطلاب، إرسال جميع الأوراق المطلوبة في المواد، إرسال الواجبات المنزلية،الرد على الاستفسارات، وكوسيط للتغذية الراجعة(Feedback).

2.استخدام البريد الإلكتروني كوسيط لتسليم الواجب المنزلي حيث يقوم الأستاذ بتصحيح الإجابة ثم إرسالها مرة أخرى للطالب، وفي هذا العمل توفير للورق والوقت والجهد، حيث يمكن تسليم الواجب المنزلي في الليل أو في النهار دون الحاجة لمقابلة المعلم.

3.استخدام البريد الإلكتروني كوسيلة للاتصال بالمتخصصين من مختلف دول العالم والاستفادة من خبراتهم وأبحاثهم في شتى المجالات.

4.استخدام البريد الإلكتروني كوسيط للاتصال بين أعضاء هيئة التدريس والمدرسة والأسرة.

5.يساعد البريد الإلكتروني الطلاب على الاتصال بالمتخصصين في أي مكان بأقل تكلفة وتوفير للوقت والجهد للاستفادة منهم سواءً في تحرير الرسائل أو في الدراسات الخاصة أو في الاستشارات.

6.استخدام البريد الإلكتروني كوسيط للاتصال بين الجامعات،كما تفعل الجامعات في البلاد الغربية فقد ذكر (Scott، 1997) أن الجامعات في اليابان وأمريكا والصين وأوربا اعتمدت البريد الإلكتروني كوسيلة اتصال معتمدة.

7.استخدام البريد الإلكتروني كوسيلة اتصال بين الشؤون الإدارية بالوزارة والطلاب وذلك بإرسال التعاميم والأوراق المهمة والإعلانات للطلاب.

8.كما يمكن أيضا استخدام البريد الإلكتروني كوسيلة لإرسال اللوائح والتعاميم وما يستجد من أنظمة لأعضاء هيئة التدريس وغيرهم.

وبالجملة فإن هذه بعض التطبيقات في الوقت الحاضر لخدمة البريد الإلكتروني في التعليم، ولاشك أن الاستخدام سوف يولد استخدامات أخرى أكثر وأكثر مما ذكر.

أن البريد الإلكتروني (Electronic Mail) يعتبر من أكثر خدمات الإنترنت شعبية واستخداماً وذلك راجع إلى الأمور التالية:

1.سرعة وصول الرسالة، حيث يمكن إرسال رسالة إلى أي مكان في العالم خلال لحظات.

2.أن قراءة الرسالة - من المستخدم- عادة ما تتم في وقت قد هيأ نفسه للقراءة والرد عليها أيضا.
3.لا يوجد وسيط بين المرسل والمستقبل (إلغاء جميع الحواجز الإدارية).
4.كلفة منخفضة للإرسال.
5.يتم الإرسال واستلام الرد خلال مدة وجيزة من الزمن.
6.يمكن ربط ملفات إضافية بالبريد الإلكتروني.
7.يستطيع المستفيد أن يحصل على الرسالة في الوقت الذي يناسبه.
8.يستطيع المستفيد إرسال عدة رسائل إلى جهات مختلفة في الوقت نفسه.

ثالثاً: استخدامات القوائم البريدية (Mailing List) في التعليم.

القوائم البريدية تعرف اختصاراً باسم القائمة (list) وهي تتكون من عناوين بريدية تحتوي في العادة على عنوان بريدي واحد يقوم بتحويل جميع الرسائل المرسلة إليه إلى كل عنوان في القائمة. وبمعنى آخر فإن اللوائح البريدية المسماة (مجموعة المناقشة إلكترونيا) هي لائحة من عناوين البريد الإلكتروني ويمكن الاشتراك (أو الانضمام) بلائحة بريدية ما من خلال الطلب من المسؤول عنها المسمى بمدير اللائحة. ورغم أن هناك بعض اللوائح تعمل كمجموعات مناقشة فإن بعضها الآخر يستعمل في المقام الأول كوسيلة لتوزيع المعلومات. مثلاً قد تستعمل مؤسسة متطوعة لائحة بريدية ما لنشر مجلتها الشهرية. كما أن هناك قوائم بريدية عامة وأخرى خاصة(Steele، 1997).

وتجدر الإشارة إلى أن هناك نوعين من اللوائح أو القوائم، فهناك قوائم معدلة (Moderated mailing List) وهذا يعنى أن أي مقال يرسل يعرض على شخص يسمى (Moderator) يقوم بالاطلاع على المقال للتأكد من أن موضوعه مناسب لطبيعة القائمة ثم يقوم بنسخ وتعميم تلك المقالات المناسبة، أما القوائم غير المعدلة (Unmoderated) فإن الرسالة المرسلة ترسل إلى جميع المستخدمين دون النظر إلى محتواها (Eager،1994).

والقوائم العامة تناقش عدداً من المواضيع فمهما كان اهتمامك سوف تجـد مـن يشـاركك هـذا الاهتمام على مستوى العالم، ولا يستطيع أحد حصر جميع القوائم البريدية في العالم لأن بعضها غـير معلـن أصلاً لكن يقدر أن هناك أكثر من 25000 قائمة تناقش عدداً من الموضوعات.

وتعتبر خدمة القوائم البريدية (Mailing List) إحدى خدمات الاتصال المهمة في الإنترنت، ولكن كثير من الناس أخفقوا - على حـد تعبير (Milam،1998) - في معرفـة توظيـف هـذه الخدمـة في جميـع المجالات في الحياة العامة. ومن هنا يمكن القول إن توظيـف هـذه الخدمـة في التعلـيم يساعد علـى دعـم العملية التربوية، ومن أهم مجالات التطبيق مايلي:

1.تأسيس قائمة بأسماء الطلاب في الفصل الواحد (الشعبة) كوسيط للحوار بينهم ومن خـلال استخدام هذه الخدمة يمكن جمع جميع الطلبة والطالبات المسجلين في مادة مـا تحت هذه المجموعة لتبادل الآراء ووجهات النظر.

2.بالنسبة للأستاذ الجامعي يمكن أن يقوم بوضع قائمة خاصة بـه تشتمل علـى أسماء الطلاب والطالبات وعناوينهم بحيث يمكن إرسال الواجبات المنزلية ومتطلبات المـادة عـبر تلـك القائمة، وهذا سوف يساعد على إزالة بعض عقبـات الاتصال بـين المعلم وطلابه وخاصة الطالبات.

3.توجيه الطلاب والمعلمين للتسجيل في القوائم العالمية العلمية (حسب التخصص) للاستفادة مـن المتخصصين ومعرفة الجديد، وكذلك الاستفادة من خبراتهم والسؤال عن ما أشكل عليهم.

4.يمكن تأسيس قوائم خاصة لجميع طلاب المدارس و الجامعات والكليات المسجلين بمـادة معينة لكي يتم التحاور فيما بينهم لتبادل الخبرات العلمية.

5.تأسيس قوائم خاصة بـالمعلمين حسب الاهتمام أو التخصص (علـوم شرعيـة، علـوم عربيـة، رياضيات...الخ) وذلك لتبادل وجهات النظر فيما يخدم العملية التعليمية.

6. كذلك الأقسام العلمية يمكن أن تقوم بتأسيس قائمة بأسماء أعضاء هيئة التدريس المنتمين للقسم للاتصال بهم بأقل تكلفة تذكر.

7. الاتصال بالمهتمين بنفس التخصص حيث يمكن للطلاب أو المعلمين الاتصال بزملاء لهم من مختلف أنحاء العالم ممن يشاركونهم الاهتمام في موضوعات معينة لبحث الجديد فيها وتبادل الخبرات وهذا بالطبع يتم باستخدام نظام القوائم.

8. تكوين قوائم بريدية للطلبة والطالبات في جميع المدارس والجامعات والكليات المهتمين بشئون معينة، فمثلاً يمكن أن تكون هناك جمعية مهتمة في التربية، وجمعية أخرى مهتمة في العلوم الهندسية وثالثة مهتمة في الطب ورابعة في التفصيل والخياطة... وهكذا، وهذه الخدمة تتيح الفرصة للطلاب لتبادل وجهات النظر مع أقرانهم المهتمين بنفس المجال بغض النظر عن الموقع.

9. ربط (مدراء، مساعدين، مشرفين، رؤساء الأقسام) في مدارس وزارة التربية مثلاً وهو معمول به حاليا في معظم الدول في قوائم متخصصة لتبادل وجهات النظر في تطوير العملية التربوية، أعني بذلك قائمة خاصة للمدراء ومثلها للمشرفين وهكذا.

هذه بعض تطبيقات نظام القوائم البريدية العامة وما ذكر فهو على سبيل العد لا الحصر- وإلا فهناك تطبيقات أخرى خاصة ببعض الأقسام، ثم إن هناك تطبيقات أخرى سترى النور في المستقبل القريب.

رابعاً: استخدامات نظام مجموعات الأخبار (News groups، Usenet، Net news) في التعليم.

تعد شبكة الإخباريات أحد أكثر استخدامات الإنترنت شعبية، وقبل الحديث عن هذه المجموعات تنبغي الإشارة أن هذا النوع من الخدمة يأخذ مسميات عدة منها(Usenet، Net news، Network، News groups)، أما شبكة Compuserve فتطلق عليها اسم منتديات forums وتسميها شبكة مايكروسوفت نظم لوحات

114

الإعلان Bulletin Board System. (هونيكوت، 1996). لكن البعض يفرق بين هذه الأسماء ويرى أن Uesnet تختلف عن News groups، لكن كاتب قال " بالنسبة لمصطلح Netnwes أو Network News فإنها تحمل نفس معنى Usenet وتشير إلى نظام الأخبار News system بشكل عام" ص 175. كما تجدر الإشارة بأن هذه الشبكة مثلها مثل الإنترنت ليس لها إدارة مركزية أو هيكل تنظيمي.

ومهما يكن من أمر فإنه يمكن تعريف هذه الخدمة بأنها كل الأماكن التي يجتمع فيها الناس لتبادل الآراء والأفكار أو تعليق الإعلانات العامة أو البحث على المساعدة (Eager، 1994). وتجدر الإشارة إلى أن هناك الآلاف من مجموعات الأخبار، كل واحدة تركز على موضوع معين. ويقدر عدد هذه المجموعات بأكثر من 16000 مجموعة. ومما يميز هذه المجموعات هو أنها مرتبة هرمياً لتسهيل العثور عليها وتنقسم كل هرمية – أن صح التعبير- إلى فروع ثانوية فمثلاً:

Comp تعني كمبيوتر. وتحت هذه الهرمية فروع أخرى... وهكذا البقية.

Sci تعني علوم.

Rec تعني استراحة وترفيه.

Soc تعني مسائل اجتماعية.

News تعني مواضيع تتعلق بالأخبار.....وهكذا.....

كما أن مجموعات الأخبار تنقسم إلى قسمين- مثل القوائم البريدية- هناك:

1-مجموعة أخبار معدلة (Moderated)

2-غير معدله (Unmoderated)،

ففي حالة استخدام المجموعات المعدلة تمر الرسالة قبل إرسالها إلى شخص يسمى (Moderator) يقوم بالاطلاع على الرسالة قبل تعميمها (Allen & Proctor، 1994).

ومستخدمي مجموعات الأخبار يختلفون في أنواعهم من حيث الكيفية التي يتعاملون بها مع مواضيع النقاش الدائرة والمستخدمين الآخرين، ويمكن تقسيمهم إلى أربع فئات وهم:

1.المتخصصون (Wizards) وهم الأشخاص الذين لـديهم خـبرة واطـلاع واسـع بموضـوع معـين يـتم مناقشـته عـلى إحـدى مجموعـات الأخبار ويقومـون بـالرد والمشـاركة الإيجابيـة في هـذا الموضوع المطروح للنقاش.

2.المتطوعون (Volunteers) وهم الأشخاص الذين يقومون بمساعدة المستخدمين عن طريق الإجابة عن استفساراتهم وأسئلتهم، وهذه الفئة تعتبر مصدراً من مصادر مجموعات الأخبار لاسيما إذا كان هؤلاء من المتخصصين في الموضوع المطروح للنقاش.

3.المتوارين (Lurkers) وهم الأشخاص الذين لا يشاركون في الرد والحوار ويستفيدون من الحـديث والحوار الدائر بين تلك المجموعة. وعادة ما يستخدم هذا النوع المشتركين المبتدئين.

4.المطهرون (Flamers) وهم الأشخاص الذين يقومون بالرد على المقالات والأسئلة التي لا تعجبهم مستخدمين في ذلك عبارات الشتيمة والتجريح.

أما عيوب مجموعات الأخبار فهي أنها ليست آنية أو مباشرة كما أنها بعيدة عن الخصوصية، كما أنها لا تعتمد على الصور. وعند الحديث عـن مجموعـات الأخبار قـد يتبـادر إلى الـذهن أنهـا هـي نفـس القوائم البريدية لكن هذا ليس صحيح وقد ذكر بعض الباحثين أمثال (Steel،1997; Ellsworth، 1994; Eager، 1994، كاتب،1417 ؛ هونيكوت، 1996) وغيرهم الفروق التالية:

1.أن مجموعات الأخبار تحتاج برنامج (software) اسمه قارئ الأخبار.

2.عند الرغبة في قراءة مجموعـات الأخبار لابـد أن تـذهب إلى نفـس المجموعـة أمـا في القوائم البريدية فالرسالة تأتي إلى بريدك الإلكتروني تلقائيا.

3.يمكن استخدام الحوار المباشر (Chat Room) في مجموعات الأخبار أما في القـوائم البريديـة فهـذا أمر متعذر.

4.عند استخدام مجموعات الأخبار لا تعرف كم عدد الـذين سـوف يقرؤون الرسـالة أمـا في نظـام القوائم البريدية فإنك تعرف من سيقرأ الرسالة تقريباً.

5.يمكن ضبط نظام المجموعات أكثر من نظام القوائم البريدية على حد تعبير

أما عن تطبيقات مجموعات الأخبار فهي مشابهة لتطبيقات نظام القوائم البريدية، وإضافة إلى ما سبق يمكن استخدامها في التعليم بما يلي:

1.تسجيل المعلمين والطلاب في مجموعات الأخبار العالمية المتخصصة للاستفادة من المتخصصين كل حسب تخصصه.

2.وضع منتديات عامة لطلاب التعليم لتبادل وجهات النظر وطرح سبل التعاون والاستفادة بينهم بما يحقق تطورهم.

3.بما أن مجموعات الأخبار تستخدم غرف الحوار (Chat Rooms) فإنه يمكن إجراء اتصال بين طلاب فصل ما مع مجموعة متخصصة على المستوى العالمي للاستفادة منهم في نفس الوقت.

4.كما يمكن إجراء حوار باستخدام نظام المجموعات بين طلاب الثانوية في مدارس مختلفة حول موضوع معين لاسيما إذا كان المقرر متشابه.

وبالجملة فتعد مجموعات الأخبار مصادر معلومات ممتازة فهي تقدم المساعدة في المجالات العلمية كالكيمياء وتقنية المعلومات والطيران والتاريخ، كما تقدم المساعدة في مجالات أخرى، ويمكن أن تكون منبعاً للحوارات الحية وفرصة لاجتماع أشخاص مختلفين لديهم اهتمامات مشتركة.

خامساً: استخدامات برامج المحادثة (Internet Relay Chat) في التعليم.

المحادثة على الإنترنت (IRC) هو نظام يُمكّن مستخدمه من الحديث مع المستخدمين الآخرين في وقت حقيقي(Real time). وبتعريف آخر هو برنامج يشكل محطة خيالية في الإنترنت تجمع المستخدمين من أنحاء العالم للتحدث كتابة وصوتاً،فمثلاً باستطاعة الطلاب في أي جامعة في الوطن العربي إجراء اجتماع مع طلاب جامعة هارفارد في أمريكا مثلاً للنقاش في مسألة علمية. كما أنه بالإمكان أن ترى الصورة عن طريق استخدام كاميرا فيديو. كما أن استخدام هذه الخدمة تحتاج استخدام برنامج معين مثل برنامج (CUSeeMe) أو غيرة من البرامج المماثلة.

كما تجدر الإشارة إلى أنه يمكن لأي شخص أن يشترك في أي قناة ضمن عـدة مئـات مـن القنـوات المفتوحة التي يمكن تحويلها إلى قناة خاصة بحيث يمكن استخدامها لعدد معين من الأشخاص.

ويعتبر كثير من الباحثين أن هذه الخدمة تأتي في المرحلة الثانيـة مـن حيـث كـثرة الاستخدام بعـد البريد الإلكتروني وذلك راجع إلى المميزات التالية:

1.خدمة (IRC) توفر إمكانية الوصول إلى جميع الأشخاص في جميع أنحاء العـالم في وقت آني كمـا أنه يمكن استخدامها كنظام مؤتمرات زهيدة التكلفة.

2.إمكانية تكوين قناة وجعلها خاصة لعدد محدود ومعين من الطلاب والطالبات والأساتذة.

3.أنها مصدر من مصادر المعلومات من شتى أنحاء العالم.

أما أهمية استخدام هذه الخدمة في التعليم فهي كثيرة جداً، منها أن كثيراً مـن طلاب الجامعـات يستخدمون (IRC) بديلاً من إجراء مكالمات خارجية، لأنك عنـدما تكون متصلاً بالإنترنت، يصبح (IRC) مجاناً. وبالجملة فإن من أهم تطبيقات (IRC) في التعليم ما يلي:

1.استخدام نظام المحادثة كوسيلة لعقد الاجتماعات باستخدام الصوت والصـورة بـين أفراد المـادة الواحدة مهما تباعدت المسافات بينهم في العالم وذلك باستخدام نظام (Multi-user Object Oriented) أو (Internet Relay Chat).

2.بث المحاضرات من مقر الجامعة أو الـوزارة مـثلاً إلى أي مكـان في العـالم أي يمكـن نقـل وقائع محاضرة على الهواء مباشرة بدون تكلفة تذكر.

3.نقل المحاضرات المهمة لأصحاب المعالي الوزراء ومدراء الجامعات للعـالم أو عـلى الصـعيد المحـلي بدون تكلفة تُذكر.

4.استخدام هذه الخدمة في التعليم عن بعد (Distance Learning) وحيث يواجه التعليم في الوقت الحاضر أزمة القبول فإن استخدام هذه الخدمة

بنقل المحـاضرات مـن القاعـات الدراسـية لجميـع الطـلاب، ويمكـن للطالـب الاسـتماع إلى المحاضرة وهو في بيته وبتكلفة زهيدة.

5. يمكن استخدام هذه الخدمة لاستضافة عالم أو أستاذ من أي مكان في العالم لإلقاء محـاضرة عـلى طلاب الجامعة بنفس الوقت وبتكلفة زهيدة.

6. استخدام هذه الخدمة لعقد الاجتماعات بين (المدراء، مشرفين...) لتبـادل وجهـات النظـر فيـما يحقق تطوير العملية التربوية، وبالطبع دون الاضطرار للسفر إلى مكان الاجتماع.

7. عقد الدورات العلمية عبر الإنترنت، وبمعنى آخر يمكن للطالب أو معلم التعليم العام أو أي فرد متابعة هذه الدورة وهو في منزله ثم يمكن أن يحصل على شهادة في نهاية الدورة.

8. عقد اجتماعات باستخدام الفيديو حيـث يستطيع الطـلاب عقـد اجتماعـات مـع زملائهـم مـن مختلف أنحاء العالم لمناقشة مواضيع معينة أو لمناقشة كتاب أو فكرة جديدة في الميـدان، أو مناقشة نتائج بحث ما وتبادل وجهات النظر فيما بينهم (Harris، 1994).

9. استخدام هذه الخدمة لعرض بعض التجارب العلميـة مثل العمليـات الطبيـة وكذلك التجـارب العلمية، وخاصة إذا كانت التجربة مكلفة، إذ أن هذا الأمـر يصـل إلى أكبر عدد ممكـن مـن المستفيدين من هذه التجربة.

حقاً إن تطبيقات استخدام خدمة المحادثة في التعليم لا تعد ولا تحصى- وما ذكر هـو غـيض مـن فيض مما يمكن استخدامه، ولاشك أن استخدام هذه الخدمة في التعليم ممكن أن يفرد لـه بحـث مسـتقل، لكن دراسة استخدام التعليم عن بعد Distance learning يعتبر من أهـم احتياجاتنـا في العمليـة التعليميـة لمواجهة مشكلة ازدياد عدد الطلاب.

- ضرورة زيادة الاستخدام الفعال للإنترنت الذي يساند عملية تعلم الطلاب.
- ضرورة حماية الطلاب من المواد غير المناسبة التي يمكن الوصول إليها عبر الإنترنت.

- ينصح (موركوفسكي Morgovsky، 1996) بعدم التسرع في استخدام الإنترنت في غرف الصفوف وذلك للأسباب التالية:
- الوصول إلى المعلومات عبر الإنترنت قد يكون صعبا جدا على الرغم من وجود العديد من محركات البحث حيث أن هذه المحركات لها نقاط ضعفها.
- عدم استثمار الوقت بالشكل المثالي فبسبب الاستخدام المتزايد للإنترنت فإن الطلبة في المختبرات والصفوف قد يصلون إلى الموقع الذي يريدونه ببطء شديد.
- مشكلة الفيروسات التي تنتقل بسرعة عند إنزال برنامج من الإنترنت أو عبر البريد الإلكتروني.
- مشكلة الإعلانات التي تعرض رسومات وأشكالا تشتت الطلبة وتشدهم إلى مواقع ليس لها علاقة بموضوع البحث.
- مشكلة الميزانيات اللازمة لتطوير الأجهزة، وتدريب المعلمين، وتطوير المنهاج، مما يجعل إدخال الإنترنت إلى المدرسة أمرا مكلفا.

يشير ريزنجر (Risinger، 1998) إلى أن التحدي الحقيقي في استخدام الإنترنت في التربية هو مساعدة الطلاب على تقييم المعلومات والتأكد من صحتها. ويميز الباحث بين ثلاثة أنواع من المواقع التي تثير قلق معلمي العلوم الاجتماعية، هذه المواقع هي مواقع الكراهية "Hate sites"، مواقع غبية " dumb sites" و مواقع مؤامرة "conspiratory sites" . هذا يتفق مع ما تورده ليمان (Lehman، 1996) أن الإنترنت لم تعد تشكل تحديا في علم الحاسوب، إلا أنها تشكل تحديا هاما فيما تسميه "علم المعلومات" information science. وترى أنه من الضروري مساعدة الطلبة على تكوين استراتيجيات خاصة بإيجاد المعلومات وتقييم هذه المعلومات والحكم على مدى دقتها. وتؤكد هيلي (Healy، 1999) على حقيقة أن استخدام الإنترنت داخل الصفوف والاعتماد عليها بشكل كبير لا يؤهل الطلبة بمهارات يحتاجونها للمستقبل مثل مهارات حل المشكلات، والاتصال الاجتماعي الإنساني وبناء العلاقات بين الأفراد.

ويناقش جاردنر (Gardner،2000) عن الجوانب الجانبية الفيزيائية في استخدام الإنترنت في التعليم، حيث زاد من الوقت الذي يجلس فيه الطالب أمام الحاسوب إلى حد الإدمان، الأمر الذي يؤدي بالطالب إلى مشاكل فيزيائية تصيبهم خاصة صغار السن، وأهم هذه المشاكل الصحية أعراض انحناء الرقبة والظهر مشاكل في العيون.

هدفت دراسة (السلطان والفنتوخ، 1999) إلى قياس توجهات 120 معلم ومعلمة موزعين في مناطق مختلفة في المملكة العربية السعودية نحو استخدام الإنترنت للتعليم. وقد وجدت الدراسة أن 30% من العينة يمانعون إدخال الإنترنت في الصف لأسباب التالية:

- Image Vertical Flip : حاجز اللغة (اللغة الإنجليزية)
- الأمية المعلوماتية.
- الشعور بأن ذلك سوف يزيد من أعباء المعلم
- الحاجة إلى تعلم أساليب وطرق جديد
- الحواجز النفسية من الآثار السلبية
الصعوبات والمشاكل التي تعيق المعلمين والتربويين في استخدام الإنترنت لأغراض التعلم والتعليم.

تشير نتائج دراسة للباحثان: دعاء جبر الدجاني، نادر عطاالله وهبة، إلى أن الصعوبات التي تواجه المعلمين هي:

- مشكلة في تقديم الدعم الفني.
- عدم ضمان توافر الوقت والدعم للمعلمين لحضور برامج التأهيل المتعلقة باستخدام الإنترنت.
- ذكر المعلمون العديد من العقبات التي تعيق استخدام الإنترنت لأغراض تربوية، وتتلخص هذه العقبات فيما يلي:

عدم توافر الإنترنت:

ذكر المعلمون الذين شاركوا بالنقاش أن مدارسهم غير متصلة بالإنترنت. وذكرت معلمتان تخرجتا حديثا أنهما بدأتا باستخدام الإنترنت في جامعة بيرزيت وأنه كان يسمح لهما باستخدام الإنترنت لمدة ربع ساعة لا أكثر وهذه المدة لم تكف أبدا

لاستخراج معلومات ذات علاقة بالبحث. والسبب في ذلك أن هناك أربعة أجهزة متصلة بالإنترنت. وقالت معلمة أنها تذهب إلى إنترنت كافي وتلتقي ببعض الطلبة الذين يستخدمون الإنترنت للتسلية والألعاب وغالبا لأهداف غير تربوية. وذكر أستاذ أن عنده في البيت جهاز متصل بالإنترنت لان ابنه يحتاجه، وأضاف أن اتصال الجهاز بالإنترنت يكلف غاليا. وأيده جميع المعلمين بأن دخل المعلم لا يكفي لاقتناء جهاز حاسوب ولتغطية تكاليف الاتصال بالإنترنت.

مشاكل في التأهيل:

صرح بعض المعلمين والمعلمات بأنهم لا يعرفون استخدام الحاسوب أو الإنترنت. ذكرت إحدى المعلمات بأن "الطلاب بيعرفوا أكثر منا". وأجمع المعلمون أنهم بحاجة إلى دورات تأهيلية في هذا المجال. وذكر المعلمون الذين شاركوا بدورات تأهيل أن هذه الدورات لم تكن ناجحة تماما وأن المحاضرين المباشرين كانوا أجانب ويتحدثون باللغة الإنجليزية مما حال دون الاستفادة الكاملة من هذه الدورات.

الحاجز النفسي وتوجهات سلبية:

قالت إحدى المعلمات أن من الأسباب التي تحول دون استخدام الإنترنت هو الرهبة والحاجز النفسي وأضافت أن هذه المشكلة تظهر بوضوح عند الزملاء الأكبر سنا. وعلى الرغم من أن المعلمين لم يفصحوا عن توجهاتهم، إلا أنه تبين أن بعضا منهم لا يتقبلون حقيقة تفوق الطلبة عليهم في هذا المجال، فهم يريدون أن يكونوا الخبراء وناقلي المعلومات للطلبة ولا يتقبلون التوجه "هيا نتعلم جنبا إلى جنب"، أو "هيا نكتشف معا". وكان هناك أستاذ واحد يعتقد أنه ليس من الضروري أن يكتسب الطلبة مهارات استخدام الإنترنت لان ذلك قد يقودهم إلى استخدامها لأغراض غير تربوية. كما أن المعلم محدود بالمنهاج وعليه أن ينهي المادة المقررة فلا داعي لاستخراج المزيد من المعلومات

عدم التمكن من اللغة الإنجليزية:

قال ستة من المعلمين أن من المشاكل الأساسية التي تحول بينهم وبين استخدام الإنترنت عدم تمكنهم من اللغة الإنجليزية التي هي ضرورية للوصول إلى المعلومات حتى

في المواقع العربية حيث تكون الكثير من التعليمات باللغة الإنجليزية، كذلك تقود هذه المواقع إلى غيرها من المواقع المهمة ذات العلاقة ولكن باللغة الإنجليزية. وقد عبر أستاذ عن هذه المشكلة بقوله "حتى لو فيه إنترنت وبلاش وأخذنا دورات ما رح نعرف عليه لأنه كل شي فيه حتى الصحف والمجلات العربية بدو إنجليزي!"

صعوبة الوصول إلى المعلومات:

ذكرت إحدى المعلمات أن من المشاكل الأساسية صعوبة الوصول إلى المعلومات ذات العلاقة والبطيء في ظهور المواقع المطلوبة.

المناهج:

يشكو المعلمون من التركيز على المنهاج وإعطاء الأهمية البالغة لإنهاء الكتب المقررة. وقالت معلمة بأنها لو استخدمت مادة خارجية لتثري المنهاج فإن شرح هذه المادة سيكون على حساب الكتاب المقرر الذي هو محور العملية التعليمية. وقد عبر المعلمون المستخدمين للإنترنت عن وجود حاجة لزيادة الدمج بين المنهاج وبين استخدام الإنترنت. فقد ذكرت إحدى المعلمات التي تستخدم الإنترنت في مدرستها مع الطالبات أن عمل الطالبات الحالي يقتصرـ على البحث عن المواضيع المختلفة وطباعتها وتقديمها للمعلمة التي تقيم عمل الطالبة.

عدم الوعي بإمكانيات الإنترنت:

من الأسباب التي تمنع المعلمين من استخدام الإنترنت هو عدم إدراك المعلمين للإمكانيات التي تفتحها الإنترنت أمام المعلمين والمتعلمين. لم يذكر أحد من المعلمين هذا السبب بشكل مباشر لكن مجرى النقاش أوضح أن المعلمين لا يعرفون ما هي الآفاق التي تفتحها الإنترنت أمامهم وأمام طلابهم.

مشاكل إدارية:

ناقش المعلمون الذين تتوفر الإنترنت في مدارسهم بعض المشاكل الإدارية، فمثلا:

1. تم وصل المدرسة مع الإنترنت في بداية عطلة الصيف، وهكذا لم يتم الاستفادة من هذا الاتصال لمدة ثلاث شهور

2. كان هناك حاجة لتفريغ المعلمات والتنسيق للقاءات تدريبية. كذلك تفريغ معلم الحاسوب ليتمكن من التحضير لهذه الدورات، وإعطاء معلم الحاسوب نوعا من الحوافز مقابل تدريبه للمعلمين الآخرين. إلا أن شيئا من هذا لم يحصل بسبب الضغط الشديد في البرنامج والحيز الزمني الضيق لتطبيق المنهاج

3. ازدحام الصفوف وقلة عدد الأجهزة مما أدى إلى عدم استطاعة المعلمات من اخذ طالباتهن البالغ عددهم 5. في كل صف إلا في حالات نادرة وكان هذا يشكل عبئا على المدرّسة حيث تشغل كل 5 طالبات جهازا واحدا مما كان يسبب تذمر الطالبات وعدم الاستفادة من الوقت بالشكل الأمثل

مشكلة الرقابة ذكر العديد من المعلمين أن هناك الكثير من المواد غير التربوية التي يسهل الوصول إليها على الإنترنت، وأضافت إحدى المعلمات اللاتي تستخدم الإنترنت في مدرستها مع الطالبات أن هناك وعيا لهذه المشكلة، وأضافت أنه لا يسمح لطالبة الدخول إلى مختبر الإنترنت إلا إذا وجدت معلمة مشرفة. وذكرت أن هناك حاجة لتنمية الوعي لدى الطالبات بأخلاقيات استخدام الإنترنت حتى لا تكون الرقابة من المعلمات زائدة عن حدها.

قلة الدعم الفني:

المشكلة الرئيسية التي يواجهها المعلمات والطالبات والمدرسة ككل هي بطء الشبكة المزودة والتعطل الكبير الحاصل نتيجة لذلك. وعند حصول خلل فني معين لا تعرف المعلمات لمن يتوجهن مما يولد إحباطا لدى المعلمات والطالبات على حد سواء.

مناقشة النتائج

يتبين من نقاش المقابلات أن الصعوبات التي تعيق استخدام الإنترنت كأداة تربوية هي ما يلي :

التكلفة العالية للحواسيب وللاتصال: من الواضح أن عدم توافر الإنترنت وصعوبة الوصول إليها بسبب التكلفة الباهظة للاتصال بالإنترنت وتكلفة أجهزة الحاسوب لهي من المشاكل المهمة والرئيسية والتي تواجهها معظم المؤسسات التعليمية

والمدارس، محليا وعالميا على حد سواء. ويجب أن تكون هناك آلية موازنة بين نوعية التعليم وتكلفة التعليم في استخدام الإنترنت؟ تقول هيلي (Healy، 1999) أن عملية زج المدارس بتكنولوجيا الإنترنت داخل المدارس دون وجود منهاج مناسب أو معلمين مؤهلين هي عملية مرهونة بالفشل. هذا ما جعل كل من مورجوفسكي (Morgovsky، 1996) ،وجاردنر (2000،Gardner) ينادیان بعدم التسرع في توظيف الإنترنت داخل غرفة الصف دون وجود دراسة كافية لوضع المدرسة ومعرفة بكيفية توظيف هذه التكنولوجيا بشكل يرفع من نوعية التعليم وليس مجرد توظيفها للعلب والتسلية

عدم توافر التأهيل الكافي، وعدم توفر الوقت للمعلمين للمشاركة في دورات التأهيل: إن قلة التأهيل هي من المشاكل التي يواجهها المعلمون، لكن ما يزيد الأمر تعقيدا هو تحديد محتوى التأهيل الفعال والمواضيع التي يجب أن يتعلمها المعلم في برامج تأهيل التعليم بالإنترنت من أجل رفع نوعية ومستوى التعلم. يقدم جونسون (Johnson، 1999) (بعض المعايير المسبقة "rubrics" لمساعدة مصممي برامج التدريب على تحديد قدرات معلمي المدارس في بعض الأمور المتعلقة باستخدام الإنترنت كمعرفة الأساسيات، البريد الإلكتروني، مجموعات الحوار، بناء صفحة إلكترونية، نقل الملفات وغير ذلك من المهارات. ويعرض برانت (Brandt، 1997) النماذج الذهنية وبرامج التأهيل المعتمدة على الفهم العميق لطريقة عمل شبكة الإنترنت عبر فهم عمل بروتوكولات نقل المعلومات وعمل صفحات إلكترونية والتي من شأنها أن توفر بناء ذهنيا للمتدرب لكي يصبحوا أكثر سيطرة على عملية البحث والوصول إلى المعلومات، وبالتالي أكثر سيطرة على عملية التعليم والتعلم. إن عملية تدريب المعلمين بحاجة إلى جهد ووقت كافيين من اجل الخروج بالنتائج المرجوة من استخدام الإنترنت في التعليم (Bare and Meek، 1998). يجب توفير هذا الوقت كجزء من برامج التأهيل وهذا من شانه أن يرفع الوعي لدى المعلم حول أهمية الإنترنت في التعليم وفي رفع دافعية الطلبة نحو التعلم وزيادة قدرتهم على الاتصال مع العالم

صعوبة الوصول إلى المعلومات: إن هذه المشكلة التي عبر عنها المعلمون تواجه مستخدمي الإنترنت الخبراء. يقول برانت (Brandt، 1997) أن قناعات أولئك الأشخاص المؤهلين لاستخدام الإنترنت كثيرا ما تهتز بسبب عدم التنظيم في استرداد المعلومات،

وعدم وضوح "اتجاه البحث"، فهل هم يبحثون داخل نفس الصفحة أم أنهم انتقلوا إلى صفحة أخرى عبر قنوات الوصل " hypertext links". كثيرا من المؤهلين يحتارون في "كيف يبحثون، وماذا يجدون"، ناهيك عن المشاكل التقنية التي تصادفهم. ويضيف برانت أن كمية المعلومات الكثيفة على شبكة الإنترنت تفوق بكثير كمية المعلومات المطلوبة، مما يزيد من العبء الذهني "cognitive overload" للمبتدئين، ويجعل إمكانية وصولهم إلى الهدف المطلوب عملية صعبة وغالبا ما تنتهي بالحصول على معلومات هامشية دون الوصول إلى العمق. ويضيف Brandt 1997 أن هناك عدة أنواع من المعرفة المتداخلة التي تلزم للوصول إلى المعلومات بنجاعة على الإنترنت، هذه المعرفة هي: مهارات استرجاع المعلومات، المعرفة في كيفية عمل الإنترنت، معرفة في موضوع البحث، والقدرة على حل المشكلات.

قلة الدعم الفني: من الضروري أخذ المشاكل الفنية "بطئ الحصول على المعلومات، التجمد المفاجئ للحاسوب بسبب العبء...الخ" بعين الاعتبار والتخطيط لمواجهتها والتغلب عليها حيث يمكن لها أن تفشل مجريات الحصة وتحبط المعلم والطلبة داخل الصف. لقد عبر المعلمون والمعلمات من عينة الدراسة عن الإحباط الذي يسيطر على الطلبة عند حدوث مثل هذا النوع من المشاكل. وقد تطرق تيتر (Teeter، 1997) في دراسته إلى هذه المشكلة عندما استخدام الإنترنت لتعليم مساق في التربية في جامعة Arkansas في الولايات المتحدة. وترتبط هذه المشكلة بالمشكلة المادية سالفة الذكر والتي إذا حلت، وتوفر المال، يمكن عندها توفير بنية تحتية لخطوط اتصال متطورة وأجهزة جيدة تزيد من سرعة الحاسوب والشبكة. وترتبط المشكلة الفنية أيضا بموضوع تأهيل المعلمين. إن هناك حاجة لتأهيل المعلم ليتمكن من تأمين إرشادات مرنة ووقت كاف، وهذا ما يؤكده برانت (Brandt، 1997) عند حدوث مشاكل مثل تجمد الحاسوب (computer freezing) والذي يتوقف الحاسوب فيه عن الاستجابة عند الإفراط في تخزين المعلومات مرة واحدة. وهنا يجب أن تتوفر في المعلم المرونة الكافية للتعامل مع الطلبة ولإدارة الصف أثناء توقف الحاسوب.

الضعف في اللغة الإنجليزية: على الرغم من وجود العديد من المواقع التربوية باللغة العربية إلا أنها تعتبر محدودة جدا مقارنة بالمواقع التربوية المتخصصة الموجودة

باللغة الإنجليزية. كما أن المواقع العربية تقود عادة إلى مواقع هامة ذات علاقة ولكنها تكون غالبا باللغة الإنجليزية مما يعيق الاستفادة من هذه المعلومات بسبب عدم التمكن من اللغة الإنجليزية.

بدأت شبكة الإنترنت في الولايات المتحدة الأمريكية كشبكة عسكرية للأغراض الدفاعية (السلطان والفنتوخ، 1999) وانضمت الجامعات الأمريكية إلى هذه الشبكة لتكون أول المستفيدين منها. فليس غريبا إذا أن تكون اللغة الإنجليزية هي لغة الإنترنت الأصلية والمتداولة. لكن الغريب هو عدم تطور شبكات باللغة العربية عبر هذه السنوات وبنفس الفاعلية والجودة التي تقدمها شبكات اللغة الإنكليزية. إن الأمل في حل مشكلة اللغة في استخدام الإنترنت ما زال موجودا. فقد توفرت منذ السنوات القليلة الماضية خدمة البريد الإلكتروني E–Mail باللغة العربية، وتم وضع المواقع والصفحات العربية على الشبكة العنكبوتية www باللغة العربية حروفا وليس صورا، مع إمكانية نقل الملفات العربية عبر الشبكة دون أن يحصل عليها تغيير. كل ذلك بوادر تعبر عن الاهتمام العربي المتزايد بشبكة الإنترنت. وقد قام مؤخرا خبراء معهد الدراسات المتقدمة في جامعة الأمم المتحدة (IAS/UNU) بتطوير نظام لغة عالمية للشبكات سميت ((Universal Language Networking (UNL)) تهدف إلى تمكين المواطنين من الحصول على المعلومات وإرسالها إلى أي مكان بلغتهم الأصلية، ومن ضمنها اللغة العربية، وإزالة حواجز اللغة بين المؤسسات التعليمية المختلفة.

المنهاج: عبر بعض المعلمين عن اعتقادهم بأن الكتاب التعليمي هو محور العملية التعليمية، ويرى البعض الآخر أن استخدام الإنترنت قد يكون على حساب تغطية الكتاب المقرر. تعتبر هذه المعتقدات معوقات لاستخدام الإنترنت في التعليم وهي تضاف إلى معوقات المعتقدات والاتجاهات لدى المعلمين.

توجه سلبي ومعارض والحواجز النفسية: يعتقد بعض المعلمين أنه طالما كان الكتاب المقرر هو محور العملية التعليمية فإن استخدام الإنترنت سيعيق تغطية المادة المطلوبة ويزيد من الأعباء الملقاة على عاتق المعلم. ويفضل المعلمون الأسلوب القديم ولا يحبذون وضع جهدهم في تجريب الجديد. ويذكر (السلطان والفنتوخ، 1999) مصطلح

"المقاومَة الممانِعة" والتي عبر عنها المعلمون عينة دراستهم في المملكة العربية السعودية. يقول الباحثان:

"إن الإنسان بطبيعته لا يحب تغيير ما اعتاد عليه، بل يقاوم بأساليب مختلفة...وهذا السلوك ليس المقاومة بمعناها العنيف...بل يتخذ شكل الممناعَة والسلبية تجاه التغيير... (هذا سببه) إما التمسك بالأساليب التعليمية القديمة السائدة، أو عدم الرغبة في التكيف مع الأساليب والتقنيات الحديثة، أو الشعور بعد الاهتمام وعدم المبالاة نحو التغييرات الجديدة".

قد تتحول "المقاومة الممناعة" لدى المعلم إلى "رغبة قنوعة" نحو التغيير، إذا شعر ذلك المعلم انه يعيش لحظات داخل الصف يرى فيها طلابه يتعلمون شيئا جديدا برغبة وشغف وفرح. ومن الضروري تفهم الأسباب التي تؤدي إلى تلك "المقاومة الممانعة" ومنها العوامل النفسية والخوف من التكنولوجيا والتي تظهر بشكل خاص عند المعلمين كبار السن بسبب المشاكل الفنية ومشاكل التأهيل التي تبعد المعلم عن تكنولوجيا التعليم بالإنترنت.

رقابة الطلاب والخوف من وصولهم إلى مواقع غير تربوية: قامت (Grimm، 1998) بدراسة بحثت فيها اهتمام الأهل بتعليم أبنائهم من خلال الإنترنت وتوقعاتهم من هذه الطريقة في التعليم، وجدت أن لبعض الأهالي توجهات بين تتراوح بين الإيجابية والسلبية. فقد أبدى بعض الأهالي قلقهم من مسألة سوء استخدام الإنترنت ومدى مقدرتهم ومقدرة المعلم على حماية أبنائهم من المواد غير المناسبة. بالإضافة إلى أن بعض الأهالي اعتبروا أن طريقة التعلم بالإنترنت هي مضيعة للوقت مما أثر على توجهات أبنائهم في التعلم من خلال هذه الطريقة. وخرجت الدراسة بضرورة وصل الأهالي بالمدرسة وإضلاعهم على إيجابيات التعلم بالإنترنت.

إن ثقافة المجتمع الفلسطيني والعربي بشكل عام هي ثقافة محافظة منبثقة من تعاليم الدين الإسلامي. إن خوف المعلمين و الأهل من استخدام الإنترنت في التعليم هو تماما كخوفهم وتحفظهم من تكنولوجيا صحون الأقمار الاصطناعية والفضائيات.، وهي ناتجة عن الميزة "الإيجابية السلبية" لشبكة الإنترنت وتكمن في انفتاحها وسهولة

الدخول والنشر فيها. هناك بعض الحلول التي تحد من سوء استخدام شبكة الإنترنت مثلا برامج الترشيح التي لا تسمح بالوصول إلى مواقع معينة على الشبكة.

ويؤكد كل من بير وميك (Bare and Meek، 1998) على ضرورة حماية الطلاب من المواد غير المناسبة التي يمكن الوصول إليها عبر الإنترنت. ومن الواضح أن أفضل الطرق لحماية الطلبة هي رفع الوعي لديهم والاتفاق على أخلاقيات استخدام الإنترنت وجعلهم يتحملون مسؤولية الثقة التي يمنحها الأهل والمعلمون لهم.

التوصيات:

مراجعة شاملة لفلسفة المناهج ووضع أهداف استراتيجية تركز في جوهرها على التطور التكنولوجي وتراعي الثورة التكنولوجية الهائلة الحاصلة في العالم. فلسفة تحاكي التطور ضمن ثقافة المجتمع العربي وتروض الصعوبات والتوجهات السلبية المعارضة لاستخدام الإنترنت، وتظهر الفائدة التي يمكن جنيها في عملية التعليم والتعلم من جراء استخدام مثل هذه التكنولوجيا. إن منهاج التكنولوجيا الجديد ليعد خطوة أولى نحو هذا الهدف، لكن الأهم هو وجود "التكنولوجيا" في مناهج التاريخ والجغرافيا واللغة العربية واللغة الإنكليزية والتربية الإسلامية وكافة المناهج الأخرى وخلق نشاطات لا يمكن إتمامها إلا عبر توظيف الإنترنت، مثلا مشروع تربوي يتم من خلاله التواصل بين الطلبة في الداخل والخارج أو مشاريع تهدف إلى التعرف على ثقافة شعوب أخرى من خلال التواصل معهم.

الاهتمام بتعليم مهارات التفكير الناقد للطلبة وإستراتيجيات تقييم صفحات الإنترنت المختلفة وذلك للحكم على ملائمة هذه الصفحات لموضوع بحثهم. فمثلا أن يهتم الطلبة بتقييم المعلومات: هل هي حديثة، هل هي دقيقة، هل يوجد توثيق لهذه المعلومات، هل تم فحص المواقع التي تقود إليها هذه الصفحة؟

رفع الوعي لدى الطلبة بأخلاقيات استخدام الإنترنت on line ethics وبأساليب الأمان safety on the web في استخدام الإنترنت ذلك من خلال التوضيح لهم أنه لا يجوز أن يعطوا عنوانهم الإلكتروني لمن لا يعرفونه، عدم مقابلة شخص تعرفوا عليه من خلال البريد الإلكتروني والمحادثة الآنية. كذلك من الضروري تشجيعهم على الحديث عن مواقعهم المفضلة ومشاركتهم في الدخول إليها.

كما توصي الدراسة بإلقاء الضوء على بعض الأمور المتعلقة بالموضوع من خلال:

- دراسة توجهات الطلبة نحو استخدام الإنترنت حيث يجب الاهتمام برأي وتوجهات الطلبة، بسبب قلة الدراسات التي اهتمت بأثر تكنولوجيا الإنترنت على تعلم الطلبة.
- دراسة توقعات الأهل من تعلم أبنائهم بالإنترنت.
- دراسة أثر دورات التأهيل على توجهات المعلمين نحو استخدام الإنترنت لأغراض تعليمية.
- بحث أثر استخدام الإنترنت في موضوع دراسي محدد على أداء الطلبة في هذه المادة.

ويمكن تلخيص الصعوبات والمشاكل التي تعيق المعلمين في استخدام الإنترنت بالآتي:

- قلة التدريب والدعم الفني.
- تكلفة الحاسوب والاتصال العالية.
- القلق والخوف من استخدام الإنترنت.
- توجهات سلبية نحو استخدام الإنترنت.
- الخوف من وصول الطلاب إلى مواقع غير تربوية.
- تشتت المعلومات على الإنترنت.
- عدم المعرفة الكافية باللغة الإنجليزية.

الفصل الرابع

التعليم الإلكتروني

هو طريقة للتعلم باستخدام آليات الاتصال الحديثة من حاسب وشبكاته ووسائطه المتعددة من صوت وصورة، ورسومات، وآليات بحث، ومكتبات إلكترونية، وكذلك بوابات الإنترنت سواءً كان عن بعد أو في الفصل الدراسي فالمهم هو استخدام التقنية بجميع أنواعها في إيصال المعلومة للمتعلم بأقصر وقت وأقل جهد وأكثر فائدة. ولكن هل ينفي ذلك وجود المعلمين والمدارس كما قد يتوهم البعض... الجواب بالنفي طبعا، وذلك لان التعليم الإلكتروني يختلف في بعض جوانبه عن التعلم التقليدي، فالتعليم التقليدي يعني وجود متعلم ومعلم ودرس وصف في مدرسة، في حين ان التعلم الإلكتروني عملية ذاتية بالدرجة الأولى وقد تكون داخل المدرسة او خارجها بوجود معلم أو بعدم وجوده. ولذلك فاننا نتحدث هنا عن التعليم الذي يستند إلى الوسائط الإلكترونية ويعطي مجالا واسعا لعمليات التعلم والتعلم عن بعد من مختلف مصادر المعرفة التي تتيحها البوابة الإلكترونية من خلال مناهج تم تحويلها إلى كتب إلكترونية.

إن التعليم الإلكتروني هو طريقة للتعليم باستخدام آليات الاتصال الحديثة و وسائطه المتعددة من صوت وصورة، ورسومات، وآليات بحث، ومكتبات إلكترونية، وكذلك بوابات الإنترنت سواءً كان عن بعد أو في الفصل الدراسي فالمهم هو استخدام التقنية بجميع أنواعها في إيصال المعلومة للمتعلم بأقصر وقت وأقل جهد وأكبر فائدة.

والدراسة عن بعد هي جزء مشتق من الدراسة الإلكترونية وفي كلتا الحالتين فإن المتعلم يتلقى المعلومات من مكان بعيد عن المعلم (مصدر المعلومات)، وعندما نتحدث عن الدراسة الإلكترونية فليس بالضرورة أن نتحدث عن التعليم الفوري المتزامن، بل قد يكون التعليم الإلكتروني غير متزامن. فالتعليم الافتراضي: هو أن نتعلم المفيد من مواقع بعيدة لا يحدها مكان ولا زمان بواسطة الإنترنت والتقنيات، ولكن هل ينفي ذلك وجود المدرسة والمدرس كما قد يتوهم البعض؟

الجواب بالنفي طبعا، وذلك لان التعليم الإلكتروني يختلف في بعض جوانبه عن التعلم الإلكتروني، فالتعليم يعني وجود متعلم ومعلم ودرس وصف في مدرسة، في حين ان التعلم عملية ذاتية بالدرجة الأولى وقد تكون داخل المدرسة او خارجها بوجود معلم أو بعدم وجوده. ولذلك فاننا نتحدث هنا عن التعليم الذي يستند إلى الوسائط الإلكترونية ويعطي مجالا واسعا لعمليات التعلم والتعلم عن بعد من مختلف مصادر المعرفة التي تتيحها البوابة الإلكترونية من خلال مناهج تم تحويلها إلى كتب إلكترونية، دون ان يعني ذلك بالضرورة التوقف عندها. هذا فضلا عما يتيحه التعليم الإلكتروني من إمكانيات للتواصل بين المعلم والطالب والبيت ومراكز المعرفة المختلفة.

هذا ويصعب حصر فوائد التعليم الإلكتروني في هذا المقام ولكن يمكن إيراد بعض تلك الفوائد في النقاط التالية:

1. زيادة فرص الاتصال والتواصل:

زيادة إمكانية الاتصال بين الطلبة فيما بينهم، وبين الطلبة والمدرسة وذلك من خلال سهولة الاتصال ما بين هذه الأطراف في عدة اتجاهات مثل مجالس النقاش، البريد الإلكتروني، غرف الحوار. ويرى الباحثون أن هذه الأشياء تزيد وتحفز الطلاب على المشاركة والتفاعل مع المواضيع المطروحة.

2. المساهمة في تنمية وجهات النظر المختلفة للطلاب:

المنتديات الفورية مثل مجالس النقاش وغرف الحوار تتيح فرصاً لتبادل وجهات النظر في المواضيع المطروحة مما يزيد فرص الاستفادة من الآراء والمقترحات المطروحة ودمجها مع الآراء الخاصة بالطالب مما يساعد في تكوين أساس متين عند المتعلم وتتكون عنده معرفة وآراء قوية وسديدة وذلك من خلال ما اكتسبه من معارف ومهارات عن طريق غرف الحوار.

3. الإحساس بالمساواة:

بما أن أدوات الاتصال تتيح لكل طالب فرصة الإدلاء برأيه في أي وقت ودون حرج، خلافاً لقاعات الدرس التقليدية التي تحرمه من هذا الميزة إما لسبب سوء تنظيم المقاعد، أو ضعف صوت الطالب نفسه، أو الخجل، أو غيرها من الأسباب، لكن هذا

النوع من التعليم يتيح الفرصة كاملة للطالب لأنه بإمكانه إرسال رأيه وصوته مـن خـلال أدوات الاتصـال المتاحة من بريد إلكتروني ومجالس النقاش وغرف الحوار.

4. سهولة الوصول إلى المعلم:

أتاح التعليم الإلكتروني سهولة كبيرة في الحصول على المعلـم والوصـول إليـه في أسرع وقت وذلك خارج أوقات العمل الرسمية، لأن المتدرب أصبح بمقدوره أن يرسل استفساراته للمعلم مـن خـلال البريد الإلكتروني، وهذه الميزة مفيدة وملائمة للمعلم أكثر بدلا من أن يظل مقيداً على مكتبه. وتكون أكثر فائدة للذين تتعارض ساعات عملهم مع الجدول الزمني للمعلم، أو عند وجود استفسار في أي وقت لا يحتمـل التأجيل.

5. إمكانية تحوير طريقة التدريس:

من الممكن تلقي المادة العلمية بالطريقة التي تناسب الطالب فمنهم من تناسبه الطريقة المرئيـة، ومنهم من تناسبه الطريقة المسموعة أو المقروءة، وبعضهم تتناسب معـه الطريقـة العمليـة، فالتعليم الإلكتروني ومصادره تتيح إمكانية تطبيق المصادر بطرق مختلفة وعديدة تسـمح بالتحوير وفقاً للطريقة الأفضل بالنسبة للمتدرب.

6. ملائمة مختلف أساليب التعليم:

التعليم الإلكتروني يتيح للمتعلم أن يركز على الأفكار المهمـة أثنـاء كتابته وتجميعه للمحاضرة أو الدرس، وكذلك يتيح للطلاب الذين يعانون من صعوبة التركيز وتنظيم المهام الاستفادة مـن المـادة وذلك لأنها تكون مرتبة ومنسقة بصورة سهلة وجيدة والعناصر المهمة فيها محددة.

7. المساعدة الإضافية على التكرار:

هذه ميزة إضافية بالنسبة للذين يتعلمون بالطريقة العملية فهؤلاء الذين يقومـون بالتعليم عـن طريق التدريب، إذا أرادوا أن يعبروا عن أفكارهم فإنهم يضعونها في جمل معينة مـما يعنـي أنهـم أعـادوا تكرار المعلومات التي تدربوا عليها وذلك كما يفعل الطلاب عندما يستعدون لامتحان معين.

8. الاستمرارية في الوصول إلى مصادر المعرفة:

هذه الميزة تجعل الطالب في حالة استقرار ذلك أن بإمكانه الحصول على المعلومة التي يريدها في الوقت الذي يناسبه، فلا يرتبط بأوقات فتح وإغلاق المكتبة، مـما يـؤدي إلى راحـة الطالـب وعـدم إصابته بالضجر.

9. سهولة وتعدد طرق تقييم تطور الطالب:

وفرت أدوات التقييم الفوري على إعطاء المعلم طرقاً متنوعـة لبنـاء وتوزيع وتصنيف المعلومـات بصورة سريعة وسهلة للتقييم.

10. الاستفادة القصوى من الزمن:

إن توفير عنصر الزمن مفيد وهام جداً للطرفين المعلم والمـتعلم، فالطالب لديـه إمكانيـة الوصول الفوري للمعلومة في المكان والزمان المحدد وبالتالي لا توجد حاجة للذهاب من البيت إلى قاعات الدرس أو المكتبة أو مكتب المعلم وهذا يؤدي إلى حفظ الزمن من الضياع، وكذلك المعلـم بإمكانه الاحتفـاظ بزمنـه من الضياع لأن بإمكانه إرسال ما يحتاجه الطالب عبر خط الاتصال الفوري.

مبررات التحول إلى التعليم الإلكتروني في العملية التعليمية

أن تغييرات واسعة قد طرأت على مجال التعليم وبدأ سوق العمل، من خلال حاجاته لمهارات ومؤهلات جديدة يفرض توجهات واختصاصات مستحدثة تلبي حاجات الاقتصاد الجديد. لذا فإن المناهج التعليمية خضعت هي الأخرى لإعادة نظر لتواكب المتطلبات الحديثة والتقنيـات المتاحـة، مثل التعليم الإلكتروني والتعليم المباشر الذي يعتمد على الإنترنت. لكـن مجال التعليم الإلكتروني وحلولـه لـن تكون ناجحة إذا افتقرت لعوامل أساسية من عناصر تتوفر في التعليم التقليدي الحالي، فهذا الأخير يحقق الكثير من المهام بصورة غير مباشرة أو غير مرئية بالنسبة للذي يرى أن تقنية الإنترنت ستقلب كل الموازين بـدون الإطلاع على كنه العملية التربوية بصورة عميقة. حيث يشكل دوام الطلاب للمدارس وحضورهم الجماعـي أمراً هاما يغرس قيما تربوية بصورة غير مباشرة ويعزز أهمية العمل المشترك كفريق واحد.

عوامل نجاح التعليم الإلكتروني:

- إنشاء البنية التحتية اللازمة من أجهزة وبرمجيات تشغيل وشبكات واتصالات.

- ومنظومات أمنية وقاعات ومرافق.
- تطوير قدرات المعلمين لمواكبة توظيف التقنية الحديثة.
- تكوين ثقافة التعلم الإلكتروني بالمدارس والإدارات التعليمية.
- تطـوير للمنـاهج الدراسية وتكاملها وإعـداد مشـاريع تعليميـة قائمـة عـلى اسـتعمال تقنيـة المعلومات والاتصال.
- تكوين المحتوى التعليمي على الشبكة وتطوير البوابة التعليمية.
- تكوين شبكة العلاقات والتعاون المجتمعي والعالمي.
- تأسيس قيم الانفتاح وتبادل المعرفة في البيئة التعليمية.
- إيجاد آلية لإجراء البحوث العملية التقويمية والمراقبة المستمرة لسير التعليم الإلكتروني.

فوائد التعليم الإلكتروني

1- جهاز الحاسوب جهاز مشوق، يمتاز بالحداثة، ويمتلك امكانات تيسر التعلم وتسرعه.
2- الدراسات البحثية المختلفة التي تؤكد أن التعلم بوساطة الحاسوب من أرقى أنواع التـعلم وأكثرها ديمومة و ذات معنى لدى المتعلم.
3- يشجع على التعلم المستمر مدى الحياة
4- يسير فيه المتعلم وفق إمكاناته وقدراته الذاتية (يساعد على مراعاة الفروق الفردية)
5- يكسب المعلمين والطلاب مهارات ضرورية ولازمة للتعامل مع التكنولوجيا
6- يوفر بيئة تعلم تفاعلية قائمـة على المتعة في التـعلم وعـلى مجهـود المتـعلم في البحـث والاستقصاء.

الفئات المستهدفة في التعليم الإلكتروني:

مدراء المدارس
المعلمين
الطلاب
أولياء الأمور

يشتمل التعليم الإلكتروني على منظومة تعليمية متكاملة تتضمن بوابة تعليمية تسمح بدخول الطلاب، المدرسين، الإداريين وأولياء الأمور كل حسب متطلباته واحتياجاته التربوية والتعليمية وصلاحياته.

ويوفر للإدارة المدرسية نظاماً متكاملاً يتضمن العديد من المعلومات عن الأمور التالية:

المعلم والطالب والمناهج ومختلف مكونات دورة العمل بالمدرسة.

ويتمثل في هذا النظام نموذج المعلم المحترف حيث يتحول الكتاب المدرسي إلى كتاب إلكتروني مرن تنتقل فيه الصورة الصامتة إلى حركة مع شرح بالصوت أي جزء من أجزاء المحتوى، كما يمكّن المعلم من تحديد معنى أي كلمة في المحتوى وتعميمها على الطلاب.

توفر المنظومة إمكانية نقل المحاضرات الحيَّة بكاميرات تمكّن المعلم من الشرح للطلبة بالصوت والصورة، في أي مكان لجميع المدارس المربوطة بالشبكة، كما توفر إمكانية الدخول إلى أي موقع تعليمي لتعزيز الدرس وإثرائه بالمصادر المختلفة من المعرفة المتوفرة على شبكة الإنترنت.

هذه المنظومة التعليمية تفتح للطالب مجالا واسعا من: التفاعل مع زملائه ومعلميه، من خلال طرح الأسئلة.و إبداء الرأي. تبادل الآراء والمعلومات والأفكار مع الآخرين في مدرسته وفي المدارس الأخرى وفي أي مكان من العالم. والتعلم الذاتي. كما يوفر النظام فرصة لولي الامر ليتفاعل مع المنظومة ومع كل ما يساعده على

متابعة الطالب مما يفّعل تواصل البيت مع المدرسة، كما تتيح المنظومة لاختصاصي المناهج إعداد المواد التعليمية الإلكترونية والتواصل مع الطلبة والمعلمين.

ولتطبيق التعليم الإلكتروني لابد من توفر مجموعة من العناصر منها:

- أجهزة الحاسب
- شبكة الإنترنت internet
- الشبكة الداخلية للمدرسة L.A.N.
- الأقراص المدمجة أو الفلاشات
- الكتاب الإلكتروني
- المكتبة الإلكترونية
- المعامل الإلكترونية

أهمية الحاسب الآلي في العملية التعليمية وتأثيره على الناحية التربوية

لم يعد المعلم هو الوسيلة الوحيدة التي يعتمد عليها الطالب في جلب المعرفة بل أصبح جزءا من هذه المنظومة ولاشك أن التعليم قد تطور حتى أصبح الطالب ليس هو المستمع والمعلم هو الملقن.. بل أصبح الطالب هو محور العملية التعليمية وتحول إلى مشارك وبفاعلية في استنتاج المعرفة ومن الوسائل التي واكبت التطور في العملية التعليمية الحاسب الآلي..

الحاسب الآلي وإدخاله في العملية التعليمية له إيجابياته الكبيرة كما أن له سلبيات ومن إيجابياته كثرة المعلومات التي يجدها الدارس عن طريق الحاسب والانترنت وتسهيل الأمور المعرفية وربط جسور بين الثقافات المتعددة كذلك في طريقة التعليم عن بعد وقد زاد الاعتماد على التقنية سواء في الجامعات أو غيرها والتقنية الجيدة وهي سلاح ذو حدين من خلال استخدامها الاستخدام الأمثل في التحصيل العلمي والمعرفي أيضاً هناك نقطه مهمه وهي أن استخدام الحاسب الآلي والاعتماد عليه في المدرسة والجامعة ربما يكون له تأثير سلبي من ناحية أننا ربما نفقد الجانب التربوي والعلاقة التربوية التوجيهية بين الطالب والمعلم كذلك في البيت عندما تستخدم هذه التقنية من قبل الأبناء بشكل خاطئ ويصبح الكمبيوتر كل شيء بالنسبة للشاب أو الفتاه فذلك يولد حياة اجتماعية مختلفة فيجب الانتباه لهذا الجانب وهذه الاختلافات

لن نشاهدها أو نلاحظها الآن، فيجب على مستخدمي هذه التقنية أن يكون استخدامهم لها على قدر كبير من الوعي واستخدامها للمنفعة ولأخذ المعلومة المفيدة.

التعليم أصبح متشعبا ومتعدد الأغراض والتقنية أداة تساعد على نشر ـ العلم والمعرفة إذا أحسن استخدامها كما أنها ليست بديلا للقاء وجها لوجه ما بين المعلم والمتعلم ولكنها تساعد إلى حد بعيد في توثيق هذه الرابطة بين المعلم والمتعلم وبين المتعلمين فيما بينهم وتساعد في إيصال المعلومة للطالب بأشكال متعددة منها الصوت والصورة.

الحاسب الآلي أدى إلى نقله نوعية قوية جداً في مجال التربية سواءً كان ذلك للمعلم أو الطالب.. فالمدرسة ومن خلال استخدام برنامج معارف والبرامج المساعدة أدى ذلك إلى سرعة في إنجاز العديد من المعاملات والخدمات المقدمة للمعلم أو الطالب على حد سواء.. أما على المستوى الفصول فقد استطاع المعلم أن يستفيد من المادة العلمية الموجودة في الأسواق وعلى الشبكة العنكبوتية.. وبأساليب راقية جداً سهلت وصول المعلومة إلى الطالب بل تعدى ذلك إلى أن نقول أن التعليم بالترفية أصبح سمة هذا العصر.

هل كان الحاسب الآلي إضافة جديدة في صالح الطالب في المدارس؟

- أستطاع الطالب التعامل مع لغة العصر (الحاسب الآلي) بكل دقه واقتدار.

- اختصار الوقت في الكتابة فالطالب يستطيع نقل الموضوع من خلال جهاز المعلم إلى جهازه.

- استخدام الحاسب الآلي في المراجعة وعمل الاختبارات التجريبية بنفسه وتصحيح ذلك آلياً.

- تصميم البرامج من خلال ورقة العمل اليومية لكل درس.

- إيجاد جيل قادر على مواكبة ما يدور حوله من هذه التقنيات.

- كما أن استخدام الحاسب الآلي في المدارس أدى إلى استخدامه بشكل يومي للتواصل مع ولي الأمر من خلال البرامج الإرشادية وإطلاعه على سلوكيات الابن في المدرسة.

- كذلك نقل نتائج الطلاب إلى ولي الأمر في وقت قياسي.

لذا فإن استخدام الحاسب الآلي سواءً كان ذلك على مستوى المعلم أو الطالب يجب أن يكون ذلك في أولويات المدارس بل أولويات التربية والتعليم بشكل عام. حتى نتمكن من إيجاد جيل جديد مسلح بالعلم والمعرفة يستطيع التواصل مع جميع الثقافات بالوسائل المتاحة.

... هل ألغى الحاسب الآلي دور المعلم في العملية التربوية؟

أن الحاسب الآلي لم يلغ دور المعلم الفعال بل كان الساعد الأيمن له سهل له العديد من الأمور أولها الوقت وسرعة استرجاع المعلومة وعرضها بأشكال مختلفة محببة إلى الطالب وهذا ما جعل الحاسب الآلي أسلوباً جديداً يتقبله الطالب... كما أن الطالب يحتاج من يوجهه ويبسط له وهذا ما يقوم به المعلم الناجح أي أن الطالب يكون محور العملية التعليمية بمدى فاعليته ومشاركته واستنباطه.

... دوره في تطوير الوسيلة التعليمية.

لقد أدى استخدام الحاسب الآلي إلى تطور الوسيلة التعليمية ولا أدل على ذلك استخدام (الفوتوشوب) الذي جعل فناً جديداً مشوقاً للطالب في المتابعة وازدياد المعرفة.. كما أن سهولة نقل الوسيلة من الشبكة العنكبوتية أدى إلى تطوير الوسيلة بإضافة وتنسيق وإخراج يساعد المعلم في توصيل المعلومة في قالب مشوق كما أنه وسيلة حية في بعض الأحيان عند دراسة الجغرافيا مثلاً فبدلاً من الصورة الثابتة تنقلك إلى البحار والمحيطات واليابسة..

يتجه التعليم في العالم نحو توظيف التقنية في إثراء عملية التعلم.. والاستفادة من السرعة وتقريب المسافات لفتح آفاق المعرفة امام الطالب وهذا النوع من التعليم يعزز دور الطالب ويجعله عماد العملية التعليمية.. على ان يعود دور المعلم الى أصالته كمصمم ومنسق ومرشد العملية داخل الفصل وخارجه. وقد اثبت هذا التعلم انه يعزز وعي الطالب بذاته وبأدوات المعرفة التي يستخدمها ويؤكد ثقته بنفسه فالطالب لا يحمل معه كتبه كما هو في التعليم التقليدي بل يحمل معه جهازه المحمول (Laptop) جميع المواد محوسبة على الشبكة الداخلية للمدارس ومدعمة بالمصادر والمواقع على الانترنت والمعلم يعد دروسه على الشبكة عبر برنامج خاص من ميكروسوفت لحظة ان يدخل الطالب الفصل يفتح جهازه ويدخل في المادة وفي الدرس فالجزء الأكبر من زمن الحصة

للطالب يعلم ذاته من خلال التفاعل مع الدرس امامه عبر خطوات تمت برمجتها الى اكتشاف الطالب للمهارة او المعلومة المطلوبة.

يعد المدرس العنصر ـ الأساسي في تغير إستراتيجية التعليم لتحسين استخدام تقنية المعلومات والاتصالات من خلال هذه المرحلة فإنه من المؤكد ان المدرسين بحاجة لتطوير الطرق التقنية المطبقة في التعليم اولاً، المدرسون بحاجة الى التدريب لكسب المهارات والمعرفة المطلوبة لتكنولوجيا تقنية المعلومات والمعرفة ثانياً ان المدرسين بحاجة الى ممارسة تقنية المعرفة والمعلومات في التدريس.

أن التدريس بدأ يتغير من التقليدي واصبح الطالب اكثر فعالية مع برامج الحاسب وكذلك المدرس له طريقته واسلوبه في تعليم الطالب عن طريق الحاسب الآلي.

ما التأثير المستقبلي لهذه الطرق في قاعة التدريب؟

ما المهارات المطلوبة والضرورية لتطبيقها في القاعات الدراسية بشكل فعال.

1- الارتقاء بالطالب الى مستوى التكنولوجيا الحالية والعولمة الحالية.

2- يجب على المعلم أن يكون ملماً بهذه المعلومة وهذه التقنية.

3- يجب عليه التدريب على هذه التقنية وحتى يرفع المعلم بمستوى الطالب الى ما يصبو اليه المعلم أن يلم بهذه التكنولوجيا.

ومن ايجابيات هذه التقنية:

1- ادماج هذه التقنية برفع مستوى الطالب الى المستوى الموجود في المجتمعات الاخرى.

2- تحضير الطالب لدراسات عليا خارج البلد.

3- التعليم عن بعد وخاصة للسيدات حيث تبقى في مجتمعها بدون أي تأثير في مجتمعات اخرى.

طرق التدريس بالتكنولوجيا الحديثة:

– كانت العلاقة مباشرة بين المعلم والطالب.

– أدخلنا عنصر ثالث وهو التكنولوجيا حيث أصبحت العلاقة أكثر ديناميكية.

- إنتاج طالب ديناميكي باحث.

أما بالنسبة للسلبيات فتتلخص في:

- عدم معرفة الطالب استعمال التكنولوجيا مثلاً: وسائل البحث في شبكة الانترنت.
- عدم معرفة الطالب لحصر وسائل البحث في مكان معين او معلومات معنية.
- الفهم الخاطئ لاستعمال التكنولوجيا المحصورة في الانترنت.
- سلبية أخرى لا يستبدل الكتاب (مركز في هدف معين) بجهاز الحاسب مجموعة معلومات كأنه قاموس.

كيف نستفيد من الحاسوب في التعليم ؟ وما أهميته ؟

لقد أفرزت لنا التكنولوجيا عناصر حيوية تؤثر في البنى التحتية لأي مؤسسة ومن أهم ما جاءت به التكنولوجيا الحاسوب الذي غير مجرى الحياة واكسبها لوناً جديداً وأعطاها بعداً متميزاً. هذا الحاسوب بدأ يدخل مؤسسات كثيرة ومنها التعليم والسؤال:

كيف نستفيد من الحاسوب في التعليم وما أهميته ؟

وهل يأخذ دوره بشكل كبير ويأخذا اهتماماً من المسؤولين ؟ حيث نجده إذا فعّل وحسُن استخدامه بشكل قوي سيرتقي بالعملية التعليمية حيث انه يؤثر بطريقة كبيرة في حياة الطلاب خارج أسوار المدرسة.

فلماذا لا يفعل بشكل أقوى ؟ حيث انه له دور ايجابي في طرح المواد بشكل حيوي وجذاب فاستخدامه في عملية التعليم لا تقف عند حصة بل نأمل ان يتعدى الى استخدامه في معالجة مواضيع المادة الأخرى. حيث أثبتت تجارب بعض المعلمين من غير المتخصصين في تدريس الحاسب على فعاليته في طرح المعلومات، وان وجود الحاسب في العملية التعليمية لا يلغي دور المعلم بل يزيد فعالية دور المعلم ودور الحاسب على قدر المستطاع حيث ان دور احدهما يدعم دور الآخر لذا ومن هذا المنطلق نرى ان حيوية استخدام الحاسب كتقنية يجب ان لا تهمل وان تشحذ همم المعلمين على البحث في طريقة استخدامه وتدريبهم على تفعيله ومتابعة الجديد في كيفية إعطاء المعلومة

المحوسبة هذا الجيل يتطلع لهذا الجهاز ويريد ان يراها في مادة الجغرافيا والانجليزي والرياضيات.. فالمعلومة قد تغدو مشوقة معه.

لقد عززت جاذبية الكمبيوتر رغبة الطلبة في التعلم للابتكار والإبداع، خصوصا صغار السن، فنصف الطلاب في مدارس خضعت لتقييم مواد التعليم الإلكتروني يستخدمون الحاسوب يوميا و4.% منهم يستخدمونه بمعدل 1 - 3 مرات أسبوعيا.

وأثبتت دراسة حديثة، لتقييم تجربة جعل التعليم الكترونيا ان انطباع الطلاب عن مادة الفيزياء تحسن فعليا، عندما شعرت الغالبية منهم بعد استخدام المواد المحوسبة، ان معادلات الفيزياء ليست صعبة. لقد اثبتت الدراسة فاعلية تأثير المواد المحوسبة من حيث اكساب الطلاب مهارات الذكاء اكثر من مصطلحات التعريف على العموم، فمهارات الذكاء بدت أمثلة حية والمحاكاة فعالة جدا خاصة عندما كانت تعرض نماذج لتجارب صعبة، لكنها حفزت الطلبة ودفعتهم للدراسة.

فعالية وسائط التثقيف الحديثة

لئن كان الأمر واقعيا يتّصف بهذه النظرة، فإنه لن يفتّ من عضدنا كي نتكلم عن ثقافة الطفل في شكلها التقليدي، وشكلها الحديث، وشكلها المعاصر من خلال الوسائط الجديدة، وتكنولوجيا المعلومات التي إذا ما وُظّفت بوعي، ووفق خطة تتماشى وخصائص مراحل نموّ الطفل، ليس في المدرسة فحسب ولكن في كل ما له دورٌ في تنشئة الطفل في المجتمع..من أجل معرفة:

- إيجابيات استخدام تكنولوجيا المعلومات في تنمية القدرات الذهنية.
- نجاعة الكمبيوتر أساسا بصفته أداة مثْلى لمواجهة ظواهر التعقّد، بما يوفّره من إمكانات هائلة للسيطرة على الكمّ الهائل من البيانات والعلاقات.
- أسلوب البرمجة الذي يساعد على تنمية التفكير المنطقي المنهجي ؛ حيث تُعتمدُ البرمجة أساسا على تسلسل الخطوات، وتحليل المشكلة إلى عناصرها الأولية. يتوفّر حاليا العديد من البرامج لتقوية ذاكرة المدى القصير والطويل.

- أن الألعاب الإلكترونية تساعد على تنمية التفكير المتوازي، حيث يواجه الطفل اللاعبُ عدّةَ مواقف، عليه أن يتعامل معها في ذات الوقت.
- أن تكنولوجيا المعلومات توفّر إمكانات عديدة لتجسيد المفاهيم المجرّدة ؛ حتى يسهل استيعاب الطفل لها.
- أن الإنترنت توفّر فضاءات رحبة في التعلّم والاكتشاف والتواصل مع الغير في مناطق أخرى من الكرة الأرضية، وكذلك اختيار صحة الأفكار والفروض، وإيجاد الحلول المختلفة للقضايا المطروحة، وصياغة تلك الحلول بوسائل اتصالية مختلفة قد تكون لغة شفوية، وقد تكون بيانية، وقد تكون رسومية، وقد تكون لغة مكتوبة.
- استخدام تكنولوجيا المعلومات في تنمية مهارات التواصل.
- توفر العديد من مجالات التعليم وتعلّم اللغة الأم واللغات الأجنبية.
- تكوين وتثقيف الطفل في التعامل مع الرمزية والتشكيلية، حيث تتيح تكنولوجيا المعلومات وسائل عديدة لعرْض تقنيات عديدة لقراءة الرسوم، والخرائط، وتنمية الإبداع والتذوّق التشكيلي والأدبي.
- أن تكنولوجيا المعلومات توفّر وسائل عديدة لتنمية المواهب الفنية لدى الطفل في جميع مجالات الفنون: أدبا وتشكيلا وموسيقى.
- إتاحة شبكة الإنترنيت فرصة الإبحار عبر مواقع عديدة خاصة بالطفولة، تزخر بنوافذ الثقافة العامة بما في ذلك مساعدة الطفل على المساهمة العملية، وتغذية هذه المواقع بما عنده وبما جادت به قريحته.الطفل في هذه الحالات مبدع، والإنترنيت يمكّنه من نشْر أفكاره.
- التوسّع في استخدام الكمبيوتر واستثمار تكنولوجيا المعلومات من شأنه شحْذ موهبة الطفل المبدع، وتشجيعه على البحث والاكتشاف، ومواصلة التجريب، وإعادة المحاولة.

الطفل في كلّ هذه الحالات هو مبْحرٌ في تكنولوجيا المعلومات من خلال وسائطها المختلفة، وباحث ومكتشف للمعرفة في إطارها المتجاوز لبيئته المحلية الضيّقة، وهو مبدعٌ للحلول والأفكار، بعبارة أوضح هو ـ منتجٌ للثقافة.

أصبح الكمبيوتر (الحاسوب) آخذٌ بالتوسّع والاستعمال في معظم مدارسنا في كل المراحل، بالرغم إن تكنولوجيا المعلومات ليست في متناول الجميع، نظرا لارتفاع أسعار الأجهزة المتعلقة بها من ناحية، وارتفاع أسعار الارتباط بشبكة الإنترنيت في بلادنا، وانعدام النية الصادقة أو التخوف لدى أولي الأمر من ناحية أخرى.وبالتالي فإن تكنولوجيا المعلومات ستجعل من الإبداع والتفتح على هذه العوالم الشيّقة الممتعة (حكْرا على النخبة).

والملاحظ إن تكنولوجيا المعلومات ينمو بصورة تلقائية وهذا ما نلاحظه عمليا في حياتنا. ومرّة أخرى ينطوي ذلك على تحدٍّ قاسٍ للتربية عامّة، وتربية الطفل العربي خاصّة في عصْر المعلومات ؛ في ضرورة تصدّيها لطبقية المعرفة.

إن مجال هذه التكنولوجيا الحديثة واسع ومعقّد وهو في اتساع مستمرّ متسارع، نلاحظ ذلك في هذه الوسائل العديدة المختلفة الأشكال والوظائف التي تمتلئ بها المحلاّت المتخصّصة..ما يهمّنا كمربّين وأولياء ما كان منها بسيطا وضروريا كالحاسوب مثلا، ولا أحسب أن العديد من الأسر في عجْزٍ عن اقتنائه..ولا في عجْز عن إنشاء مكتبة ملحقة به تتكوّن من تلك الأقراص المضغوطة التي بإمكان أي طفل، حتى في الرابعة من العمر تشغيلها..وهي متوفرة لكل المراحل الأساسية للطفل. موسوعات مختلفة...منها ما هو خاص باللغة العربية وآدابها، وما هو خاصٌّ بالقرآن الكريم وعلومه، وما هو خاصّ بالسيرة النبوية، وما هو خاصّ بالعلوم الطبيعية والرياضيات، وما هو خاصّ بتعلم اللغات الأجنبية، وما هو خاصٌّ بجسم الإنسان وأجهزته ووظائفها،وما هو خاصّ بالحيوان والطبيعة والعمران وما هو خاصٌّ بأدب الطفل، وما هو خاصٌّ بالفن التشكيلي، والموسيقى والألعاب الفكرية المختلفة. فضْلاً عن برامج كتابة النصوص ومعالجتها.

والسؤال: هل حققنا من استخدام تكنولوجيا المعلومات والاتصالات لرصد المعلومات وإدارتها وتحليلها ونقلها وتوليد المعرفة وتطبيقها ؟

شروط توظيف تكنولوجيا المعلومات في العملية التعليمية:

يحتاج قطاع تكنولوجيا المعلومات الى موارد بشرية على مستوى عال من المعرفة والقدرات التقنية للانطلاق بأعلى سرعة، كذلك يتطلب قطاع التربية خبرات مكتسبة

وتقنيات تربوية، فتطبيق تكنولوجيا المعلومات في التربية والتعليم يتطلب أشخاصا يستطيعون التعاون مع كلتا المؤسستين بسلاسة. المؤسسات التي يمكن لها تحقيق هذا الغرض لا بد من ان تتصف العملية بتكوين مؤسسات تتكون من موارد بشرية متنوعة وبالرغم من ان خبير التربية لا بد ان يكون لديه المعرفة الأساسية في مجال تكنولوجيا المعلومات، الا انه من الصعب جدا ان يتمتع شخص واحد بالمتطلبين السابقين. لهذا، لا بد للمؤسسة ان تضم موارد بشرية متنوعة، وكذلك أيضا من الضروري اعداد آلية تساعد على اتاحة المعرفة للجميع. إضافة الى مؤسسات قادرة على تشكيل خطط ملائمة وتطبيقها ولا بد ان يتوفر لمثل هذه المؤسسات نظام يدير نشاطات الموارد البشرية المتنوعة بشكل دقيق. اضافة الى ذلك فان القدرة على عمل خطط ذات جدوى مهم جدا كون قطاع تكنولوجيا المعلومات ينادي بانتاج مخرجات واضحة على شكل نظام او برمجية محددة. ومؤسسات مستعدة لفهم معارف ونظم جديدة ولا بد للمؤسسات والافراد على حد سواء ان يكونوا قادرين على استيعاب التكنولوجيا المتطورة. يمكن للأفراد اكتساب هذه التكنولوجيا اذا ارادوا ذلك من خلال الشبكة العالمية ومجتمعات الانترنت. مثل هذا الاهتمام يتطلب من الاشخاص وقتا وجهدا معينا ولذلك يجب على المؤسسات مكافأة مثل هؤلاء الاشخاص.

ومن المتوقع ان يكون لدى الطلاب روح المبادرة للعب دور اساسي في عملية تحسين التربية، كذلك يتوقع من المعلمين ان تكون لديهم روح المبادرة لتعلم طرق ومناهج جديدة.

توفر الانترنت لكل معلم عالم متاح للجميع يمكن من خلاله استطلاع طرق ومناهج جديدة لا بد للمعلمين ان تتوفر لديهم قدرات الطباعة باللغة العربية واستخدام برامج لتحضير المواد التعليمية كمعالج النصوص وبرنامج العرض التقديمي واستخدام الانترنت والبريد الالكتروني والتعرف على المواقع الالكترونية التي تعرض معلومات تربوية واستخدام برامج معالج النصوص وميكروسوفت اكسل والعرض التقديمي بشكل فاعل واستخدام الانترنت بهدف التعلم بالمشاركة واستخدام المواد المحوسبة بشكل فاعل.

ولتطوير مواد محوسبة وانظمة تكنولوجيا معلومات في التربية تحتاج الى كمية معقولة من الجهد والتكلفة. فالاستعداد المناسب للخطط قصيرة وطويلة المدى ضروري جدا، في نفس الوقت، لا بد من العمل على تحسين التعليم التقليدي داخل غرفة الصف ولذلك لا بد من اعداد خطط لحالات ثلاث تتمثل في: خطة تفترض استخداما كاملا لاجهزة الحاسوب، داخل غرفة الصف بتوفير جهاز لكل طالب وخطة تفترض وجود اجهزة الحاسوب متعددة داخل غرفة الصف وخطة تفترض استخدام المواد بشكل مطبوع.

ومن المهم اخذ الوقت المتاح لكل طالب لاستخدام جهاز الحاسوب بعين الاعتبار. في الوقت الحالي يتوفر لكل طالب من 5-8 ساعات أسبوعيا، ولا بد من الإشارة إلى أن سرعة تطوير المواد تتوافق مع الزيادة في الوقت المتاح، فالمواد التي يجب حوسبتها لا ينبغي ان تكون مادة الكتاب المدرسي كاملة ولكن جزئيات مختارة منها. كما لا بد من اخذ الظروف الخارجية بعين الاعتبار كإمكانية الوصول إلى المعلومات باللغة الانجليزية على شبكة المعلومات وجعل اللغة الانجليزية والحاسوب كمواد اساسية في المدارس.

أخي المعلم.. أختي المعلمة..

- هل ترغبان في أن يُقبل طلابكما على التعلم دون كلل أو ملل ؟
- هل ترغبان في أن يكون طلابكما قادرين على إدارة أنفسهم.. يبدءون العمل وينهونه بدافعية ذاتية عالية ؟
- هل تريدان أن يثابر طلابكما في إنجاز المهمات المطلوبة منهم دون أن ينتظروا انتهاء وقت الحصة،ودون انتظار لأي مكافأة ؟

التحول تدريجياً من الأسلوب التقليدي إلى التحديث والتطوير

إحداث نقلة نوعية في الاستراتيجيات التعليمية – التعلمية: ☞

من التعليم الى التعلم.

طرأ تغيير ايجابي على أسلوب ونمط التعليم، فقد انسحب الاسلوب التقليدي «خجلا» أمام التحديث والتطوير، بفعل:

■ تطبيق استراتيجيات التدريس الحديثة.

- استغلال الإمكانات المتاحة، لتحقيق مخرجات تعليمية مرغوب فيها.
- توظيف تكنولوجيا المعلومات و الاتصالات بفاعلية..
- إبــداء الرغبة الحقيقية والاهتمام من المسئولين نحـو التحـديث والتطويـر في التكيـف مـع الظروف: المحلية والإقليمية والدولية، من خلال ما يلي:
  - التركيز على تحسين نوعية التعليم لمواكبة التوسع الكمي المتحقق.
  - ارتباط النظام التربوي بسوق العمل واحتياجاته.
  - التعليم والتعلم وسيلة لتمكين الطلبة في عصر العولمة.
  - تحقيق استدامة برامج التطوير.
- المتابعة المستمرة، وجهود أصحاب الخبرة.
- تغير دوركل من المعلم والطالب، من الدور التقليدي إلى الدور الإيجابي.
- عقد الدورات المتعددة المتعلقة بحوسبة التعليم. (دعمس، 2008).

وتدريجيا بات نجاح البرنامج يحظى باعجاب عالمي متزايد، فيما تتسابق شركات عملاقة عاملـة في تكنولوجيا المعلومات، بقوة لتبني تحويل المنهاج الى مناهج الكترونية.

☞ إحداث نقلة نوعية في الاستراتيجيات التعليمية - التعلمية:

من التعليم الى التعلم

التعليم

1- التعليم اللفظي الحرفي.

2- الحفظ والتلقين.

3- تعليم أحداث الماضي.

4- التعليم بالكتاب.

5- التعليم بالمفهوم المحلي.

6- التعليم وفق المناهج التقليدية والكتب المدرسية الموحدة.

7- تخريج عمال وموظفين مستسلمين يلتزمون بحرفية القواعد واللوائح.

8- دور المعلم كمسيطر وملقن ومصدر معلومات وحيد.

9- قياس التحصيل الأكاديمي.

10- سياسة التبرير.

11-استهلاك التقنية.

12-التعليم كمسؤولية تنفرد بها وزارة التربية والتعليم.

13- المدرسة المنعزلة.

التعلم:

1- التعلم بالمعنى والعمل والتطبيق.

2- اكتساب الخبرات والقدرات والكفايات للتعامل مع الموارد (البشرية، المالية، التقنية..) .

3- تعلم المهارات المناسبة للمستقبل.

4- التعلم الإلكتروني (بوساطة الحاسوب).

5- التعلم بالمفهوم العالمي، والانفتاح على الثقافات العالمية وتبادل المعرفة عالمياً.

6- التعلم بالمناهج والوسائط المتعددة (كتب، برمجيات مشاريع، أنشطة عملية، اشرطة).

7- تهيئة وتمكين مبدعين ومبتكرين ومخترعين،يتحدون الأمر الواقع.

8- دور المعلم كقائد وميسر ومسهل ومناقش لتعلم الطلبة، يعمل على إطلاق طاقاتهم وتنميتها.

9- التقويم الشامل المتكامل لجوانب شخصية المتعلم وطاقاته وإبداعاته.

10 - المنهجية العقلانية والمنطق الرشيد.

11- ابتكار التقنية وابداعها.

12- التعلم كمسؤولية مجتمعية مشتركة تنفذ من خلال بناء شراكات فاعلة.

13- المدرسة باعتبارها جزءاً رئيساً من شبكة مؤسسات مجتمعية تربطها علاقات تشاركية فاعلة.

(دعمس، 2008)

دور المعلم

تغير دور المعلم من مُلقن للمعلومات إلى مُرشد ومُيسر لعملية التعلم،حيث يقوم الطلبة بالبحث عن المعلومات والوصول إلى النتائج بأنفسهم.

ويكون دور المعلم توجيه المتعلم عن طريق الحوار الذي يتم بينهما في أثناء عملية التعليم. ولكن يبقى دور المعلم لا غنى عنه، فدوره في مثل هـذه المواقـف يصبح توجيهيًا وإرشـاديا وتسـهيليًا للعنـاصر الفعالة في التعلم، إضافة إلى الإشراف على عملية جمع المعلومات التي يقوم بها الطلبة وتصنيفها وتحليلها. وهذا يتطلب تأهيل المعلم وتمكينه من مختلف المهارات اللازمة وهي:

▪ استخدام الحاسوب بشكل فعال،من خلال دورات متخصصة مثل:
ICDL، برنامج إنتل + وورد لينيكس

▪ توظيف هذه المهارات في تقديم المادة التعليمية للطلبة من خـلال بـرامج متخصصـة في التـعلم الإلكتروني.

الطالب

▪ للطالب دورٌ فعال في عملية التعلم، فبدلاً من أن يكون متلقيًا سلبيًا للمعلومة سيكتشـف الطالب بنفسه الموضوعات وسيصل إلى المفاهيم التي أراد مصمم البيئة التعليمية والمنهـاج الإلكتروني أن يوصلها له، وبطريقـة تستحثه لـيس للاستيعاب الكامل للمضمون العلمـي الموجود في المادة التعليمية فقط، وإنمـا علـى الاستزادة مـن المعلومـات العلميـة في المجـال المطلوب أيضًا، عبر الإطلاع على مصادر أخرى، كالإنترانت وقواعد المعلومـات والبيانـات أينما توفرت.

- سيكون المجال مفتوحًا للطالب بأن يتعلم ذاتيًا بالسرعة التي تناسب قدراته، الأمر الـذي سيسمح للطلبة المتفوقين بأن يتقدموا بسرعة وبعمق في المادة التعلمية دون انتظار الطلبـة ذوي القدرات الأقل

- إن استخدام تقنيات الحاسوب في التعلم الذاتي سيساهم في تبادل الخبرات بـين طلبـة الصـف الواحد بحيث يستفيد الطالب الضعيف دراسيًا من المتفوق دراسيًا.

- سيتمكن الطالب من تنفيذ مشروعات وأبحاث تخدم مواد الدراسـة والاسـتفادة مـن المواقـع الإلكترونية المتعددة باعتبارها مراجع علمية.

إحداث تحول نوعي في دور الطالب:

من الدور التقليدي للطالب الى الدور الإيجابي للطالب

الدور التقليدي للطالب

من متلقي ومشارك (مشاركة محدودة):

يتلخص دوره في حفـظ المعلومـات الـواردة في المنـاهج والكتـب الدراسـية المعتمـدة وتخزينهـا في الذاكرة، واستدعائها وقت الامتحان.

الدور الإيجابي للطالب

إلى مشارك فاعل وخلاق:

- يناقش ويحاور.

- يعرض أفكاره بجرأة وحرية.

- ينتقد أفكاراً قائمة ويعرض أفكاراً بديلة.

- قادر على التفاعل مع تكنولوجيا العصر.

- قادر على استخدام الحاسوب بمهارة فائقة.

- يجيد اللغات الأجنبية و يوظفها.

- يستطيع اتخاذ قراره ذاتياً.

- يكتسب مهارات التفكير والإبداع ويوظفها.

- يسهم في إنتاج المعرفة وتطويرها.

الإدارة الاستراتيجية في منظومة التعليم

تعتبر الإدارة الاستراتيجية ضرورة لإصلاح منظومة التعليم وتطويرها، متخذه التخطيط الاستراتيجي أسلوبًا لتوفير المدخلات اللازمة لتحقيق المخرجات المنشودة، ويتم ذلك وفقا للخطوات التالية:

1- دراسة الواقع التعليمي دراسة تشخيصية، تحليلية، تفسيرية.

2- وضع الغايات والأهداف.

3- وضع استراتيجيات لتحقيق الغايات والأهداف.

4- تحديد الوسائل البديلة للوصول إلى الأهداف.

5- تحديد البرامج البديلة لتحقيق الأهداف.

6- وضع خطة استراتيجية تتضمن خططا أخرى قصيرة المدى وأخرى فرعية.

7- وضع موازنة تخطيطية.

8- وضع خطة لتقويم الخطة التعليمية.

ولا ينبغي أن يقف الأمر عند مرحلة التخطيط، بل ينبغي أن يتعداه إلى تنفيذ ما وضع من خطط، تنفيذًا يقوم به المتخصصون، ويهتم بخلق رأي عام يدعم التطوير، ويهتم بالمشاركة من جانب المعلمين والعاملين والآباء، وكل من يعنيهم أمر التعليم.

ويعتبر التخطيط الاستراتيجي عملية مستمرة لتصميم وتطوير خطط تشمل وظائف المؤسسة، ويقوم على نظام للمعلومات، وصنع القرارات على ضوء تقييم مستمر للمتغيرات البيئية المحلية، والإقليمية، والعالمية، وكذلك المتغيرات في البيئة الداخلية للمنظمة، وذلك بهدف استكشاف الفرص والتحديات، وتحديد نقاط القوة والضعف في أداء المنظمة.

كما يعتبر التفكير الاستراتيجي أساسًا لرؤية، فالمدير الاستراتيجي يرى في جميع الاتجاهات، أمام خلف، أعلى وأسفل، بجواره وما وراءه، فالرؤية إذن أكثر تحديدًا من التفكير، حيث تتضمن قدرة المفكر الاستراتيجي على القيام بالتخمين الذكي عن المستقبل، وهذا يتضمن بالتبعية عنصر اتخاذ المخاطر.

..ان استخدام التقنيات والتطبيقات الحديثة نحو التعليم المحوسب،والتي تعالج كل احتياجات الطلاب، تجعل العملية التعليمية - التعلمية عملية سهلة التطبيق وذات تأثير إيجابي وسريع..

تقوم على الأسس الآتية:

1- التميز والإتقانً، واستثمار موارد بشرية تتمتع بقدر عالٍ من إتقان كفايات التعلم الأساسيةً، وذات اتجاهات مجتمعية إيجابيةً، تمكنها من التكيف بمرونة مع متطلبات العصر- والمنافسة بقوة وفاعليةً.

2- الإسهام في تطوير الاقتصاد الوطني القائم على المعرفة.

3- تحقيق النوعية، الكفاءة والفاعلية، المواءمة، الابتكار والإبداع.

4- توظيف تكنولوجيا المعلومات والاتصالات، التعلم المستمر، اللامركزية، التمويل والاستدامة، بناء شراكات فاعلة، التكامل والتنسيق، تفعيل البحث والتطوير التربوي.

5- زيادة تفاعل الطلاب الموهوبين والطلاب الضعفاء في العمل على حدّ سواء.

6- جعل الطلاب اللامبالين يتعلمون بطرق تنمي لديهم المسؤولية على إدارة شؤونهم بأنفسهم.

7- الحد من التصرفات غير المرغوب فيها داخل الصف وخارجه.

8- تطبيق منهاج متكامل قائم على النتاجات.

9- الانتقال من التركيز على المكافآت الخارجية إلى التركيز على الرضا الذاتي في عملية التعلم

وقد تنوعت هذه العملية التعليمية - التعلمية لتغطي الجوانب التالية:

1- التعليم والتعلم

2- زيادة دافعية الطلاب

3- تنظيم غرفة الصف

4- معالجة النشاطات

5- تحقيق تعلّم ذو معنى

6- حوسبة التعليم (المصدر السابق- دعمس، 2008).

كيف تحوّل الحصة المدرسية إلى متعة

من خلال توظيف التقنيات الحديثة ؟

مصادر الاستمتاع في مواقف التعليم والتعلم:

1 ـ تلبية المادة العلمية لحاجات ومطالب نمو المتعلم:

وهذا يتطلب تلبية المادة العلمية لخصائص نمو المتعلم في النواحي الجسمية والفسيولوجية والحركية ومنها:

- سرعة النمو الجسمي.
- البنات أبكر نضجاً من البنين بحوالي سنتين.
- تصل المراهِقة خلال هذه المرحلة إلى أقصى طاقة لاستخدام جهازها العضلي مع السرعة وإتقان الحركات، وهذا يترتب عليه قدرتها على كسب المهارات الدقيقة وإتقانها.
- هناك تغيرات فسيولوجية تؤدي إلى البلوغ.
- يصاحب النمو الجسمي السريع للمتعلم آثار نفسية بعيدة المدى، خاصة إذا لم تُعد للتغيرات المصاحبة لهذا النمو، كتغير نبرة الصوت عند بلوغ المتعلم سواء كان ذكراً أو أنثى.
- لكل متعلم معدل نمو جسمي خاص به برغم التساوي في العمر الزمني مما يتسبب عنه بعض الحرج والمشكلات الانفعالية للمتأخرين في النمو أو المتقدمين جداً فيه.

الخصائص السابقة تلقي بظلالها على النمو النفسي للمراهقين ويظهر ذلك في الاهتمام بالنفس والصحة والغذاء وكل ما يتعلق بالنمو، وهذه الآثار النفسية تنعكس على احتياجات المتعلمين.

كما ينبغي أن تلبي المادة العلمية لخصائص نمو المتعلمين في النواحي العقلية ومنها:

- لا يوجد في النمو العقلي ما يناظر القفزة السريعة التي تحدث في النمو الجسمي، فالنمو العقلي الذي يكون معدله سريعاً في مرحلة الطفولة يكون بطيئاً نسبياً في مرحلة المراهقة.

- يتضح النمو العقلي للمراهقين في زيادة قدرتهم على التعلم المبني على الفهم وإدراك العلاقات، وعلى ممارسة التفكير الاستدلالي والاستقرائي.
- تزداد مقدرة المراهقين على الانتباه سواء من حيث مدته، أو من حيث المقدرة على الانتباه إلى موضوعات معقدة ومجردة.
- يميل المراهقين إلى تنمية معارفهم ومهاراتهم العقلية بدرجة لم يسبق لها مثيل قبل هذه المرحلة، كما تزداد مقدرتهم على التخيل المجرد المبني على الألفاظ والصور اللفظية.
- يصبح المراهقين أقل ميلاً إلى التذكر الآلي إذا ما قورن بحالهم في مرحلة الطفولة.
- تظهر وتتميز القدرات اللغوية والفنية والمكانية والميكانيكية والسرعة وغيرها.
- تنضج في هذه المرحلة الاستعدادات والميول المهنية، وتظهر الفروق الفردية بينهم بشكل واضح وصريح.
- لا شك أن معرفتنا بالخصائص المميزة للنمو العقلي للمراهقين يساعدنا في جعل أساليب تدريسنا أكثر ملائمة لهذه الخصائص وهكذا نتيح للمتعلمين فرص الاستمتاع بالموضوعات والقدرات وممارسة المهارات العقلية التي تتحدى إمكاناته الذهنية ويصبح تحقيق ذاته وري ظمأه المعرفي مصدراً من مصادر استمتاعه بالحصة التعليمية التعلمية.

كما ينبغي أن تلبي المادة العلمية لخصائص نمو المتعلمين المراهقين في النواحي الاجتماعية ومنها:

- رغبة المتعلم في الشعور بأنه عضو في جماعة.
- رغبة المتعلم في الشعور بكيانه وذاتيته داخل غرفة الدراسة وخارجها.
- تقبّل المتعلم لسلوك الكبار وقيمهم ورغبته في تقليد من يتخذهم مثلاً أعلى له.

ولهذه الخصائص الاجتماعية التي تصاحب نمو المتعلمين في مرحلتي التعليم الأساسي والثانوي متطلباتها التي لا نستطيع في جميع مواقف التعليم والتعلم الصفية إغفالها أو إنكارها.

2 ـ وظيفية المعلومات ومناسبتها للمستويات المعرفية المختلفة للمتعلمين:

يجب أن يدرك الطالب أن المعلومات التي يدرسها هي وسيلة وليست غاية، والمعلومات تصبح وسيلة إذا كانت وظيفية في حياته، أي أن يجد فيها معنى يرتبط بحاجاته الجسمية والنفسية والاجتماعية، ولكي تكون المعلومات وظيفية فإنه يجب أن يتناول مشكلات حية وواقعية وليس هناك أكثر واقعية من مشكلات المجتمع بكل أبعاده، بدلاً من المشكلات المصطنعة المقدمة جاهزة في الكتاب المدرسي، وقد أصبحت مشكلة تكدس المقررات وانفصالها عن حياة الطلبة من الجسامة بحيث لا يمكن السكوت عليها.

أن المادة العلمية ليست مشكلة الطالب، ولا يجب أن تكون. إنها في المكانة الأولى مشكلة المعلم، فعليه أن يعرف كيف يجعله وظيفية بالنسبة لطلابه، وعليه أن يجد الوسيلة التي تجعله قادر على رؤية العلاقة بين ما يدرسه وما يشعر به من حاجات واهتمامات.

وقد يخطئ بعض المعلمين فيعتقدون أن إمتاع الطلاب في الحصة يعني أن تتحول وظيفة المعلم إلى إجادة فن " تغليف " المعلومات المجردة بغلاف يبدو حلواً وجذاباً للطلاب، ثم يقدم لهم هذه المعلومات " المغلفة " ليبتلعوها دون أن يشعروا بمرارتها. وهذا الفعل مناقض لأهم المبادئ الأساسية للتعليم الجيد وهو تفاعل الطالب مع عناصر موقف التعليم والتعلم.

3 ـ حداثة الموضوعات ومساعدتها في تكيف الطلاب مع سمات العصر الحديث:

كيف يستمتع الطلبة بدراسة موضوعات لا يقدم لهم أي مساعدة في فهم سمات العصر الحديث، والتكيف مع منجزاته التقنية، والتعامل الذكي مع التجهيزات التكنولوجية في حياتهم اليومية، وفي تعلمهم المستقبلي؟

4 ـ الدافعية الداخلية لدى الطلاب:

كيف يستمتع الطلاب بحصة دراسية، في حين أن دافعيتهم للتعلم في أدنى مستوياتها، ربما ساهمت الدوافع الخارجية في نجاح الطالب، وانتقالها من مستوى دراسي لمستوى أعلى، لكن هل تضمن لنا الدوافع الخارجية الاستمتاع بالحصة الدراسية، إن بقاء أثر التعلم وانتقاله من موقف لآخر يتطلب استمتاعاً بالمادة المعروضة على الطالب، الأمر الذي لا يضمن الحصول عليه مجرد الرغبة في إرضاء الأهل، أو حتى النجاح في المرحلة الثانوية لمزيد من الاستقلالية عن الأهل والالتحاق بالجامعة، وما بالنا بطالب يفتقد لأي دافعية للتعلم؟

5 ـ الاتجاهات الإيجابية لدى الطالب نحو المادة والمعلم:

كيف يستمتع طالب بحصة يكره معلمه وهذه الكراهية تنعكس كرهاً على المادة نفسها، وكيف يحب الطالب معلمه يكره كل ما حوله، حتى بدت تصرفاته وكأنها يكره نفسه، هذا فضلاً عن كراهيته للمادة التي يدرسها، وكراهيته للمهنة وللظروف التي يعمل فيها، وكيف يحب الطالب حصة لا يجد فيها سوى سخرية من تصرفاته، وتحقيراً من شأنه، ولا يجد فيها نشاطاً يلبي مواهبه ويتحدى قدراته، وكيف يحب الطالب معلمه يجهل قدراته وسمات نموها، وكيف يميل الطالب لمعلمه يراها متذبذب الشخصية متردد في اتخاذ قراراته ولا تلائم تصرفاته أو ملبسها البيئة التي تعلّم فيها.

6 ـ أساليب تدريسية تدفع للاستقصاء والاكتشاف:

إن أوسع الأبواب التربوية التي تقود الطالب للاستمتاع بمواقف التعليم والتعلم هو باب الأسلوب التدريسي المتبع في الدراسة، وكيف يستمتع الطالب بحصة يقتصر فيها دوره على الاستماع لمعلمه يصب تياراً جارفاً من المعلومات وعليه الاستقبال في هدوء والحفظ مع الإتقان فيه، والتفريغ في " الامتحان ". إنه لأمر ممل ومثير للسأم لا للاستمتاع، ومفتاح للشغب الصفي لا للاهتمام والتفكير.

وفي المقابل تساهم الأساليب التدريسية بالاستقصاء في التركيز على الطالب أكثر من المعلم، وتحرير الطلاب من سلبياتهم عن طريق الممارسات العملية والتطبيقية وكسب مهارات التفكير العلمي والمنطقي، كما تعطي هذه الاستراتيجيات الطلاب

شعوراً بالإنجاز ويطور احترامهم لذواتهم، وهذا بدوره يضفي شعوراً بالاستمتاع وحب الاستطلاع من أجل مزيد من التعلم.

كما أن هذه الأساليب تنقل عملية التعزيز الخارجي إلى التعزيز الداخلي، ونقل مركز الدافعية للتعلم وجعلها داخلية بديلاً للدوافع الخارجية المؤقتة، وتشير البحوث إلى أن هذه الطرق تزيد مستوى الطموح لدى الطلاب وهو أمر هام لكسب الطالب الثقة بنفسه لتحقيق أهدافها.

7 ـ توظيف التقنيات التعليمية الحديثة في مواقف التعليم والتعلم:

- إن مجرد استخدام الوسيط التقني في مواقف التعليم والتعلم لا يؤدي تلقائياً إلى جعل الحصة ممتعة.
- أن زيادة عدد الوسائط التقنية المستخدمة في الحصة لا يؤدي حتماً إلى جعل الموقف التعليمي التعلمي موقفاً ممتعاً ومشوقاً.
- أن توظيف التقنيات التعليمية المتقدمة في العملية التعليمية لا يعني تراجع أهمية أدوار المعلمة، بل تغيرها وتطورها.
- أن الوسيط التقني هام في بعض مواقف التعلم، لكن المواقف الحية المباشرة ربما تكون أكثر فعالية وإمتاعاً في مواقف تعليمية أخرى.
- أن مدى تفاعل الطالب مع التجهيزات التقنية في مواقف التعليم والتعلم هو المعيار الحقيقي لمدى نجاح المعلمة في جعل الحصة الدراسية ممتعة.

أهمية وسائط الاتصال التعليمية في عمليتي التعليم والتعلم:

1 ـ توسيع مجال الخبرات التي تمر بها الطالب:

تساعد وسائط الاتصال التعليمية في تحسين مستوى التدريس بتعويض المتعلمين عن الخبرات التي لم يمروا بها سواء: لخطورة تعرضهن لها (مثل التفجيرات النووية)، أو لبعدها عن مكان الدراسة (عند دراسة طرق استخراج الفحم والذهب من المناجم، أو حياة الإسكيمو)، أو لتباعد فترات حدوثها (مثل ظواهر الخسوف والكسوف)، أو لصِغر الشيء المستهدف دراسته (مثل دراسة الخلية الحية) أو لِكبره (عند دراسة حركة الكواكب، أو حركة الأرض)، أو معقدة (عند دراسة آلة

الاحتراق الداخلي للسيارة)، أو مستحيلة (عند دراسة طبقات الأرض الداخلية، أو حياة قدماء المصريين).

في كل الخبرات السابقة يمكن الاستفادة من وسائط الاتصال التعليمية الحديثة في تحقيق تعليم أفضل يترتب عليه بالتالي تعلُّم أثمر.

2 ـ تساعد على فهم المتعلم لمعاني الألفاظ التي تُستخدم أثناء الشرح:

فكثيراً ما يُلاحظ أن الطلاب يرددون ويكتبون ألفاظاً دون أن يدركوا مدلولها، ولذلك فهم يعتمدون على حفظها واستظهارها حتى يحين وقت الامتحان ليتخلصوا منها إلى الأبد، وتكون النتيجة نسيان هذه المعلومات بعد أدائهم للامتحان، لكن استعمال وسائط الاتصال التعليمية يزوِّد المتعلمين بأساس مادي محسوس لأفكارهم، وهذا يقلل من استخدام الألفاظ التي لا يفهم لها معنى.

والأمثلة لذلك كثيرة، منها ما يلي:

- في دروس العلوم: موضوع تركيب الزهرة: يتضمن ألفاظاً مثل الكأس وسبلاته، والتويج وبتلاته، والطلع، والمتاع، والمبيض والقلم والميسم، والبويضة وحبة اللقاح ... الخ.

موضوع تركيب الحشرة: يتضمن ألفاظاً مثل قرون الاستشعار، والتعرّق الشبكي، والعين المركبة، والأرجل المفصلية ... الخ.

- في دروس الرياضيات: تتضمن كثير من الألفاظ مثل المكعب، والمنشور، والمثلث، ومتوازي الأضلاع، ونصف القطر ... الخ.

- في دروس اللغة: يرد كثير من الألفاظ وتتضمن كثير من مهارات التخاطب والكتابة التي يمكن توظيف الوسائط التكنولوجية في تيسير فهمها.

ـ في الدراسات الاجتماعية: ترد مصطلحات مثل الهضبة، والجبل، والسهل، والطقس، والمناخ، والقارات، والأرض، والخور، والخليج، ... الخ.

وغني عن الذكر أن استخدام المعلم لوسائط الاتصال التعليمية يجنب الطلاب ترديد الألفاظ وكتابتها دون إدراك مدلولها، ودون تكوين صورة ذهنية صحيحة عنها.

3 ـ تساهم في زيادة ثروة الطلاب من الألفاظ الجديدة:

تقوم وسائط الاتصال التعليمية بدور هام في زيادة ثروة الطلاب من الألفاظ الجديدة، ويتضح ذلك مثلاً عند قيامهم برحلة تعليمية لمصنع صابون، فيرى الطلاب خطوات صناعته، ثم يعبّرون عمّا شاهدوه مستخدمين ألفاظاً جديدة ذات معنى واضح بالنسبة لهم، مثل: التسخين، والغليان، والأنابيب، والصودا الكاوية، والقِدر ... الخ.

4 ـ تعمل على إثارة اهتمام المتعلمين وعلى إيجابيتهم للتعلم:

ما الفرق بين فصلين: في أحدهما تقوم المعلمة بالشرح الشفوي (الإلقاء)، وفي الآخر تقوم المعلمة ـ في نفس الموضوع ـ بتجارب عملية، أو يستعمل خريطة أو نموذج؟ تدل المشاهدات على أن الأرجح أن طالبات الفصل الأول يغلب عليهن النعاس والملل، أو الشغب والثرثرة، بعكس طالبات الفصل الثاني اللاتي يبدو عليهن الاهتمام والإيجابية، وتتبُّع الدرس والاندماج والمشاركة فيه.

وإذا أتاحت المعلمة لطالباتها فُرصاً لحل مسألة على السبورة أو تشغيل نموذج متحرك، أو إجراء تجربة في المعمل مثلاً، فالغالب أن كل هذا يؤدي إلى زيادة اهتمام الطالبات واندماجهن في الدرس.

ومع أن بعض المعلمات والمعلمين لديهم القدرة على جذب انتباه الطلبة عن طريق الإلقاء الجيد، إلا أن هذه القدرة قد لا تكون متوفرة لدى الجميع بل إن الاستمرار في الإلقاء حتى لو كان جيداً أمر يثير الملل.

5 ـ تساعد على جعل الخبرات أبقى أثراً:

تتصف وسائط الاتصال التعليمية بأنها تقدم للمتعلمين خبرات حية ـ أو ممثلة لها ـ وقوية التأثير، ويبدو أن هاتين الصفتين تؤديان إلى بقاء أثر ما يتعلمه الطلاب والتقليل من احتمال نسيانه.

وقد بيّنت بعض الدراسات أن الطلبة ينسون حوالي 50 % من المعلومات التي تعلموها بالإلقاء التقليدي بعد عام واحد، وتصل هذه النسبة إلى 75 % بعد عامين من دراستها، في حين بينت البحوث أن وسائط الاتصال التعليمية تساعد على التركيز وتقليل النسيان، وبالتالي تقليل الفاقد في التعليم.

6 ـ تشجّع على النشاط الذاتي والتطبيق العملي لدى الطلبة:

تقوم وسائط الاتصال التعليمية بإثارة الحماس لدى المتعلمين وتُشجعهم على القيام ببعض الأنشطة بدوافع ذاتية، فمشاهدة فيلم عن تسوّس الأسنان قد يشجّع المتعلم على العناية بأسنانه.

وإذا شاهد ـ خلال رحلة تعليمية لمستشفى ـ آثار المخدرات على أجهزة الجسم لبعض المرضى، فربما يدفعه ذلك إلى المشاركة في جمعية لمكافحة المخدرات، وإذا شاهد لوحة عن القيمة الغذائية لبعض الأطعمة فربما ساعده ذلك على اختيار نوع الغذاء الذي يعطيه قدراً أكبر من القيمة الغذائية ... وهكذا.

7 ـ تساهم في زيادة جودة التدريس:

المقصود بجودة التدريس هنا توفير الوقت والجهد والمال وزيادة الوضوح والحيوية، ويمكن أن يتحقق ذلك باستخدام وسائط الاتصال التعليمية، فمثلاً عند عرض المعلم فيلماً تعليمياً لطلابه يوضح مراحل نمو الطفل وخصائص كل مرحلة في وقت قصير، فإن هذا يغني عن ضياع الوقت الطويل للوصول إلى النتائج الواضحة والحية التي يقدمها الفيلم.

ولو أن هذا الموضوع كان جديداً على الطلاب واعتمد المعلم على الشرح اللفظي في تدريسه، فإن ذلك سيستنفذ منه جهداً شاقاً حتى يمكنه توضيحه بنفس كفاءة الفيلم التعليمي المتحرك.

8 ـ تساهم وسائط الاتصال التعليمية في مقابلة الفروق الفردية بين الطلبة:

لوسائط الاتصال التعليمية دور كبير في مقابلة الفروق الفردية بين الطلبة، وكلما كانت هذه الوسائط متنوعة كلما أمكن مساعدة الطلبة على اختلاف قدراتهم وميولهم.

فمثلاً هناك من الطالبات من تميل إلى مشاهدة فيلم تعليمي، ومنهن من تميل إلى المشاركة في رحلة تعليمية، ومن تفضّل استخدام الكمبيوتر في التعلم، وبعضن تميل للاشتراك في تمثيلية تعليمية، وآخريات ترغبن في إجراء التجارب المعملية، وهذا كله يزيل الرتابة والملل عن مواقف التعليم والتعلم، ويعطي الطالبات الخبرات التي تقابل ما بينهن من فروق فردية.

9 ـ تساعد على كسب المهارات وإنمائها:

الطريق نحو تعلُّم المهارات وكسبها هو مشاهدة نموذج للأداء وممارسة هذا الأداء، وكلا الأمرين يتطلب الاستعانة بوسائط الاتصال التعليمية. فتعلُّم مهارة السباحة مثلاً يمكن أن يتحقق عن طريق عرض فيلم تعليمي متحرك عرضاً بطيئاً ليتمكن الطلاب من متابعة مراحل تلك المهارة، وتقليدها، ويلمُّس نواحي الضعف والقوة مما يساعد على استبعاد الحركات الخاطئة وتدعيم الصحيح منها.

10 ـ تساهم في تكوين اتجاهات مرغوب فيها:

إن تكوين الاتجاه المرغوب فيه وتغيير الاتجاه غير المرغوب فيه لا يتحقق بمجرد إلقاء دروس على الطلاب. حقيقة أن تكوين الاتجاهات يحتاج إلى المعلومات، ولكن ليست المعلومات كل شيء، فالقدوة والممارسة في مواقف طبيعية مباشرة، أو باستخدام التقنيات التعليمية الحديثة أجدى وأفعل.

ومن أمثلة ذلك تعديل اتجاهات الطلبة نحو العادات الصحيحة في المرور، والتغذية، والعناية بالصحة، واحترام العمل اليدوي ... الخ. ومما يساعد على تحقيق ذلك التأثير الوجداني الذي تتركه الوسائط في نفوس الطلاب و الطالبات استخدام بعض أساليب الإخراج كالتمثيل والموسيقى والمؤثرات الصوتية والخدع التصويرية ... وغيرها.

11 ـ تساهم في تنويع أساليب التعزيز التي تؤدي إلى تثبيت الاستجابات الصحيحة وتأكيد التعلم:

ولعل أوضح مثال على ذلك استخدام بعض الوسائط التكنولوجية الحديثة مثل التعليم المبرمج، والكمبيوتر المستخدم كمعلم خصوصي، وعن طريق هذه الوسائط يعرف الطالب مباشرة الخطأ أو الصواب في إجابته فور إبدائها، فيتم تعزيز الإجابة الصحيحة فوراً ويستمر في تعلمها.

كذلك الحال في معامل اللغات حيث يستمع الطالب إلى التسجيل الصوتي لأدائه ويتعرف على أخطائه في النطق وكيفية النطق الصحيح، وكذلك أيضاً عند استخدام أجهزة تعليم اللغات، حيث يقارن الطالب نطقه بنطق المدرس المسجّل على شريط صوتي.

12 ـ تساهم في تكوين وبناء مفاهيم سليمة:

تساهم وسائط الاتصال التعليمية في تكوين الطلاب للمفاهيم بصورة صحيحة. فعندما يسمع الطالب مفهوم مفاعل نووي دون الاستعانة بأي وسيط يوضحه، قد يعني عنده مصنع كبير، أو ما شابه.

ولكن عندما يبدأ المعلم بعرض فيلماً تعليمياً يوضح المفاعل النووي، وفكرة مبسطة عن التفاعلات النووية التي يجريها العلماء بداخله، واحتياطات الأمان التي تُتبع في العمل بداخله، فإن الطلاب يكوّنون مفاهيم فرعية سليمة لمفهوم المفاعل النووي.

13 ـ تساهم في زيادة فهم وتفكير المتعلمين:

يتصل المتعلم بعالم الأشياء والظواهر المحيطة به من ضغط وحرارة ورائحة ومذاق عن طريق حواسه، ولا يفهم المتعلم الأشياء أو الحوادث أو الظواهر التي أمامها ما لم تُفسر له.

ولتوضيح دور وسائط الاتصال التعليمية في عملية الفهم:

نعرض لتجربة حدثت لشخص كانت تنقصه إحدى الحواس رواها كنجسلي (Kingsley)، وفيها أُجريت عملية جراحية لشخص وُلد أعمى، وعندما بلغ الثامنة عشر ـ أُجريت له عملية جراحية ـ فأبصر ـ مجموعة غير متناسقة من الأشكال والألوان والأضواء والظلال ... ولكن هل فهم شيئاً مما أبصر ؟

لم يفهم شيئاً، والدليل على ذلك أن الطبيب أخذه نحو النافذة، وسأله إن كان يرى السور الذي في الجانب المقابل للشارع، فأجاب: "لا يا سيدي" لأنه لم تكن لديه فهم صحيح لمعنى السور من بين الأشكال المختلفة التي أبصرها.

أي أن هذا الشاب الذي سمع كلمة سور مرات عديدة، لم يفهمها، لأن الفهم يتطلب الاعتماد على خبرات سبق الإحساس بها، وبخاصة الخبرات البصرية.

ولتوضيح دور وسائط الاتصال التعليمية في عملية التفكير:

حدث أن سأل تلميذ معلمه: "هذه الزهرة بها خيوط !! ما هذه الخيوط ؟" كان باستطاعة المعلم أن يجيب التلميذ لفظياً مباشرة بأنها أعضاء التذكير والتأنيث المهمة في عملية التلقيح وتكوين الثمار. هذه الإجابة تصدم المتعلم بمصطلحات لا قِبل له بها. إنها تطفئ غالباً شغف المتعلم بالعلوم.

لكن المعلم الناضج عمد إلى توجيه المتعلم إلى التفكير بأن يُمكّن المتعلم من تحديد المشكلة بأن سأله: هل جميع الزهور بها مثل هذه الخيوط؟ فقال المتعلم: لا أعلم.. فشجعه المعلم على جمع الأدلة ليتأكد من أن الزهور التي أمامه جميعاً بها خيوط. وعندما تأكد للمتعلم ذلك سأله المعلم: إذاً لا بد أن لهذه الخيوط وظيفة، فكيف نعرف فائدتها؟

واسترسل المعلم موضحاً ـ ومُلمّحاً ـ أنه لو كانت لها فائدة فإنها تظهر عند قطع تلك الخيوط من بعض الأزهار وتركها في أزهار أخرى، وملاحظة مدى وجود فارق بين هذه وتلك، ولو كانت عديمة الفائدة لما ظهر فارق. وللتثبُّت من صحة أحد هذين الفرضين يمكنك القيام بالتجربة السابقة. وعقب قيام المتعلم بالتجربة قبِل الفرض القائل بأن لهذه الخيوط أهمية في إنتاج الثمار.

فكأن المتعلم مر بخطوات التفكير العلمي، واعتمد على خبراته الحسية التي كانت لديه قبل مواجهة المشكلة والتي جمعها في أثناء حلها، ومن خلال مروره بالخبرات المباشرة والوسائط التي أتاحها المعلم له.

14 ـ تعمل على إشباع وتنمية ميول الطلاب:

من خلال وسائط الاتصال التعليمية يستطيع المعلم أن يوفر خبرات حية ومتعددة لتُشبع ميول الطلاب وتزيد من استمتاعهم بمواقف التعليم والتعلم. ويمكن أن تساهم عروض الأفلام والرحلات التعليمية والتمثيليات الدرامية في إشباع هذه الميول وتنميتها.

15 ـ تساهم في معالجة انخفاض المستوى العلمي والمهني لدى بعض المعلمين:

لوسائط الاتصال التعليمية دور هام في علاج مشكلة انخفاض المستوى العلمي والمهني لدى بعض المعلمين أو المعلمات، خاصة إذا كانت هذه الوسائط مُصنّعة بواسطة أخصائيين تربويين في مجال العلوم والتربية، كما أنه يمكن تقديم استراتيجيات حديثة في التدريس من خلال هذه الوسائط وتدريب المعلمين أو المعلمات على ممارستها.

16 ـ تساهم في استغلال المتعلم لحواسه المختلفة:

فمن العيوب التي توجه للطريقة الشائعة (التلقينية) في التدريس أنها لا تتيح الفرص للمتعلم استغلال سوى حاستي البصر والسمع مع ما ينجم عن ذلك من قصور في التعلم، في حين أن هناك حواساً أخرى لا تقل ـ بل في بعض الأحيان تزيد ـ عن هاتين

الحاستين مثل حاسة اللمس وحاسة الشم وحاسة الذوق. ففي الدروس العملية الكيميائية مثلا تصبح هذه الحواس عظيمـة الأهمية.

لكن وكما سبق أن أسلفنا أن مجرد استخدام التقنيات التعليمية لا يقود تلقائيا إلى تحقيق جميع الفوائد السـابقة، بل يتطلب تحقيق الفوائد السابقة مراعاة مجموعة من العوامل التي تساهم في زيادة فعاليتها، وينبغي توفر عوامـل معينـة أهمها:

العوامل التي تساهم في زيادة فعالية استخدام وسائط الاتصال التعليمية:
أولا: عوامل ينبغي أن تتوفر في المعلم المستخدم لوسائط الاتصال التعليمية.

ثانيا: شروط ينبغي أن تتوافر عند اختيار وتصميم وسائط الاتصال التعليمية.

ثالثا: قواعد عامة ينبغي مراعاتها عند استخدام وسائط الاتصال التعليمية.

والآن.. سنتناول كلا منها بشيء من التفصيل:

أولا: العوامل التي ينبغي أن تتوفر في المعلم المستخدم لوسائط الاتصال التعليمية:
إن المعلم الذي يستخدم وسائط الاتصال التعليمية لا بد أن تتوافر فيه كفاءات خاصة لكي يستخدمها استخداما سليما يمكن تلخيصها فيما يلي:

1 ـ أن يكون المعلم ملما بنظريات علم النفس التعليمي وخاصة ما يتعلق بمراحل النمو المختلفة: وبذلك يتمكن مـن تكييف عرض الوسيلة واستخدامها مع استعدادات وميول المتعلمين في كل مرحلة، وإذا لم يتحقـق هـذا الشرط في المعلم فيكون استخدامه للوسائل المختلفة خاطئا في معظمه مما يترتب عليه عـدم جـدواها عنـد استعمالها، وربما يكون لها تأثير سيئ فاقدة بذلك أداء وظيفتها، أي يصبح استخدام الوسيلة قليل أو عديم الفائدة.

2 ـ أن تكون المعلم على دراية بتشغيل الوسيلة التي يريد استخدامها:

لا يكفي أن يكون المعلم ملما بنظريات علم النفس التعليمي، إنما بالإضافة إلى ذلك يجب أن يكون على دراية بتشغيلها لأنه إذا لم يكن كذلك فربما لا يجد من يشغل له جهازا معينا كجهاز السينما مثلا في الوقت المناسب لاستخدامها، ربما لانشغال الشخص الآخر في عمله أو لغيابه، أو لخلافها معه أو لأي سبب آخر مما يترتب عليه تعطيل العمل، بالإضافة إلى أن طلابه ربما لا يقدرونه التقدير الكافي بسبب

اعتماده على الآخرين في تشغيل الأجهزة، ولكن بتوافر هذا الشرط فإن المعلم يشعر باطمئنان في استخدام الوسيلة في الوقت المناسب وبالطريقة التي تتلاءم معه، وكذلك يزيد من تقدير طلبته لها.

3 ـ أن يكون المعلم على دراية بصيانة وسائل الاتصال التعليمية:

لا يكفي أن يكون المعلم على دراية بتشغيل الوسيلة التي يريد استخدامها، وإنما يجب عليه كذلك أن يكون على دراية بصيانة الأجهزة ووسائط الاتصال التعليمية خاصة الحساس منها كأجهزة السينما والفيديو والحاسبات وغيرها من الأجهزة الحساسة وذلك لكي يدوم استعمالها، ويستمر لفترات طويلة. أما في حالة جهل أو عدم دراية المعلم بصيانة هذه الوسائل، فإن ذلك سوف يؤدي إلى قلة فاعلية هذه الأجهزة مما يترتب عليه استبدالها بغيرها مما يكلف نفقات كثيرة.

4 ـ أن يكون المعلم على دراية بمصادر الحصول على وسائل الاتصال التعليمية وعلى أنواع الوسائل المختلفة وفوائدها التربوية:

فإذا تحقق كل ذلك فسوف يكون المعلم على علم كامل بزمن الحصول على الوسيلة، ومكان الحصول عليها، وأنواعها المختلفة، والفوائد التربوية التي تتحقق من استعمالها، مما يترتب عليه زيادة الفاعلية من استخدامها والانتفاع بها، واختيار المناسب منها، طبقاً لطبيعة كل درس. أما إذا لم يتحقق هذا الشرط بسبب جهل المعلم بكيفية الحصول على الوسائل أو معرفة أنواعها أو العلم بفوائدها التربوية فسوف تقل فاعلية التعليم ويصبح قليل أو عديم الجدوى.

5 ـ أن يكون المعلم مُلماً بشروط العرض المناسب لكل وسيلة:

فمثلاً عند استعماله لجهاز السينما، ينبغي أن يكون على علم بأنه محتاج لمكان مُجهّز بالستائر السوداء وبمصدر للتيار الكهربائي، وبالمسافة المناسبة التي يجلس عندها الصف الأول من المشاهدات، وغيرها من الشروط.

6 ـ أن يكون المعلم مؤمناً ومقتنعاً بالدور المهم الذي يمكن أن تحققه وسائل الاتصال التعليمية في التعليم:

فإذا تحقق هذا الشرط فسوف يكون المعلم مُقتنعاً باستعمال وسائل الاتصال التعليمية ليس فقط لمجرد الاستعمال، وإنما عن إيمان واقتناع بدورها الفعّال في المواقف

التربوية المختلفة. أما إذا استعملها تقليداً لغيره، أو خوفاً من قرارات المشرف التربوي، أو لمجرد تضييع الوقت، أو لراحته الشخصية وليس عن اقتناع بأهميتها فسوف يؤثر ذلك على النتائج المرجوة من استخدامها.

ثانياً: الشروط التي ينبغي أن تتوافر عند اختيار وسائط الاتصال التعليمية:

على فرض أنه صار أمام المعلم أكثر من وسيلة تحقق الغرض، فعلى أي أساس يختار بينها؟ يجدر بالمعلم أن يسأل نفسه:

- لماذا يستخدم هذا الفيلم بالذات؟ أو هذه الاسطوانة المدمجة؟ أو تلك الشفافيات؟ وأيها يحقق غرضه بكيفية أفضل؟
- وهل الوقت الذي تستغرقه هذه الوسيلة أو تلك يتناسب مع ما ستحققه من فوائد؟
- وهل يمكن أن تغني المناقشة والقراءة عن هذه الوسيلة أو تلك؟
- وهل تجدي مع طلبته؟
- وهل المادة التعليمية التي تقدمها الوسيلة موثوق بها؟ وتساعد على تحقيق أهداف الدرس ومتصلة بموضوعه؟
- وهل المادة التعليمية المتضمنة في المواد التعليمية تناسب مستوى إدراك الطلاب وأعمارهم؟ وتناسب قدراتهم؟
- وهل تثير الوسيلة في الطلاب أسئلة جديدة ومزيد من حب الاستطلاع، ومزيد من الاستمتاع، وتطرح مشكلات ورغبة في إجراء التجارب وممارسة أوجه نشاط إبتكارية وتطبيقات جديدة؟
- وهل يسهل استخدام الوسيلة؟ أم أن في استخدامها أخطاراً؟
- وهل ثمنها مناسب؟ وكيف يُقارن ثمنها بأثمان الوسائل الأخرى؟

كل هذه التساؤلات وغيرها تمكن المعلم أو المعلمة من الإجابة عنها من خلال المعرفة للشروط التي ينبغي توافرها عند اختيار الوسائل التعليمية ويمكن إجمالها فيما يلي:

1 ـ أن تكون الوسيلة ذات قيمة تربوية من حيث توفيرها للوقت والجهد والمال:

فإذا لم يتحقق أي عامل من هذه العوامل كتضييعها الوقت مثلاً بدلاً من توفيره كأن تكون خارجة عن نطاق ما يُدرس، أو تحتاج إلى جهد أكبر عند استعمالها، وكأن تكون معقدة التركيب أو تحتاج إلى مال كثير لشرائها فيحسن بالمعلم عدم الاستعانة بها، أو التعليم بدونها أو اختيار غيرها.

2 ـ أن تكون الوسيلة مفهومة لدى الطلبة:

قد يكون الوسيط التقني مفيد لمرحلة من المراحل، ولكنه لا يفيد مرحلة أخرى.

فمثلاً عند دراسة الجهاز الهضمي في دروس الأحياء قد لا يكون الفيلم التعليمي الذي يحمل اسم الجهاز الهضمي مناسباً للمرحلة الإعدادية، ولكنه يتناسب مع المرحلة الثانوية، فعند عرضه بالمرحلة الإعدادية فسوف يكون قليل أو عديم الجدوى لاحتوائه على معلومات قد يصعب على طلبة المرحلة الأساسية استيعابها، وبذلك فسوف يكون استعمالها عديم القيمة التربوية.

3 ـ أن تكون الوسيلة واضحة من حيث رسمها والبيانات والألوان وتناسب حجم أجزائها المختلفة:

تفتقر بعض المواد التعليمية إلى الوضوح من حيث رسمها والبيانات عليها، أو ألوانها، أو تناسب حجم أجزائها المختلفة مما يؤثر تأثيراً كبيراً عند استعمالها.

فمثلاً عند استعمال صورة مرسومة تقنياً للجهاز الهضمي في الإنسان ينبغي مراعاة نسب حجم وأطوال أعضاءه المختلفة كالفم والبلعوم والمريء والمعدة والأمعاء الرفيعة والغليظة ... الخ، كما أن رسم الجهاز ينبغي أن يكون واضحاً مع استخدام الألوان المناسبة القريبة من لونها الطبيعي بقدر الإمكان، فإذا لم تتوفر هذه الشروط فسوف يكون من الخطأ اختيارها.

4 ـ أن يكون اختيار الوسيلة متمشياً مع مكان عرضها وظروفها:

فمثلاً عند استخدام شاشة لعرض أي مادة تعليمية من خلال جهاز العرض (بروجكتور) أو السينما التعليمية أو عرض بيانات الكمبيوتر من خلال جهاز العرض (Data Show) يجب على المعلم أن يكون متأكداً من المكان المهيأ لاستخدام هذه الشاشة، وكذلك عند اختياره فيلماً تعليمياً لعرضه على الطلاب ينبغي على المعلم أن

يكون متأكداً من المكان الذي سيُعرض فيه من حيث إظلام المكان ووجود مصدر كهربائي، وإلا قلت أو انعدمت فائدة اختيار هذا الفيلم لعرضه.

5 ـ أن يكون اختيار الوسيلة متمشياً مع أهداف الدرس:

ينفرد كل درس بأهداف خاصة تميزه عن غيره، وبذلك فربما يكون الأفضل لدرس من الدروس اختيار نموذج معين بدلاً من عرض فيلم، أو القيام برحلة تعليمية لمكان معين بدلاً من سماع شريط مُسجّل، أو التفاعل مع جهاز كمبيوتر أو جهاز فيديو تفاعلي، وهكذا ... ولذا يجب أن يكون اختيار الوسيلة قائماً على الأهداف التي يضعها المعلم عند تدريسه لموضوع معين.

ثالثاً: القواعد العامة التي ينبغي مراعاتها عند استخدام الاتصال التعليمية:

1 ـ تحديد الغرض من استعمال الوسيلة:

لا يعتبر مجرد استخدام وسيلة تعليمية أو أكثر في الدرس ضماناً لاستفادة واستمتاع الطلبة: فرُبَّ معلم يدخل الحصة لتدريس موضوع عن الجهاز التنفسي في الإنسان، وكان معه فيلم عن الجهاز التنفسي في الإنسان، وعند بدء عرضه في الصف، سرعان ما تساءل الطلبة: "ما مناسبة عرض هذا الفيلم؟ وما الغرض منه؟ وما علاقته بمنهجنا؟ " وساد الدرس الهرج، وشعر المعلم بفشل العرض، وتساءل عن أسباب الفشل، فوجد أنه لو شوّق الطلاب إلى موضوع الدرس، وموضوع الفيلم قبل عرضه، وما ينبغي أن يركّز الطلاب عليه أثناء مشاهدتهم للفيلم، أو لو أنه عرض مشكلة تتطلب حلاً يجده الطلاب في الفيلم لكان شوق الطلاب واهتمامهم به كبيراً، ولكانت فائدته المتوقعة عظيمة.

من هذا المثال يتضح أنه من الضروري تحديد الغرض أو الأغراض للطلبة قبل استخدام أي وسيلة تعليمية.

وعلى ذلك فالمعلم الناجح ينبغي أن يكون على علم بالهدف الذي ستحققه الوسيلة عند استخدامها، وعليه أن يجيب عن الأسئلة التي تدور في ذهنه قبل استخدام الوسيلة مثل سبب استخدامها، والفوائد التي تعود على الطلبة من استخدامها، وعن مدى الحاجة إليها، وعن مدى ما تساهم فيه في موقف التعليم ـ التعلم، ولا يقتصر

تحديد الهدف بالنسبة للمعلم وحده، بل يجب أن يتعداها إلى معرفة الطلبة أنفسهم بالهدف من استخدام الوسيلة، ويمكن أن تكون هذه المعرفة مباشرة أو ضمنية يحس الطلاب بأهميتها بالنسبة لهم.

2 ـ أن يقوم المعلم بتجربة الوسيلة قبل استخدامها:

أراد معلم أن يشرح درس عن الحصان وغذائه، وعلاقة ذلك بأسنانه، وتأكيد أن الحصان ليس له أنياب لأنه يأكل الأعشاب، ودخل المعلمة الحصة بعد أن كلف طالب بإحضار لوحة عن الحصان (لم يسبق له مشاهدتها)، وفي اللحظة المناسبة قام المعلم بعرض اللوحة، فإذا بها لحصان فعلاً، ولكنه حصان ما قبل التاريخ، إنه حصان له أنياب واضحة، فارتبك المعلم وفشل الدرس.

وقد حدث أن أرادت معلمة العلوم أن تثبت أن الغاز المتصاعد في تجربة معينة هو غاز ثاني أكسيد الكربون الذي يمتاز بقدرته على تعكير ماء الجير الصافي، وبالفعل مررت المعلمة هذا الغاز في مخبار مكتوب عليه "ماء الجير"، لكن لم يحدث تعكير لأن الزجاجة كان بها ماءً عادياً، وفشل التجربة يرجع إلى أن هذه المعلمة لم تتثبت قبل الدرس من محتويات تلك الزجاجة.

ولذلك ينبغي أن يقوم المعلم بتجربة الوسيلة التي اختارها وذلك قبل عرضها على الطلاب لعدة أسباب منها:

(أ) الحكم على الوسيلة قبل الاستعمال.

(ب) التأكد من دقة المعلومات المتضمنة في الوسيلة قبل العرض.

(ج) التأكد من صلاحية الوسيلة للاستعمال.

3 ـ أن تتوافر الاستعدادات والإمكانات لاستخدام الوسيلة:

هناك بعض الوسائل تحتاج إلى استعدادات وإمكانات خاصة عند استخدامها، ولذلك يلزم توفير كل الاستعدادات، فمثلاً عند رغبة المعلم أو المعلمة في عرض فيلم سينمائي فيجب التأكد من إظلام مكان العرض، ومن سلامة الجهاز للعرض، وكذلك مدى ملائمة التيار الكهربائي في مكان العرض ... الخ.

وعند الرغبة في القيام برحلة علمية يجب التأكد من إخطار الجهات التي سيزورها الطلبة، وكذلك موافقة المدرسة وأولياء الأمور وحجز المواصلات وحجز الفندق ... الخ.

4 ـ أن تُستخدم الوسيلة في الموعد المناسب:

يجب على المعلم أن يستخدم الوسيلة في الموعد المناسب للاستخدام، أي في الوقت الذي يراه مناسباً لتقبُّل الطلاب له، واستعدادهم وتهيؤهم الذهني له، وذلك لكي يكون استخدامها طبيعياً وليس مُفتعلاً، ولكي يتلاءم استخدامها مع باقي خطوات الدرس، وبذلك يتحقق الهدف من استعمالها.

ويُفضل في معظم الأحيان ألاّ يظهِر المعلم أو المعلمة الوسيلة أو الوسائل التي ستستخدم في الدرس إلا في الموعد المناسب، حيث يجب إخفاء هذه الوسيلة أو هذه الوسائل وعدم إظهارها إلا في الوقت المناسب، وبذلك يكون استخدام الوسيلة وظيفياً، لا لمجرد اللهو والزخرفة.

5 ـ أن تُستخدم الوسيلة في المكان المناسب:

يجب أن يختار المعلم المكان المناسب لعرض الوسيلة، وهو المكان الذي يسمح بتسلسل الأفكار وحُسن تتبُّع الدرس واستفادة الطلاب. وقد يكون هذا المكان هو الحصة، أو المختبر، أو فناء المدرسة، أو مسرحها، أو المكان الذي يقصده الطلاب في رحلة تعليمية ... الخ. وتتدخل عوامل كثيرة في تحديد المكان منها:

- عدد الطلبة الذين ستُعرض الوسيلة عليهم.
- إمكانيات المكان نفسه.
- نوع الوسيلة المُزمع استخدامها.

وغير ذلك من العوامل.

6 ـ أن يقوم كل من المعلم والطلاب بدور إيجابي فعّال أثناء استخدام الوسيلة:

من الضروري أن يقوم كل من المعلم والطلاب بدور فعّال ونشط أثناء استخدام الوسيلة، ولتحقيق ذلك ينبغي أن يتيح المعلم للطلاب فرص التعبير عن أنفسهم واستجلاء الغامض عنهم والربط بين الخبرات التي يمرون بها.

فمثلاً عند عرض فيلم تعليمي متحرك يجب على المعلم أن يتكلم عن الفيلم في صورة مقدمة صغيرة وعليه كذلك إذا لزم الأمر أن يعلق على أجزاء منه أثناء العرض، وإذا كان الفيلم يتضمن مصطلحات جديدة قد تعوق تسلسل أفكار الطلاب، فعلى المعلم أن يذلل هذه العقبة أولاً بأول بأن يتثبّت من أن الطلاب فهموا المقصود بهذه المصطلحات، ثم عليه تقويم الفيلم بعد عرضه، أما الطلاب فعليهم تسجيل ملاحظاتهم ومشاهداتهم على الفيلم وحسن متابعتهم له، وسؤالهم المعلم والحوار معه عن الفيلم ... الخ.

7 ـ أن يقوم المعلم بتقويم الطلاب لما حققته الوسيلة من أهداف:

لا ينتهي استخدام الوسيلة بانتهاء عرضها: إنما يلزم التثبُّت من استفادة الطلاب منها، وفهمهم محتوياتها بدقة، وربطهم لما في الوسيلة من مادة بما سبق عرضه في الدرس من خبرات، وحُسن الاستنتاج واستقامة التفكير، أي أنه يلزم تقويم الطلاب، أي التأكد من أنهم ـ بمشاهدتهم أو سماعهم للوسيلة، أو تعاملهم معها ـ قد حققوا الأغراض التي كانوا ينشدونها من استخدام الوسيلة، سواء كان هذا الغرض إشعارهم بمشكلة، أو مقارنة عمليتين، أو تعلم مهارة.. أو غير هذا من الأغراض.(د. يسري السيد)

السبورة الإلكترونية - التقنية القادمة للزلفي

من خلال السبورة الإلكترونية يستطيع المعلم أو المعلمة الشرح على السبورة بالكتابة فيها والرسم عليها وعلى الشرائح بحيث يرى ذلك جميع الطلاب. ويتيح البرنامج مسح محتويات السبورة، وعرض الشرائح التوضيحية (بوربوينت) وملفات الصور فيها. وتوفر السبورة الإلكترونية جميع الأدوات التي يحتاجها المعلم للشرح والكتابة وتحميل الشرائح وحذفها.

مصادر المعلومات المحوسبة:

يعتبر استخدام الحاسوب في مراكز مصادر التعلم جانبا مهما في خزن المعلومات ومعالجتها واسترجاعها وبثها، ويعد تطورا إيجابيا في توفير المعلومة المناسبة والشاملة والدقيقة للمتعلمين والباحثين، وتنقسم المواد الإلكترونية إلى:

1- القرص المرن الحاسوبي وهو عبارة عن قرص ممغنط يمكن قراءة ملفات الحاسوب منه، أو كتابتها عليه

2- القرص الضوئي الحاسوبي وهو قرص متحرك غير مرن يستعمل لخزن البيانات في شكل ضوئي وتستخدم فيه أشعة الليزر في تخزين المعلومات واسترجاعها ومن أمثلته: CD Rom ويمتاز بإمكاناته التخزينية الفائقة، وسرعته الكبيرة في استرجاع المعلومات

3- القرص الصلب: وهو قرص ممغنط غير مرن ويكون عادة مثبتا داخل الجهاز، أو يكون متحركا ويستخدم لقراءة البرامج وكتابة المعلومات.

العوامل التي أثرت في تطور المواد غير المطبوعة:

1- **العوامل التربوية:** لقد أبرزت النظريات التربوية الحديثة أهمية تعدد مصادر التعلم وعدم الاقتصار على الكتاب المقرر، كما ركزت على تفريد التعليم ومساعدة الطالب على تطوير نفسه حسب قدرته وبطريقته الخاصة. ولتسهيل ذلك وجدت أشكال مختلفة واستراتيجيات متنوعة منها المشاريع الفردية والتعليم المبرمج، التعلم التعاوني. وقد تطلب توفير هذه التقنيات توفير مصادر للتعلم يعتمد عليها أكثر من الكتاب المدرسي المقرر. وبرزت المواد غير المطبوعة لتلبي حاجات التعلم الحديثة للمعلم والمتعلم. وتمكن هذه المواد المعلم من أن يقدم المعلومات بطريقة أكثر فاعلية ويعزز محاضراته بالشفافيات أو الشرائح المعبرة عن الموضوع أو المجسمات والنماذج والعينات التي تعطي صورة حية لموضوع الدرس مما يجعل أثر التعلم باقيا لفترة أطول

2- **العوامل الاجتماعية:** لم يقتصر استخدام مواد غير الكتب في مجال التربية بل تعداه إلى عدة مواقع في المجتمع، فالتلفزيون والراديو يلعبان دورا مسيطرا في حياة الأفراد سواء في نشر المعلومات العامة مثل إذاعة الأخبار أو البرامج التربوية.. الخ وشمل استعمال

مواد غير الكتب جميع فئات المجتمع. ونتيجة لذلك أصبحت مراكز مصادر التعلم تدرك أهمية ازدياد نسبة مواد غير الكتب في مجتمعاتها

3- **العوامل المهنية:** لقد احتلت مواد غير الكتب مكانها في مراكز مصادر التعلم حيث أن الكثير منها يطبق تكنولوجيا التربية وتدريب الطلاب والمعلمين على استخدام الحاسب الآلي واستخدام خدمات مركز مصادر التعلم التي تعرض عن طريق الشريط والشريحة والفيلم والتسجيل التلفزيوني.وكذلك تستخدم مواد غير الكتب بكثرة للمستفيدين من الأطفال وخصوصا عند سرد القصص عليهم.

أهمية المواد غير المطبوعة في التعليم:

استخدمت المواد غير المطبوعة في التعليم لتوفير أكبر قدر ممكن من الخبرات المتنوعة التي تحقق الأغراض التالية:-

- المساعدة في الإسراع بعملية التعليم وتوفير الوقت والجهد والمال
- تزويد المتعلم بخبرات تعليمية تتناسب مع استعداداته وقدراته وميوله.
- إبقاء أثر التعليم وجعله أكثر ثباتا في ذهن المتعلم.
- المساعدة في تسلسل الأفكار والخبرات وترابطها خلال الموقف التعليمي.
- زيادة فعالية المتعلم ونشاطه الذاتي ودوره الإيجابي في العملية التعليمية

الفصل الخامس

تكنولوجيا التعليم الجامعى والبحث العلمى

مقارنة بين التعليم التقليدي والتعليم الالكتروني

يجابه عالم اليوم الكثير من التحديات التي تعترض مسيرة حياته، ويعاني من تغيرات سريعة طرأت على شتى مناحي الحياة الاجتماعية والاقتصادية والسياسية والتربوية مما جعل من الضروري على المؤسسات التعليمية على خلاف أنواعها ومستوياتها أن تواجه هذه التحديات بتبني وسائل تربوية معاصرة وأنماط غير مألوفة، وان تكيف نفسها وفق ظروف العصر ومقتنياته.

ولعل المتأمل لصورة التعليم اليوم يجد أنها قد تغيرت عن عالم الأمس القريب تغيراً جذرياً، وستتغير على الدوام، ذلك لأن نظام التعليم المستقبلي لم يعد ينظر إليه على اعتبار الطالب مستودعاً للمعلومات كما كان في الماضي القريب " الأسلوب البنكي في التعليم "، وإنما أضحى التعليم أداة من أدوات الحركة والتغير، وإكساب المهارات والاتجاهات المختلفة التي تمكن الأفراد من النمو الحقيقي، وبالمثل فلقد أصبح من ابرز أغراض التعليم اليوم تنمية الوعي والإدراك لدى أفراد المجتمع بما يدور حولهم وتوجيههم للعيش في مجتمع متغير ومتجدد.

وبما أن العالم يعيش ثورة علمية وتكنولوجية كبيرة، كان لها تأثيرا على جميع جوانب الحياة، أصبح التعليم مطالبا بالبحث عن أساليب ونماذج تعليمية جديدة لمواجهة العديد من التحديات على المستوى العالمي منها زيادة الطلب على التعليم مع نقص عدد المؤسسات التعليمية، وزيادة الكم المعلوماتي في جميع فروع المعرفة، فظهر التعليم الالكتروني E-Learning ليساعد المتعلم في التعلم في المكان الذي يريده وفي الوقت الذي يفضله دون الالتزام بالحضور إلى قاعات الدراسة في أوقات محددة.

ويمكن تعريف عملية التعليم على أنها:

"توفير خدمة التعليم لعدد كبير من الأفراد يتم تقسيمهم إلى مجموعات متعددة، من خلال مجموعة من الأفراد المتخصصين (الخبراء والمدرسون)، باستخدام وسائل وأدوات مختلفة في طبيعتها ومكوناتها، وذلك في مكان ما ضمن موقع جغرافي معين، يلتقي فيه الجميع في زمن ما، يتم تحديده وجدولته مسبقا".

ولو استعرضنا مراحل تطور التعليم نجد انه ينقسم إلى أربعة مراحل:

المرحلة الأولى: " قبل عام 1983 م "

عصر المعلم التقليدي حيث كان الاتصال بين المعلم والطالب في قاعة الدرس حسب جدول دراسي محدد.

المرحلة الثانية: " من عام 1984 م إلى عام 1993م "

عصر الوسائط المتعددة حيث استخدمت فيها أنظمة تشغيل كالنوافذ والماكنتوش والأقراص المغنطة كأدوات رئيسة لتطوير التعليم.

المرحلة الثالثة: " من عام 1993 م إلى عام 2000 م "

ظهور الشبكة العالمية للمعلومات " الانترنت ".

المرحلة الرابعة: " من عام 2001 وما بعدها "

الجيل الثاني للشبكة العالمية للمعلومات حيث أصبح تصميم المواقع على الشبكة أكثر تقدما.

التعليم التقليدي:

من المعروف أن التعليم التقليدي ومنذ نشأته الأولى والتي بدأت بتوارث الابن مهنة الوالد، والبنت أمها في أعمال المنزل، والى أن ظهرت المدرسة ذات الأسوار والأنظمة والتقاليد ودورها في نقل التراث الثقافي والحضاري والمحافظة عليه من جيل إلى آخر ينهض على ثلاثة ركائز أساسية هي المعلم والمتعلم والمعلومة. ولا تعتقد انه مهما تقدم العلم والعلوم وتقنياتها يمكن الاستغناء عنه كلياً لما له من ايجابيات لا يمكن أن يوفرها أي بديل تعليمي آخر، حيث يبرز من أهم ايجابياته التقاء المعلم والمتعلم وجهاً لوجه. وكما هو معلوم في وسائل الاتصال أن هذا الالتقاء يمثل أقوى وسيلة للاتصال

ونقل المعلومة بين شخص احدهما يحمل المعلومة والآخر يحتاج إلى تعلمها، ففيها تجمع الصورة والصوت والأحاسيس والمشاعر، وحيث تؤثر على الرسالة والموقف التعليمي كاملاً وتتأثر به، وبذلك يمكن تعديل الرسالة، ومن ثم يتم تعديل السلوك نحو المرغوب منه وبالتالي يحدث النمو، وتحدث عملية التعلم. فنلاحظ أن التعليم التقليدي يعتمد على " الثقافة التقليدية " والتي تركز على إنتاج المعرفة، فيكون المعلم هو أساس عملية التعلم، فنرى الطالب سلبياً يعتمد على تلقي المعلومات من المعلم دون أي جهد في الاستقصاء أو البحث لأنه يتعلم بأسلوب المحاضرة والإلقاء، وهو ما يعرف بـ" التعليم بالتلقين".

وإذا نظرنا إلى عملية التعليم، نجد أن مدخلات عملية التعليم تشمل العديد من الموارد التي يمكن تلخيصها في التالي:

- موارد بشرية تتمثل في القوى العاملة المطلوبة لتقديم الخدمة والقوى العاملة المطلوبة لمساندة تقديم الخدمة، من إداريين وعمال وما شابه.
- معدات وأدوات تتمثل في كافة الوسائل التي تستخدم لتنفيذ عملية التعليم.
- أنظمة ولوائح وإجراءات عمل تتمثل في الأساليب الإدارية المستخدمة لإدارة عملية التعليم.
- خطط وبرامج عمل ومناهج تعليمية.
- موارد مالية تتمثل في النفقات الباهظة التي تتكبدها المنظمات التعليمية في سبيل استمرارية توفير مستلزمات التعليم وتأمين الكفاءات البشرية اللازمة.

أما مخرجات العملية فهي باختصار بسيط تتمثل في تجهيز أو إعداد أفراد يتمتعون بقدر من المعرفة والمهارة في مواضيع محددة، يمتلكون بعض التأهيل المناسب لسوق العمل.

عناصر العملية التعليمية:

- المستفيدون: وهم تلك الفئة من المجتمع التي يتم تصنيفهم بالطلاب (طالبي العلم، أو طالبي خدمة التعلم).

- الخبراء: يتم تنفيذ التعليم من خلال أفراد مؤهلين للقيام بها وعلى درجة عالية من الخبرة والكفاءة، ويتم تصنيفهم في المجتمع بالأساتذة أو أعضاء هيئة التدريس، ويتركز دورهم على توصيل المعرفة إلى المستفيدين.

- المكان والتجهيزات: حيث يتطلب تقديم الخدمة التعليمية توفير الأماكن المناسبة لكي يجتمع فيها كل من المستفيدين والخبراء.

- الزمان: حيث يتعين أن يلتقي الخبراء والطلبة في المكان المخصص في زمن معين.

- الاتصال: حيث يتعين أن يكون الخبير على اتصال مباشر بمتلقي الخدمة (المستفيد) ليتمكن من نقل المعرفة إليه بالاستعانة بمناهج وأدوات وأساليب متنوعة.

- الإدارة والتنظيم: حيث يتعين وجود أنظمة إدارية متكاملة توفر آليات وإجراءات عمل لمساندة عملية التعليم، ونظم للمعلومات توفر سجلات وخطط وبرامج وجداول لتسهيل تنفيذ العملية.

ولكن نظرا للتضخم السكاني وعجز الجامعات عن استيعاب الكم الهائل من الطلاب في مقاعدها إضافة إلى بعد المسافة بين المتعلم والمؤسسة التربوية أحيانا كثيرة.ظهر التعليم عن بعد كبديل عن التعليم التقليدي.

والتعليم عن بعد هو تعليم جماهيري يقوم على فلسفة تؤكد حق الأفراد في الوصول إلى الفرص التعليمية المتاحة بمعنى أنه تعليم مفتوح لجميع الفئات، لايتقيد بوقت وفئة من المتعلمين ولا يقتصر على مستوى أو نوع معين من التعليم فهو يتناسب وطبيعة حاجات المجتمع وأفراده وطموحاتهم وتطوير مهنهم.

ولقد أثبتت البحوث التي أجريت على نظام التعليم عن بعد أنه يوازي أو يفوق في التأثير والفاعلية نظام التعليم التقليدي وذلك عندما تستخدم هذه التقنيات بكفاءة.

مفهوم التعليم عن بعد:

لقد تعددت التعريفات التي وضعت حول مفهوم أو مضمون التعليم عن بعد، ومنها على سبيل المثال تعريف الجمعية الأمريكية للتعليم عن بعد (The United States Distance Learning Association):(USDLA)

" التعليم عن بعد هو توصيل للمواد التعليمية أو التدريبية عبر وسيط تعليمي الكتروني يشمل الأقمار الصناعية وأشرطة الفيديو والأشرطة الصوتية والحاسبات وتكنولوجيا الوسائط المتعددة أو غيرها من الوسائط المتاحة لنقل المعلومات".

أما الشرهان (2001 م) فيرى أن التعليم عن بعد هو:" احد أساليب أو تطبيقات التعليم المستمر التي تتضمن مسميات متعددة منها: التعليم بالمراسلة، التعليم مدى الحياة، التعليم الممتد، والهدف منه هو إتاحة الفرص التعليمية المستمرة طيلة حياة الفرد من اجل تنميته تعليمياً عبر التعليم غير الرسمي أو غير النظامي".

من خلال ما سبق يتضح أن التعليم عن بعد يستخدم الكلمة المطبوعة كما يستخدم غيرها من وسائل الاتصال الحديثة مثل محطات التلفاز أو محطات الأقمار الصناعية لتقديم المادة العلمية عبر مسافات بعيدة ولا يحتاج إلى توفر الفصول الدراسية، وإنما يكتفي بوجود مساعد مدرس (مرشد TUTOR) ومؤسسة تعليمية تتولى الإشراف على تنفيذ العملية التعليمية بين المعلم والمتعلم.ومن ثم فالتعليم عن بعد هو تقنية تشترك فيها كل من التكنولوجيا الحديثة، والكتب الدراسية، والاتصالات الشخصية، لتحل محل المعلم والمدرسة التقليدية.لذلك نجد بعض الآراء التربوية تنظر إلى التعليم.عن بعد على انه تجديد للتربية، وان احتمالات نموه مستمرة مستقبلاً بسبب مرونته، واستجابته السريعة لعدد من احتياجات الأفراد وطبيعة العصر ومتطلبات المجتمع.

ويعتبر التعليم الالكتروني هو أساس التعليم عن بعد وهو احد نماذج التعليم عن بعد، حيث يكون للمتعلم الدور الأساسي في البحث والمبادرة وفي تبادل المعلومات. فالتعليم الالكتروني ليس هو التعليم عن بعد، فليس كل تعليم الكتروني لابد وان يتم

من بعد؛ ولكن التعليم الالكتروني هو احد أشكال ونماذج التعليم عن بعد، وانه يمكن أن يتم داخل جدران الفصل الدراسي بوجود المعلم.

التعليم الالكتروني:

يعتبر التعليم الالكتروني من الاتجاهات الجديدة في منظومة التعليم، والتعلم الالكتروني E-Learning هو المصطلح الأكثر استخداما حيث نستخدم أيضا مصطلحات أخرى مثل: Electronic Education \ Online Learning \ Virtual Learning \ Web Based Education. ويشير التعلم الالكتروني إلى التعلم بواسطة تكنولوجيا الانترنت حيث ينتشر المحتوى عبر الانترنت أو الانترانت أو الاكسترانت، وتسمح هذه الطريقة بخلق روابط Links مع مصادر خارج الحصة.

ويقدم التعليم الالكتروني نوعين أو نمطين من التعليم:

اولاً: التعليم التزامني Synchronous E-Learning:

وهو التعليم على الهواء الذي يحتاج إلى وجود المتعلمين في نفس الوقت أمام أجهزة الكمبيوتر لإجراء المناقشة والمحادثة بين الطلاب أنفسهم وبينهم وبين المعلم عبر غرف المحادثة (Chatting) أو تلقي الدروس من خلال الفصول الافتراضية Virtual classroom.

ثانياً: التعليم غير التزامني Asynchronous E-Learning:

وهو التعليم غير المباشر الذي لايحتاج إلى وجود المتعلمين في نفس الوقت أو في نفس المكان، ويتم من خلال بعض تقنيات التعليم الالكتروني مثل البريد الالكتروني حيث يتم تبادل المعلومات بين الطلاب أنفسهم وبينهم وبين المعلم في أوقات متتالية، وينتقي فيه المتعلم الأوقات والأماكن التي تناسبه.

ولقد جمعت الشبكة العنكبوتية العالمية World Wide Web (WWW) بين التعليم التزامني والتعليم غير التزامني، فالتعليم يتم في كل وقت، ويمكن تخزينه للرجوع إليه في أي وقت.

ويعرف التعليم الالكتروني بأنه " استخدام الوسائط المتعددة التي يشملها الوسط الالكتروني من (شبكة المعلومات الدولية العنكبوتية " الانترنت " أو ساتيلايت أو

إذاعة أو أفلام فيديو أو تلفزيون أو أقراص ممغنطة أو مؤتمرات بواسطة أو بريد الكتروني أو محادثة بـين طرفين عبر شبكة المعلومات الدولية) في العملية التعليمية ".

مكونات منظومة التعليم الالكتروني:

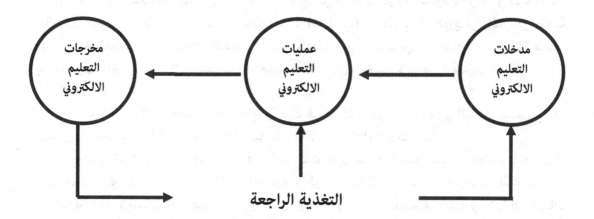

وللمقارنة بين هذين النوعين من التعليم،نجد ان هناك دراسات متعددة لتحديد مدى فاعليـة أي منهما، نذكر منها:

دراسة قام بها الباحث بيلجين افينوجلو Bilgin Avenoglu

من جامعة MIDDLE EAST TECHNICAL UNIVERSITY

بتاريخ مايو 2005 م

بعنوان

USING MOBILE COMMUNICATION TOOLS IN WEB BASED INSTRUCTION

تنـاقش هـذه الدراسـة مـدى إدراك وتفاعـل الطـلاب وإقبـالهم لاسـتخدام الاتصـالات المتنقلـة في الدورات التعليمية عبر الانترنت. حيث إن بوابة التعليم المتحرك من الممكن ولوجها عبر الطرازات المختلفة للتعلـيم المتحـرك المصـممة لهـذا الهـدف. وهـذه البوابـة تتضـمن: منتـديات النقـاش، ونظام المعلومـات العلمية.كما تناقش هذه الرسالة كذلك الاستفادة من استخدام الرسائل القصيرة عبر أجهزة التعليم المتحرك وكيفية إرسال الواجبات واستلام النتائج.

عينة الدراسة:

خمسة وستين طالب من طلاب الحاسوب وتكنولوجيا ادارة تربويه جامعة الشرق الاوسط التقنيه. 29 من 65 طالبا في هذه الدراسه بين 18 و 22 عاما و 36 من 65 طالبا تتراوح اعمارهم بين 23 و 27 عاما. 48 طالبا من الذكور و17 طالبة من الاناث. معظم الطلبة (60طالب) من طلاب البكالوريوس واثنان من طلاب الماجستير و 3 طلاب دكتوراه. وكان الطلاب في هذه الدراسه من متمرسي استخدام الانترنت: 34 منهم يستخدمون الانترنت من 3 الى 5 سنوات و31 منهم يستخدمون الانترنت لاكثر من 5 سنوات.

تحليل النتائج:

تم تحليل النتائج باستخدام spss.وكانت قيمة الفا كرونباخ تساوي للبنود القياسية.،893 وتساوي.،891 بنود غير القياسية، وهذه القيمه مقبوله لابحاث العلوم الاجتماعية.

وتثبت الدراسة في ختامها أن غالبية الطلاب يستمتعون عند استخدام تقنيات التعليم المتحرك في دراستهم ويطلبون تعميمه على كل المواد الدراسية. ولكن الدراسة تقرر أيضا أنه رغم هذه الرغبة لدى الطلاب فإننا قد لا نلمس على نفس المستوى تجاوبا وتفاعلا وارتقاء في المستوى الدراسي. كما أن تقنيات التعليم المتحرك لا تدعم التواصل بين الطلاب أنفسهم أو بين الطلاب والأساتذة. وقد يكون مقبولا لدى الطلاب استخدام الأجهزة التقنية المتنقلة ولكنهم يواجهون صعوبة في التعامل مع الشاشات صغيرة الحجم لهذه الأجهزة وكذلك صغر مساحة لوحة المفاتيح كما أن التكلفة المالية التي يترتب عليها استخدام هذه التقنيات لا يقل بل ربما يزيد على العناية بأمن الأجهزة المستخدمة في التعليم المتحرك.

كما ان هناك دراسة قدمها الباحث

–Rose Frances Lefkowitz, EdD, RHIA 2006

بعنوان

Enhancement of Achievement and Attitudes toward Learning of Allied Health Students Presented with Traditional versus Learning-style Instruction on Medical/Legal Issues of Healthcare.

تهدف هذه الدراسة لتحديد ما إذا كان هناك فرق في مستوى اداء وانجاز الطلاب عنـد تدريسـهم بطريقة التعليم الاليكتروني بنظام CAP عن الطرق التقليدية.

عينة الدراسة:

86 طالب من طلاب كلية الصحة، في اطار جامعة الدول الواقعة في مناطق حضريه.

توزيع الطلاب في الدراسه، كما يلي: الفئة 1: برنامج التصوير التشخيصي الطبية (ن = 22) ؛ الفئة 2: برنامج العلاج الوظيفي (ن = 20) ؛ الفئة 3: برنامج العلاج الطبيعي (ن = 15) ؛ والفئة 4: برنامج مسـاعد الطبيب (ن = 29). والطلاب تتراوح اعمارهم من 20 الى 52، والغالبيه بين 20 و 30 عامـا مـن العمـر. كلهـم من اربع طبقات تضم جماعات عرقيه مختلفة.

دلت النتائج على وجود فرق كبير بين التعليم بالاسلوب التقليدي وبين التعليم الاليكتروني بنظـام CAP حيث ان قيمة (ف 10.....>)لصالح التعليم الاليكتروني بنظام CAPواظهرت الاحصاءات زيـادة درجـات الانجاز في التعليم الاليكتروني بنظام CAP، بدلا من التدريس بالطرق التقليدية.

3. كذلك هناك دراسة قام بها الباحث Illia Auringer

من جامعة Graz University Of Technology

بتاريخ مارس 2005م

بعنوان

Aspects Of Elearning Courseware Portability

تناقش هذه الدراسة التدريب المعتمد على شبكة الانترنت WEB BASED TRAINING وهـو ذلـك النوع من التدريب الذي تحتوي مادة التدريب فيه على صـفحات الويب خـلال الانترنت او الانترانـت. وبالرغم من ان هذا النوع من التدريب جديد نسبياً الا انه دعـم عمليـة الـتعلم بكفـاءة عاليـة وبنجـاح. فتركز التعليم على المتعلم وعلى الاحتياجات الفردية لـه.وتـرى هـذه الدراسـة ان كفـاءة هـذا النـوع مـن التدريب يختلف باختلاف كفاءة المدربين انفسهم.

4. بهاء الدين خيري فرج محمد بجامعة القاهرة –معهد الدراسات التربوية قسم تكنولوجيا التعليم بعنوان "اثر تقديم تعليم متزامن ولا متزامن مستند الى بيئة شبكة الانترنت على تنمية مهارات المعتمدين والمستقلين عن المجال الادراكي لوحدة تعليمية لمقرر منظومة الحاسب لدى طلاب شعبة اعداد معلم الحاسب الالي بكليات التربية النوعية" لعام 2005م توصل فيها الى انه توجد فروق ذات دلالة احصائية عند مستوى المجموعات التجريبية ترجع لنوع الاتصال المبني على الانترنت لصالح المجموعات التجريبية التي تستخدم التواصل المتزامن.

5. كذلك هناك دراسة قدمها الدكتور محمد آدم احمد السيد –استاذ مساعد بكلية المعلمين في بيشه –ديسمبر 2004 م بعنوان " تقنيات التدريب عن بعد " خلصت الدراسة لعدة نتائج،منها:

1) التدريب عن بعد يمكن ايصاله الى المتدربين بتقنيات متعددة ولكل منها ايجابياته وسلبياته،وهو تجديد للتدريب التقليدي وليس بديلاً عنه يسير بجواره لتحقيق الاهداف التدريبية وان احتمالات نموه مستقبلاً مستمرة.

2) يعد التدريب الاليكتروني رافداً للتدريب التقليدي المعتاد، ويمكن ان يخلط مع التدريب التقليدي فيكون داعماً له، وفي هذه الحالة يمكن للمدرب ان يحيل المتدربين الى بعض الانشطة او الواجبات المعتمدة على الوسائط الاليكترونية.

جوانب الاختلاف بين التعليم الالكتروني والتعليم التقليدي

م	التعليم التقليدي	التعليم الالكتروني
1	يعتمد على الثقافة التقليدية والتي تركز على إنتاج المعرفة ويكون المعلم هو أساس عملية التعلم.	يقدم نوع جديد من الثقافة هي الثقافة الرقمية والتي تركز على معالجة المعرفة وتساعد الطالب أن يكون هو محور العملية التعليمية وليس المعلم.
2	لا يحتاج التعليم التقليدي إلى نفس تكلفة التعليم الالكتروني من بنية تحتية وتدريب المعلمين والطلاب على اكتساب الكفايات التقنية وليس بحاجة أيضا إلى مساعدين لأن المعلم هو الذي يقوم بنقل المعرفة إلى أذهان الطلاب في بيئة تعلم تقليدية دون الاستعانة بوسائط إلكترونية حديثة أو مساعدين للمعلم.	يحتاج إلى تكلفة عالية وخاصة في بداية تطبيقه لتجهيز البنية التحتية من حاسبات وإنتاج برمجيات وتدريب المعلمين والطلاب على كيفية التعامل مع هذه التكنولوجيا وتصميم المادة العلمية الكترونيا وبحاجة أيضا إلى مساعدين لتوفير بيئة تفاعلية بين المعلمين والمساعدين من جهة وبين المتعلمين من جهة أخرى وكذلك بين المتعلمين فيما بينهم.
3	يستقبل جميع الطلاب التعليم التقليدي في نفس المكان والزمان.	لا يلتزم التعليم الالكتروني بتقديم تعليم في نفس المكان أو الزمان بل المتعلم غير ملتزم بمكان معين أو وقت محدد لاستقبال عملية التعلم.
4	يعتبر الطالب سلبيا يعتمد على تلقي المعلومات من المعلم دون أي جهد في البحث والاستقصاء لأنه يعتمد على أسلوب المحاضرة والإلقاء.	يؤدي إلى نشاط المتعلم وفاعليته في تعلم المادة العلمية لأنه يعتمد على التعلم الذاتي وعلى مفهوم تفريد التعلم.

5	يشـترط علـى المـتعلم الحضـور إلى المدرسـة وانتظام طـوال أيـام الأسبوع ويقبـل أعمـار معينـة دون أعمـار أخـرى ولا يجمـع بـين الدراسة والعمل.	يتيح فرصة التعليم لكافة الفئات في المجتمع من ربات بيوت وعمال في المصانع , فالتعليم يمكن أن يكون متكاملا مع العمل.
6	يقدم المحتوى التعليمي للطالب على هيئة كتاب مطبوع بـه نصـوص تحريريـة وإن زادت عن ذلك بعض الصور وغير متوافر فيها الدقة الفنية.	يكـون المحتـوى العلمـي أكـثر إثـارة وأكـثر دافعية للطلاب علـى التعلم حيث يقدم في هيئة نصوص تحريرية وصور ثابتة ومتحركة ولقطـات فيـديو ورسـومات ومخططـات ومحاكاة ويكون في هيئة مقرر إلكتروني كتاب الكتروني مرئي.
7	يحـدد التواصـل مـع المعلم بوقت الحصة الدراسية ويأخذ بعض الطلاب الفرصة لطرح الأسئلة على المعلم لأن وقت الحصة لا يتسع للجميع.	حرية التواصل مع المعلم في أي وقت وطرح الأسئلة التي يريد الاستجواب عنها ويتم ذلك عـن طريـق وسـائل مختلفـة مثـل البريـد الإلكتروني وغرف المحادثة وغيرها.
8	دور المعلم هو ناقل وملقن للمعلومة.	دور المعلـم هـو التوجيـه والإرشـاد والنصح والمساعدة وتقديم الاستشارة.
9	يقتصر الزملاء على الموجودين في الفصل أو المدرسة أو السكن الذي يقطنه الطالب.	يتنوع زملاء الطالب من أماكن مختلفة مـن أنحـاء العالـم فليـس هنـاك مكـان بعيـد أو صعوبة في التعرف على الزملاء.
1.	اللغـة المسـتخدمة هـي لغـة الدولـة التـي يعيش فيها الطالب.	ضرورة تعلم الطالب اللغات الأجنبيـة حتـى يستطيع تلقـي المـادة العلمية والاستماع إلى المحاضرات من أساته

		عالميين فقد ينضم الطالب العربي إلى جامعة الكترونية في أمريكا أو بريطانيا.
11	يتم التسجيل والإدارة والمتابعة واستصدار الشهادات عن طريق المواجهة أي بطريقة بشرية.	يتم التسجيل والإدارة والمتابعة والواجبات والاختبارات والشهادات بطريقة الكترونية عن بعد.
12	يقبل أعداد محدودة كل عام دراسي وفقا للأماكن المتوافرة.	يسمح بقبول أعداد غير محددة من الطلاب من كل أنحاء العالم.
13	لا يراعي الفروق الفردية بين المتعلمين ويقدم الدرس للفصل بالكامل بطريقة شرح واحدة.	يراعي الفروق الفردية بين المتعلمين فهو يقوم على تقديم التعليم وفقا لاحتياجات الفرد.
14	يعتمد على الحفظ والاستظهار ويركز على الجانب المعرفي للمتعلم على حساب الجوانب الأخرى فالتركيز على حفظ المعلومات على حساب نمو مهاراته وقيمه واتجاهاته و يهمل في الجانب المعرفي مهارات تحديد المشكلات وحلها والتفكير الناقد والإبداعي وطرق الحصول على المعرفة.	يعتمد على طريقة حل المشكلات وينمي لدى المتعلم القدرة الإبداعية والناقدة.
15	التغذية الراجعة ليس لها دور.	الاهتمام بالتغذية الراجعة الفورية.
16	تبقى المواد التعليمية ثابتة دون تغيير لسنوات طويلة.	سهولة تحديث المواد التعليمية المقدمة الكترونيا بكل ما هو جديد.
17	المدرس هو المصدر الأساسي للتعلم.	المدرس هو موجه ومسهل لمصادر التعليم.

في الختام،نجد أن التعليم التقليدي والتعليم الالكتروني يتفقان في الغاية ويختلفان في الوسيلة.فغاية هذين النوعين من التعليم تتمثل في الحصول على مخرجات على مستوى عال تتميز بالمعرفة المتقدمة والتأهل الجيد، أما من حيث الوسائل المستخدمة في بلوغ هذه الوسيلة فإننا نجد انه في حين أن التعليم التقليدي ينهض اساساً على انتظام الطلبة في الحضور إلى قاعات الدراسة لتلقي العلم من معلم يستعين في عملية تعليمهم بمراجع محددة مطبوعة يلزم قراءتها وينتظمون في صفوف يتم تحديدها وفقا لسنهم، ويتم انتقالهم وفقا لمراحل تعليمية محددة (السلم التعليمي). في حين يتم في التعليم الالكتروني تلافي إشكالية انتظام الدارسين في الحضور لقاعات الدراسة بصورة منتظمة، وتتنوع الوسائل المستخدمة في نقل المعرفة إلى الدارسين في نظام التعليم الالكتروني.

دراسة حول دور الانترنت في البحث العلمي

بقلم: فضل جميل كليب رئيس جمعية المكتبات الأردنية

1.1 التمهيد

إن توفير مصادر المعلومات الحديثة يعد أساساً للبحث العلمي الحديث، ومهما حاولت المكتبات من تحديث مقتنياتها الورقية لا يمكنها الإحاطة بالإنتاج الفكري الضخم في زمن ثورة المعلومات والاتصالات الذي يتزايد الإنتاج فيه تزايداً مطرداً.

فجاءت شبكات المعلومات العالمية وسيلة حديثة تفتح الآفاق للباحثين للتجوال عبر العالم الإلكتروني من خلال المواقع الإلكترونية التي تتيح للباحث الوصول إلى مصادر معلومات حديثة ومتنوعة وعديدة عبر قواعد البيانات والمعلومات سواء النصية وغير النصية والفهارس والأدلة والببليوغرافيات عدا ما ينشر إلكترونياً من كتب ودوريات، لتكون بشموليتها وتنوع موضوعاتها وسرعة الوصول إليها دون حدود جغرافية أو لغوية أو زمانية مكملة لما يجده الباحث من مصادر تقليدية في المكتبات.

أظهرت الانترنيت العديد من أنظمة البحث عن المعلومات الهادفة إلى البحث في قواعد معلومات ضخمة عن وثائق متعددة الوسائط (Multi Media Document)

المشتملة على النصوص والصور والأصوات والفيديو... وغيرها والتي جاءت لتلائم حاجة معينة لدى المستخدمين بطرق فاعلة تتطلب أقل ما يمكن من الجهد والوقت. فتسمح بعض الأنظمة إجراء عمليات البحث وفق صفات المعلومات المخزنة وفق بنية محددة، ويتيح بعضها الإجابة عن أسئلة من نمط آخر تركز على مضمون المعلومات، وبعض الأنظمة سمح للمستخدم التجوال المباشر ليتنقل بين هذه المعلومات ليصل إلى حاجته.

كل هذه الخصائص وغيرها من الخصائص الإضافية التي أفرزتها التقنيات الحديثة للمعلومات وطرق استخدامها المتطورة جعلت من الإطار العام للبحث والاسترجاع للمعلومات عنصراً دائم الحركية والفاعلية مع متغيرات العناصر الأخرى المرتبطة به كشبكات الاتصال عن بعد والبحوث في مجالات علمية. وقد شكلت هذه التغيرات عنصراً هاماً في إنجاز وتطوير الآليات والطرق الحديثة لمعالجة الوثائق الإلكترونية بقصد استرجاعها بأكثر نجاعة وشمولية وجدوى.

وما هذه الدراسة إلا واحدة من الدراسات التي تحث الباحث على التوجه إلى استخدام الانترنيت والاستمرار في التبحر في عالم المعلومات.

2.1 مشكلة الدراسة:

تتناول الدراسة مدى إفادة الباحثين في مجال البحث العلمي من استخدام تقنية الانترنيت، ومجالات الإفادة منها.

3.1 أهمية الدراسة:

تأتي هذه الدراسة من بين الدراسات التي تساهم في إلقاء الضوء على أهمية الانترنيت في مجالات البحث العلمي. ولعل أهمية هذه الدراسة تأتي نظراً لأهمية البحث العلمي لدى المدرسين في الجامعات وطلبة الجامعات من مستخدمي المكتبات وخاصة إذا عزز بالبحث الآلي عبر شبكة الانترنيت الغزيرة في المواقع وقواعد وبنوك المعلومات.

4.1 أهداف الدراسة:

تهدف الدراسة إلى تحقيق ما يلي:

- إبراز المجالات التي يمكن للباحثين الاستفادة منها خلال استخدام الانترنت.

- لفت نظر الباحثين إلى الانترنيت لما يتوفر فيها من معلومات ومصادر المعلومات.
- الخروج بتوصيات يؤمل أن تساهم في تعميم استخدام الشبكة واستثمار كفايتها لتعزيـز البحث العلمي.

5.1 منهجية الدراسة:

إن الباحث قد أعد استبانة لتوزيعها على مجموعة عشوائية من الباحثين من مستخدمي المكتبـات الأكاديمية، ولكن ضيق الوقت حال دون إتمام توزيعها فاقتصر اعتماد الباحث على الجانب النظري ليوضح أهمية الانترنيت للباحثين المستخدمين للمكتبات الأكاديمية من خلال مراجعة الإنتاج الفكري المتخصـص في موضـوع الدراسـة باللغـة العربيـة والأجنبيـة، ومـن خـلال ملاحظاتـه وخبرتـه العمليـة مقدماً توصيات ومقترحات يؤمل أن تسهم في تعزيز البحث العلمي وتطوير وسائله.

ثانيا: تأثير التطور التكنولوجي على موضوع البحث العلمي: أدى انفجار المعرفـة إلى تـزامن ظهـور تطور متنام في تكنولوجيا المعلومات والحواسيب والاتصالات في مجال البحث عن المعلومات بسبب العديد من العوامل منها:

أ) الحاجة إلى تكنولوجيا وسائط التخزين والمعالجات والذاكرة:

إن ظهور الكم الهائل من الوثائق احتاج إلى إيجاد وسائط تخزين ذات سعة كبيرة، وتطوير تقنيات ضغط وتخزين الصوت والصورة تخزينا اقتصاديا. وكذلك دعت عمليات البحث والفرز إلى تحسين الأداء من خلال حاسوب ذي قدرة عالية في المعالجة والذاكرة الحية القادر على القيام بالحسابات بزمن أقصر

ب) تكنولوجيا التفاعل بين الإنسان والآلة: أدى تطور وسـائل الاتصـال ودخـول الحاسـب في شـتى ميادين الحياة على نحو قوي وفعال، إلى التوجه نحو اسـتخدام الواجهـات التخاطبيـة الأليفـة الاستخدام (Friendly Interfaces) من أجل تسهيل تعامل المستخدمين مع البرمجيات والنظم الحاسوبية عموماً ونظم البحث عـن المعلومـات خصوصـاً مـما أدى إلى إمكانيـة البحـث عـن المعلومات بفاعلية أكبر.

ج) تكنولوجيا الوسائط المتعددة (Multimedia) والوسائط الفائقة Hypermedia: نظراً لتزايد أهمية البحث عن المعلومات المخزنة آلياً، وتعدد وسائطها من نصوص وصور ومقاطع فيديو ومقاطع صوتية، ونظراً كذلك إلى التطور في تقنيات التفاعل بين الإنسان والآلة، أدى إلى إمكانات الحصول على وثائق متعددة الوسائط التي تحتوي أنماطاً مختلفة من المعلومات ومصادرها وإتاحة المجال للباحث بالانتقال المباشر إلى المعلومات وتصفحها وصولاً إلى حاجته من المعلومات باستخدام الوسائط الفائقة التي سمحت بطرق عرض جديدة ومميزة.

د) تكنولوجيا الاتصالات والانترنيت: لقد أدى التطور في تكنولوجيا الاتصالات إلى انتشار المعلومات انتشاراً كبيراً، وبالتالي إلى الحاجة إلى أنظمة متطورة تقوم بالبحث الآلي عن المعلومات. ومما عزز ذلك ظهور الشبكة العنكبوتية العالمية World wide Web (:WWW) والتي شكلت ذروة الانفجار المعلوماتي في هذا العصر.

ثالثاً: شبكة الانترنيت:

تعد الانترنيت شبكة متعددة الأوجه والاستخدامات فهي شبكة اتصالات تربط العالم كله، وتساعد في إجراء الاتصالات بين الأفراد والمجموعات لتبادل الخبرات المهنية والتقنية، كما تساهم في التعليم عن بعد، في حين أنها تضاعف من إمكانية الاستفادة من مصادر المعلومات المتوافرة على الحواسيب والحصول على مستخلصات البحوث والتقارير والقوائم الببليوغرافية لمصادر المعلومات المتاحة في قواعد البيانات العظيمة الحجم. وهي مكتبة بلا جدران إذ هي متعددة الاختصاصات ومستمرة في التوسع مع ازدياد عدد الشبكات المرتبطة بها.

وهناك من يعرفها بأنها مجموعة من شبكات الاتصالات المرتبطة ببعضها، تنمو ذاتياً بقدر ما يضاف إليها من شبكات وحاسبات.

وينظر للإنترنت على أنها مصدر هائل للمعلومات العلمية والترويحية، تكفل لملايين البشر في شـتى أنحاء العالم فرصة التواصل... وهي أول منتدى عالمي وأول مكتبة عالمية.

وتمتاز الانترنيت أنها شبكة تحتوي شبكات حاسوبية عالمية متداخلة تتخاطب فيما بينها وتتبادل كل أنواع المعلومات والبيانات من النصوص الإلكترونية للأعمال الأدبية الكلاسيكية إلى الكتابات الفكرية الحالية في الصحف والمجلات، ومن النصوص التاريخية إلى المقالات الصحفية عن أحداث الساعة، ومن الدراسات الأكاديمية إلى البريد الإلكتروني. مما يمكن الباحث على تداول كم هائل ومتنوع من المعلومات بالنص والصورة والبيانات والصوت وحتى الفيديو من مصادر منتشرة في كل أنحاء العالم وبسرعة مذهلة. إن شبكة الانترنيت في ضوء كل ما يقال عنها هي وعاء من أوعية المعلومات التي تحرص المكتبات على اقتنائها وإتاحتها للمستفيد.

وببساطة هي ملايين نقاط الاتصال تضم الكمبيوتر وشبكاته المنتشرة حول العالم والمتصلة مع بعضها وفقاً لبروتوكول TCP/IP لتشكل شبكة عملاقة لتبادل المعلومات.

رابعاً: نظم البحث:

من أنظمة البحث من يقوم بتأمين عمليات بحث عن صفات خارجية للمعلومات، ومنها ما يبحث ضمن المحتوى الدلالي للوثائق، ومنها ما يؤمن إمكان الانتقال المباشر إلى المعلومات ويسمح التجـوال فيهـا. ويمكن تقسيم نظم المعلومات إلى قسمين رئيسيين:

1-   نظم الوسائط غير الفائقة
2-   نظم الوسائط الفائقة

أ) نظم الوسائط غير الفائقة: فيمكن تقسيمها إلى:

1- نظم الوسائط ذات غرض واحد
2- نظم الوسائط ذات أغراض متعددة

أما الفرع الأول: 1 نظم الوسائط ذات غرض واحد

فهي ثلاثة أقسام:

1. نظـم قواعـد البيانـات التـي تسـمح بالبحـث عـن الصـفات الخارجيـة للمعلومـات (الوصـف الببليوغرافي لها)
2. نظم استرجاع المعلومات: وهي التي تعرف الباحث بالمحتوى الدلالي للوثائق (مضمون الوثائق)، ثم القيام بعمليات البحث وفق محتوى هذه الوثائق من المعلومات.
3. نظم التصفح: وتتيح التجوال أو التصفح في الوثائق باستخدام الـروابط (Links) والبنـى المهيكلـة (structured units) حيث يتيح النظام للباحث التنقل بين الوثائق وأن يختار الروابط التي يريدها وفق المعلومة التي يريد الوصول إليها.

وأما الفرع الثاني: نظم الوسائط ذات أغراض متعددة فهي التـي تسـمح بمعظـم عمليـات البحـث المذكورة سابقاً بنسب متفاوتة، وهذه هي حالة معظم محركات البحث (Search Engines)

ب) نظم الوسـائط الفائقة (Hypermedia): وجاءت هذه النظم كبرهان على أن استخدام الحاسوب في عمليات تنظيم ومعالجة المعلومات بآلية النصوص الفائقة يسـاعد عـلى تطـوير قـدرة الاسـتيعاب لـدى المستخدم ويسمح له بأن يصل إلى معلومات مختلفة صوتية ونصية وبصرية.

ويعرف مصطلح الوسائط الفائقة على أنه المكاملة بين النص والصوت والرسوم والصور الساكنة والصور المتحركة ضمن نظام حاسوبي واحد، ومع تطور نظم الوسائط الفائقة أثرت إيجابياً على انتشار استخدام الويب على نحو واسع.

وهذه النظم تؤدي إلى طريقة جديدة في البحث عن المعلومات من حيث المنهج، وتدعم البحث بالتصفح الحر، أي التصفح ضمن الوثائق وتجميع المعلومات.

خامساً: خدمات البحث عن المعلومات في الانترنيت:

1.5: الشبكة العنكبوتية العالمية WWW

الشبكة العنكبوتية العالمية، أو الويب هي نظام وسائط فائقـة مـوزع عـلى مسـتوى العـالم، يمكـن الوصول إليه عن طريق الانترنيت.

يسمح الويب للمستخدم بالبحث عن المعلومات بالتصفح في وثائق النظام تصفحاً شفافاً متقصياً أماكن تخزين هذه الوثائق في مختلف مخدمات الويب على شبكة الانترنيت، ويرتكز على معيارين قياسيين أساسيين هما:

– بروتوكول HTTP (Hypertext Transfer Protocol) وهو يهتم بأمور شبكة الاتصال حتى يؤمن التواصل بين الموقع والمستخدم عبر الشبكة.

– لغة التأثير الفائقة HTML (Hypertext Markup Language) وهي تسمح بوصف الوثائق وخصوصاً الوثائق النصية.

ونظراً لأن أسلوب التصفح لا يتناسب كثيراً مع نظام ضخم جداً مثل الويب، فاستخدمت تقنيات نظم الاسترجاع ومكاملتها مع الويب من أجل تحسين عمليات البحث، وكانت النتيجة أن ظهرت محركات البحث Search Engines على الويب.

ومن محركات البحث العامة: Yahoo، HotBot، Alta Vista، Infoseek، Lycos، Excite، Webcrawler، ومن أدوات للبحث أيضاً: Gopher، Veronica، البحث في مواقع FTP بوساطة Archie، والبحث عن النصوص بوساطة WAIS.

ومن محركات البحث العربية: أين.

2.5 أنواع البحث:

هناك نوعان من البحث التي تقوم بها محركات البحث هما: 1.2.5 البحث البسيط وهو عمليات البحث التي تعتمد على مطابقة النماذج (Pattern Matching) من أجل إيجاد الوثائق المطابقة للطلب أو الاستعلام.

2.2.5 البحث المتقدم: وفيه تتوافر إمكانية صياغة طلبات يتم فيها تحديد علاقات بين الكلمات المفتاحية المستخدمة. وهذه العلاقات هي علاقات منطقية (بولية)، أو علاقات بسيطة تعتمد على مواضع ورود الكلمات في النصوص.

وهذه العلاقات يمكن ربطها من خلال العوامل البولية وهي: "و – And"، والعامل "أو – Or" والعامل " ليس – Not".

وكذلك في البحث المتقدم يمكن أن نطبق البحث المقارب وهو الربط بين مصطلحين بعوامل الربط المذكورة مع تحديد موضع وجودها

194

سادساً: شبكة الانترنيت وإفادتها للباحثين:

1.6 الدور التعليمي:

أوضحت منى الشيخ أن شبكة المعلومات (الانترنيت) تقدم العديد من خدمات المعلومات للطلبة وأنها تعزز دور المكتبة في المساهمة في العملية التعليمية والتربوية في المدرسة، وأشارت الباحثة أن الكثير من الطلاب يفضلون استخدام (الانترنيت)، وذلك لحداثة المعلومات التي توفرها للمستفيدين.

ويعد تدريب المستفيدين على مهارات استخدام الانترنيت وسيلة من وسائل التعلم والتعليم تكسبهم معرفة وتطويراً للعمليات التعليمية، لأن الباحث يعتمد على ذاته في الحصول على المعلومات، ومع كثرة البحث والاسترجاع يصبح الأمر أكثر سهولة مما يحقق تطويراً للإنتاجية الفردية.

وتتيح الانترنيت لطلبة العلم الإحاطة بتكنولوجيا الاتصالات المتقدمة، وذلك من خلال البرامج التعليمية المتوافرة على الشبكة مثل A and T Learning Network، والاتصال بكبريات المكتبات حول العالم والاطلاع على آلاف الموضوعات، وكذلك الترجمات اللغوية.

2.6 دور الانترنيت في احتواء فيضان المعلومات:

لقد نتج عن التطور الهائل في تكنولوجيا المعلومات والاتصالات فيضان من المعلومات في إنتاجها واستخدامها. وهذا الكم الكبير المتتابع سبب مشكلات رئيسية في توصيل المعلومات وحصر وضبط مصادر المعلومات مما أدى إلى التوجه لحل هذه المشكلات بوساطة تكنولوجيا الاتصال في الفضاء، ونتج عن ذلك ظهور شبكات المعلومات التي تطورت إلى استخدام الحاسبات ذات السرعة العالية.

ومن جانب آخر، تعد الانترنيت أكبر مكتبة في العالم، حيث يدخل إليها نصوص كاملة من الكتب الجديدة والبالغ عددها أكثر من (45) ألف كتاب سنوياً عدا المنشورات الحكومية وتشتمل كذلك محتويات 1500 صحيفة يومية تصدر في أمريكا، إضافة إلى 3700 دورية تتناول مختلف المجالات والقطاعات (منها 250 دورية للمهندسين فقط) إضافة إلى نشاطات النشر في سائر أنحاء العالم والذي يشمل أكثر

من ألف كتاب جديد يصدر سنوياً في اليابان وحدها، وتحتوي الانترنيت على موضوعات حديثة وغزيرة وغنية ما لم تتوفر في المكتبات من مصادر المعلومات الأخرى.

إن عصر المعلومات اليوم يتميز بنقلة نوعية من حيث حجم الوثائق المتوفرة على الشبكة وتنوع محتوياتها. وهذا الحجم الهائل والمتطور يومياً غير مفهوم البحث والاسترجاع من ظاهرة البحث والوصول إلى المعلومة ليضع المستفيد في حالة انتقاء واختيار للمعلومة الأكثر جدوى ونفعاً لأخذ القرار أو البدء في إنجاز العمل ويمكن للباحث وخاصة في المراحل العليا الاشتراك فيما يسمى بجماعات النقاش ويشارك فيها، كذلك يمكن للباحث من خلال First Search أن يصل إلى مقتنيات آلاف المكتبات الأكاديمية والبحثية.

وأشار د. عاطف يوسف إلى أن الباحث يبحر في هـذه الشبكة متخطياً الحـواجز المكانيـة مخترقـاً الحدود بين الدول والأقاليم في لحظات مختصرا كثيرا من الوقت، وتمكنه الشبكات من التواصل مع وحدات المعلومات عن بعد، وهو مرتاح في مسكنه أو مكتبه.

وقد أوضحت الريحاني وعون الكرمي عدة عوامل دعت لاستخدام الانترنيت وهي:

- التخفيف من الوقت والتقليل من الجهود المطلوبة لإنجاز مهمات البحث عن المعلومات.
- تسهيل خدمات عدة مثل البريد الإلكتروني وإمكانية تحويل الملفات.
- يتيح إمكانية الوصول لنشر الإلكترونيات والنشر الفوري للمعلومات وإلى تغطية الأخبـار بصـورة فورية.
- تقديم الحلول المتكاملة في القطاع الحاسوبي.
- الاشتراك إلكترونياً في المجلات الإلكترونية بصورة مباشرة عبر البريد الإلكتروني.
- الاطلاع على الندوات والمؤتمرات والنشاطات العلمية والصناعية والمعارض.

ومن العوامل الهامة كذلك والتي تدعو إلى استخدام الانترنيت أن مستخدم المكتبة اليوم يختلف عنه سابقاً، فقد أثر تغير نمط الحياة على تغير

الرغبة في المنتجات والخدمات، فأصبح أكثر وعياً ومعرفة واطلاعاً لخدمات ومنتجات المعلومات التي تقدم إليه بأشكالها الحديثة يومياً بل كل ساعة لترضي رغبته المتغيرة، مما دعا مزودي الخدمات والمنتجات إلى التنافس باستمرار في تقديم أشكال وأنواع من الخدمات والمنتجات المتعددة.

والباحث يهمه ما يلبي حاجاته وتطلعاته في الوقت المناسب مما يدعوه إلى استخدام الانترنيت التي تتيح له مجموعات متنوعة لمكتبات عدة غير محصورة، وتمكنه من الاستفادة من مصادر المعلومات غير المحددة في الوقت المطلوب، إضافة إلى كون الانترنيت شبكة عالمية، وكأن المكتبات تصل للباحثين بدلاً من تنقلهم إليها، ويمكنهم استخدامها كلهم وفي نفس الوقت.

ويجمع الكثير من الباحثين على أن الثورة التكنولوجية والاتصالية قوة إيجابية لتنظيم المعلومات وإدارتها وتسهيل مهمات الباحثين وتلبية احتياجاتهم فقللت من الفترة الزمنية في عمليات المعالجة والاسترجاع ومكنت من الوصول إلى المعلومات بأيسر الطرق وأقل تكلفة.

3.6 محركات البحث Search Engines:

إن ما تشتمل عليه الانترنيت من محركات البحث والأدلة قادرة على البحث عن أي كلمة في أي صفحة ويب في العالم (تقريباً) وذلك من خلال الفهرس الباحث Searchable Index تعين الباحث ليجد ضالته، ومن أشهر هذه المحركات "ياهو" Yahoo و"التافيستا" Altavista التي توفر بحثاً كبيراً جداً إلى الحد الذي تعي فيه الشركة أنه أكبر فهرس وقاعدة معلومات وجدت (21 مليون صفحة ويب تحتوي على أكثر من 8 ملايين كلمة وهو ما يعادل 45 جيجا بايت وموضوعات تتجاوز 13... من مجموعات الاهتمام المشترك) و"أين" Ayna وغيرها. ومن الضروري أن يكون الباحث ملماً بعدد من تلك الأدوات وخصائص كل واحدة عن الأخرى وكيفية الاستفادة من هذه الخصائص للحصول على نتائج بحث ناجحة، كما يلزمه أن يكون محيطاً بأساليب البحث، ويتحرى الدقة في اختيار المصطلحات البحثية المناسبة لموضوعه. ويوضح Best أن الباحث الذي يود أن يبقى على اطلاع كامل على ما يجري في حقل ما

سيجد أنه من الأجدى أن يستخدم محركات البحث Search Engine في قواعد البيانات الإلكترونية على أن ينتظر نشر البحث من خلال مصادر تقليدية.

4.6 ما يجده الباحث في الانترنيت:

الانترنيت تقدم للباحث بأشكال إلكترونية العديد من الموسوعات، وكشافات الدوريات، والأدلة، والقواميس اللغوية، والفهارس، وغيرها من الببليوغرافيات وكتب الحقائق، والموجزات الإرشادية، ومن مواقع البحث ما هو متخصص بنوع معين من مواد المعلومات كالكتب والدوريات والمواد السمعية والبصرية أو الصور. وأظهرت نتائج دراسة ربحي عليان ومنال القيسي أن الغالبية العظمى من مجتمع الدراسة التي قاما بها (95.3%) يستخدمون الشبكة للبحث عن المعلومات لأغراض كتابة البحوث والدراسات والتقارير، وأن 83.01% منهم راضون إلى حد ما عن نتائج الاستخدام.

1.4.6 قواعد البيانات:

يمكن للباحث – بما يتوافر في الانترنيت من وسائل الاتصال المختلفة – أن يتصل بقواعد البيانات مثل DIALOG أو JANET (The Joint Academic Network in the UK) يمكن الباحث من تصفح القوائم الببليوغرافية ومحتوياتها بالنص الكامل للوثائق بما فيها الصور والصوت عن طريق BIDS The Bath Information and Data Services مما يعزز البحث وخاصة في مراحل الدراسات العليا.

2.4.6 القوائم الببليوغرافية:

تشكل الانترنيت أداة مرجعية مهمة توفر رصيداً ضخماً من مصادر المعلومات، والمجموعات الإخبارية من مختلف المواقع، ويمكن من خلالها التوصل إلى البيانات الببليوغرافية لملايين الكتب ومقتنيات المكتبات ومراكز المعلومات.

كما يجد الباحث مواقع أخرى تعمل عمل ببليوغرافيات أو أدلة الأدلة، فعلى سبيل المثال يضم موقع All in one Search أكثر من 5.. أداة بحث في شبكة الانترنيت بحيث يمكن للباحث اختيار ما يناسبه منها وإدخال مصطلح البحث في الخانة المخصصة لذلك أمام اسم أداة البحث. ويستطيع الباحث أيضاً استخدام بعض المواقع التي تتيح له إجراء بحث شامل في مجموعة من أدوات البحث بأمر واحد والذي نجده في موقع All for one Search machine.

كما توفر مواقع أدلة البحث خاصية المساعدة المباشرة On line Help التي تعطي إرشادات آنية لكيفية استخدام موقع البحث. وتتخصص بعض مواقع أدوات البحث في جانب معين من العلوم مثل موقع Math Search في علوم الرياضيات، وموقع MRO Explorer المتخصص في الصناعة والإنتاج والتوزيع.

وهناك الكثير من المواقع المعلوماتية الببليوغرافية والنصية والرقمية التي توفر للباحث حاجته من المعلومات المرجعية مثل فهارس المكتبات، وقواعد المعلومات، والدوريات والمراجع الإلكترونية.

ومن الإمكانات المفيدة الهامة التي تتيحها الانترنيت الاتصال بفهارس المكتبات خاصة الأكاديمية، وتتضمن المواقع الخاصة بفهارس المكتبات المتاحة على الخط المباشر (OPACS)، حيث يستخدمها اختصاصيو المكتبات والمعلومات في استرجاع البيانات الببليوغرافية لخدمة أغراض البحث، فهي التي تربط مباشرة بين المستفيد وبين فئات الفهارس المتاحة عبر الشبكة بغرض استشارتها.

وقد ألغت OPACS، الحاجة إلى وجود مكتبي واختصاصي المعلومات كوسيط للبحث في قواعد البيانات الخاصة بالفهارس الآلية.

وكذلك مجموعة جانيت للمكتبات (JUGLS): JANET USER GROUP FOR LIBRARIANS) ليصل الباحث إلى العديد من الخيارات التي توصله بالخدمات الببليوغرافية وخدمات البحث الآلي المباشر مثل: DIALOG، DATA، ISA، IRS، STN، DIMOI، STAR وغيرها على موقع المكتبة البريطانية ومكتبة الكونجرس حيث يتاح للباحث استعراض فهارس المكتبات، وكذلك الوصول إلى نصوص الوثائق واسترجاعها والحصول عليها وفق العنوان أو المؤلف أو اسم الناشر أو تاريخ النشر.

ويتمكن الباحث من الوصول إلى العديد من قواعد البيانات من خلال ما يوفره OCLC ومن أهمها قاعدة الفهرس الموحد المباشر الذي يتضمن الملايين من التسجيلات الببليوغرافة.

3.4.6 النصوص الكاملة للوثائق:

ولقد أضافت الانترنيت رافداً هاماً للمعلومات ومصادر المعلومات فأظهرت العديد من المواقع التي تتيح ثروة هائلة من مصادر المعلومات المرجعية علاوة على مصادر

المعلومات كاملة النص Full Text التي تمكنهم من الحصول على وثائق ونصوص كاملة، من مقالات ودوريات ومعلومات.

5.6النشر الإلكتروني:

وقد أوضح د.عماد الصباغ أن ظهور الانترنيت وانتشار استخدامها في العالم العربي أدى إلى التعريف بالنشر الإلكتروني بشكل واسع وقد بدأت العديد من المؤسسات الصحفية العربية تنتج نسخاً إلكترونية يومية من صحفها وتو فرها عبر الانترنيت مجاناً أو مقابل اشتراك معين.

وتتيح الانترنيت العديد من المصادر والمراجع المنشورة إلكترونيا، ومنها الكتب المرجعية المتوافرة من خلال البحث بالاتصال المباشر (Line –On) والأقراص المتراصة (CD-Rom) بالإضافة إلى ما توفره من خدمة التكشيف والاستخلاص ونشر العديد من الدوريات العامة والمتخصصة، وكذلك يستفيد الباحث من الاطلاع على المراجع ونشرات الإحاطة الجارية والفهارس.

وكذلك فإن شبكات المعلومات تتيح للباحث الفرصة الكبيرة لنشر نتائج بحثه فور الانتهاء منها في زمن ضاقت فيه المساحات المخصصة للبحوث على أوراق المجلات، بل يمكنهم إنشاء مواقع لهم على الشبكات أو الاستفادة من مواقع أخرى وبالتالي تكون فرصة النشر الإلكتروني لديهم أقوى.

.7.6 البحث المتخصص:

والباحث المتخصص في موضوع ما يجد أيضاً ضالته في مجال تخصصه، ففي دراسة في مجال المكتبات الطبية أظهر الباحثان ماجد الزبيدي وعفاف العزة غولي أن شبكات المعلومات تحقق للأطباء والباحثين في المجال الطبي:

- التشارك في المؤتمرات الإلكترونية في الحقل الطبي والتعرف على أحدث النظريات الطبية.
- تعريف العلماء بالنتاج الطبي العالمي أو العربي عموماً.
- إجراء قراءة سريعة لمستخلصات عدة مجلات بحثاً عن مقالات متخصصة.
- الوصول إلى الوثائق الببليوغرافية وتحديد موقع عنوان أو مقالة غير معروفة.
- فحص العناوين الجديدة للكتب والمجلات.

– الاطلاع على فهارس الكتب المتوفرة في أشهر المكتبات الطبية العالمية.

8.6 البريد الإلكتروني:

إضافة إلى ما تمكنه الشبكة للباحث من استخدام البريد إلكتروني بإتاحة الاتصال بالزملاء في المهنة والباحثين الآخرين وتبادل الرسائل والأفكار مع مجموعات الحوار Discussion Groups، فإنها تمكنه من الرد على الأسئلة المرجعية التي يطرحها الباحث عبر البريد الإلكتروني من استفسارات عامة في أي علم من العلوم. ومن هذه المواقع موقع مكتبة الانترنيت العامة Internet Public Library وموقع الخبراء All Experts أو المواقع المتخصصة مثل Ask the Dentist. وهناك مواقع تحيل أسئلة الباحثين إلى متخصصين للإجابة عنها مثل موقع ASKME.

9.6 المشاركة في المؤتمرات الإلكترونية:

والباحث يمكنه كذلك المشاركة عبر الانترنيت في المؤتمرات المرئية Video Conferencing ويمكنه النقاش والحوار.

سابعاً: الصعوبات التي تواجه الباحث في استخدام الانترنيت:

إن العديد من البحوث والمعلومات تنشر في شكلها الإلكتروني هذه الأيام، فإذا وجدت صعوبات أمام الباحث في استخدام الشبكة حالت دون وصوله إلى ما ينشر أو حرمانه منها، أو عدم تعريفه بها، فهذا يعد مشكلة تؤثر على نشاطه فهو بحاجة إلى أن يبدأ من حيث انتهى الآخرون، كما يتوجب عليه تجنب التكرار. فعلى الرغم ما للشبكات من الإيجابيات التي ذكرت سابقاً، إلا أنه يمكن تلخيص الصعوبات التي تواجه الباحث مما أورده الدكتور عاطف يوسف:

– عدم الرغبة لدى العديد من الباحثين من استخدام تقانة المعلومات بنفسه لأنه معتاد على الطرق التقليدية.

– عدم قدرة الباحث على استخدام الحاسوب، وبالتالي فإنه سيحجم عن استخدام التقنية الإلكترونية

– عدم توفر الثقة الكافية في مقدمي الخدمة في المكتبة الإلكترونية لعدم وجود الخبرة الكافية لديهم.

- عدم إتقان الباحثين للغة الأجنبية وخاصة اللغة الإنجليزية مما يعيق الإفادة من الكثير من الوثائق الإلكترونية المتاحة بهذه اللغات.
- عدم توافر الدراية الكافية لدى الباحثين في تقنيات ضبط وتنظيم أوعية المعلومات البعيدة عن اللغة الطبيعية والمعتمدة على لغة التوثيق من خلال نظم التصنيف وقواعد الفهرسة وأدوات التكشيف والمستخلصات.
- حيرة الباحث أمام الكم الهائل من الوثائق المسترجعة ذات الصلة ببحثه، مما يؤدي به إلى المتاهة والضياع واستغراق الساعات في تصفحها والإفادة منها.
- عدم تمكن الباحث من الوصول إلى النصوص أو محتويات الوثائق حيث إن ما يتم استرجاعه غالباً ما يكون إشارات ببليوغرافية أو مستخلصاً.
- يواجه الباحث أحياناً مشكلات تتعلق بالمواقع على الشبكات، حيث تظهر الحاجة إلى تصنيف وتوصيف المواقع مع بيان نوعية وكم المعلومات التي توفرها، كما لا يعرف كثير من الباحثين أي أدوات البحث أنسب من غيرها، هذا بالإضافة إلى الحاجة إلى حصر المواقع المتخصصة المناسبة لاهتمامات الباحث.
- الحيرة التي يقع فيها الباحث في القدرة على الحكم على أي الوثائق أفضل وعلى صحة المعلومات الواردة فيها لأنه من المعروف أن ما ينشر في الانترنيت هو الغث والسمين من المعلومات.
- ليست كل الوثائق التي يحتاجها الباحث متاحة في شكلها الإلكتروني.
- تكلفة استخدام الانترنيت من أجهزة ومعدات ومتطلبات لازمة للاتصال بشبكات المعلومات أو الاشتراك في المجلات الإلكترونية.

وهناك صعوبات/تحديات أخرى لا تتعلق بالباحث وإنما تتعلق بالمعلومات نفسها من حيث تخزينها وحفظها وإدارتها ومن هذه الصعوبات/التحديات:

- وجود كم هائل من المعلومات المتدفقة يومياً إلى شبكة الانترنيت والتي تحتاج إلى تخزين ومعالجة وإدارة.

- الطلب الزائد على المعلومات بسبب التزايد الكبير والمستمر في أعداد مستخدمي شبكة الانترنيت الذي زاد على 200 مليون مستخدم، وهذا ما يفرض على أنظمة البحث أن تتيح إمكانية الاستخدام لجميع الباحثين.

- طبيعة المعلومات التي أصبحت شديدة التنوع سواءً بسبب طرق عرضها وبنيتها أو بسبب اختلاف مجالاتها العلمية والاقتصادية والاجتماعية والتجارية... وغيرها من المجالات.

- تغير طبيعة حاجة الباحث في الوصول إلى المعلومات والوثائق، بل وصلت رغبتهم إلى الوصول إلى أجزاء هذه الوثائق.

ثامناً: التوصيات:

يوصي الباحث بما يلي:

1. زيادة المكتبات من الاهتمام بتوافر الانترنيت للباحثين وزيادة الاشتراك في قواعد البيانات الإلكترونية الببليوغرافية والنصية، والدوريات الإلكترونية.

2. زيادة المكتبات لتقديم الخدمات المعلوماتية من خلالها.

3. زيادة المساهمة في توعية المستفيدين لاستخدامها في مجالات البحث العلمي.

4. تدريب وتأهيل العاملين في المكتبات والمستفيدين على استخدام تقنيات البحث الآلي عبر شبكات الانترنيت.

5. ضرورة قيام المكتبات الجامعية ومراكز البحوث بتدريب المستفيدين على استخدام الشبكة وأساليب البحث فيها.

6. ضرورة قيام المكتبات الجامعية ومراكز البحوث بإنشاء صفحات خاصة فيها على الانترنيت، والعمل على تحديثها باستمرار.

7. ضرورة قيام المكتبات الجامعية ومراكز البحوث بالتوجه للنشر الإلكتروني.

8. ضرورة قيام المكتبات الجامعية ومراكز البحوث بإعداد قوائم وأدلة بالمواقع المتخصصة، ونشرها إلكترونياً وتوصيلها بالبريد الإلكتروني للمستفيدين.

9. حث مجامع اللغة العربية والشركات المتخصصة في الحاسوب بزيـادة الاهـتمام بمحركات اللغـة العربية، وترجمة النصوص المتخصصة.

10. حث مراكز التوثيق على نشر قواعد التوثيق للمصادر الإلكترونية.

11. حث الجامعات على اعتماد المصادر الإلكترونية كمصادر بحث للمقالات المحكمة.

تعتبر الإنترنت وليدة التطور التقني الحالي وهي وسيلة الربط الأكثر تطوراً التي عرفها الإنسان على الإطلاق وبفضلها أصبح العالم أشبه بالقرية الصغيرة. يظن الكثير من الناس أن المقصود بالتعلم الإلكتروني هو تعليم الناس عن بعد ولكن التعلم الإلكتروني في حقيقة الأمر هو عبارة عن وسيلة تتيح للناس الـتعلم دون الحاجة إلى التواجد داخل قاعات الدراسة ومهما تباعدت مسافاتهم، وبجانب رفضه إجتماعياً يواجه التعليم الإلكتروني بهذه الصفة العديد من العقبات تتمثل ببساطة في تخوف الناس مـن أن يفقد التعليم بشكله التقليدي جوهره وسماته المميزة بإعتبار أن التعليم الإلكتروني يستصحب معه مفاهيم مختلفة عن التعلم، وفي الظروف الحالية التي تتسم بهذا الكم الهائل من المعلومات يضيف التعلم الإلكتروني والتعليم الإلكتروني بعداً جديداً إلى مفهوم التجارة الإلكترونية بعد أن أصبح الناس الآن أكثر تعلماً وبالتالي أكثر وعياً بما يطرح عليهم من منتجات.

يعتبر عالم اليوم بمثابة قرية مترابطة بالغة الصغر مكتظة بالمعلومات عـن كـل شيء وكـل فـرد إلى درجة أننا بدأنا نشعر بأن هذا العالم أصبح يتقلص تحت أقدامنا، فقد تجاوزت تقنية الإنترنت عامل الـزمن وواقع المكان أو الموقع في كل جانب من جوانب حياتنا البشرية، ولم تشهد الحضارة الإنسـانية في تاريخها أبداً مثل هذا الترابط والإنفتاح في مجال المعلومات، والعامل الأكثر إثارة وتأثيراً في الإزدهار المعلوماتي الذي بدأ في القرن الماضي وأخذ يتعمق خلال هذا القرن هو عامل الإنترنت.... هذه الشبكة التي نجحت في ربط العالم بشكل غير مسبوق فأثرت بـذلك في حياتنا بمختلـف جوانبهـا وإتجاهاتهـا وأدت إلى تغيـير أسـاليب حياتنا بشكل لم نكن نحسب له حساب من قبل، ويعد حقل التعليم أحد الحقول الأكثر تأثراً بهذا التحول على الإطلاق.

204

التعليم

التعليم الذي نعرفه اليوم ضارب الجذور وموغل في القدم وقد هيمنت عليه في الماضي العديد من العوامل التي لازالت تؤثر على تشكيله وتطويره حتى وقتنا الحاضر، فعلى سبيل المثال كانت المحاضرات بشكلها المألوف لنا اليوم تصمم فيما مضى لتجاوز الصعوبة البالغة في عمليات الطبع وعدم توفر الكتب التي كانت تعلق بسلاسل على الجدران بالمكتبات والجامعات لعدم فعالية تقنيات الطبع القديمة، ولذلك كان الكتاب بالغ القيمة وشديد الندرة (موسوعة ميرت الطلابية 1983)، ومع هذا الواقع أصبح دور المدرس اليوم أشبه بكثير بدوره في الماضي حيث لا يعدو كونه "معلماً" قارئاً يقوم فقط بقراءة المعلومات المتوفرة بالكتاب للطلاب مما يتوجب عليه أن يكون بالضرورة قادراً على الحفظ والإستظهار، وهو أسلوب تعليمي قديم سوف نعرض له في الفقرات التالية لنرى كيف أنه سيصبح من ذاكرة الماضي مع إستحداث التعلم الإلكتروني والتعليم الإلكتروني.

خصائص التعليم

إن الوسائل التعليمية القديمة وإفتقارها للمواد المطبوعة والتقنيات التعليمية وغيرها من المزايا التعليمية العديدة الأخرى التي ننعم بها اليوم هي التي كانت تشكل في مجملها العملية التعليمية داخل القاعات الدراسية، وتتمثل أهم خصائص ذلك في الآتي:

1. التركيز على الحفظ والإستظهار وليس التحليل والتفكير الملتزمين بقواعد المنطق.

2. كان المدرس عبارة عن ملقن والطلاب عبارة عن متلقين قلما يساهمون بشيء أثناء العملية التعليمية .

3. يتوقع المدرسون من الطلاب حفظ وتكرار ما تلقوه في الصف.

4. أسئلة المدرسين في الصف هي من النوع الذي لا يتطلب سوى الحد الأدنى من المهارات التفكيرية وهم نادراً ما يسألون أسئلة تبدأ بـ: كيف؟ لماذا ؟ وماذا لو؟.

من الواضح أن الخصائص الأساسية المذكورة لم تسهم بأي شكل في تطوير التعليم ومع ذلك فقد كانت تلك الوسائل هي المتبعة في العملية التعليمية طوال فترة الـ 1500 عاماً الماضية، ولذلك أصبحت الحاجة ملحة لأن تخلع عن التعليم عباءة الأزمنة القديمة من أجل تعليم أفضل لأطفالنا وبالتالي مستقبل أفضل لقريتنا العالمية الصغيرة.

التعليم الإلكتروني هو مفهوم غالباً ما يساء تفسيره، وقد لاحظت من خلال كل قراءاتي أن معظم العلماء والمؤلفين خاصة العرب منهم ينظرون إلى التعليم الإلكتروني بإعتباره "تعليماً عن بعد" وهو تعريف رغم صحته الجزئية لا يعكس الصورة كاملة.

يتخذ التعليم الإلكتروني من الإنترنت والمصادر الإلكترونية الأخرى أدوات له لتحسين العملية التعليمية ويشمل ذلك إستخدام الإنترنت داخل قاعات الدراسة ولربط الطلاب والمدرسين ببعضهم البعض لتشكيل ما يسمى بالصفوف الدراسية الإلكترونية أو ربطهم لأغراض البحث العلمي والدراسات المشتركة.

هذا الإعتقاد الخاطئ الذي يصور أن شبكة الإنترنت تستخدم فقط لأغراض التعليم عن بعد أو التعليم بالمراسلة أصبح شائعاً جداً في الأدب التربوي، وقد يعزى السبب في ذلك إلى أن معظم المؤلفين بل وحتى التربويين لم يعوا بعد كيف وخاصة أين يمكن إستخدام الإنترنت لأغراض التعليم وتلك حقيقة يجب ألا تشكل مصدر قلق لنا (في الدول النامية) خاصة إذا ما علمنا أن المدارس الأمريكية نفسها إستطاعت بالكاد أن تواكب تقنيات ومعارف التعليم الإلكتروني خلال عام 1996م (وزارة التعليم الأمريكية 1996).

إن إستخدام الإنترنت من شأنه أن يضع الطلاب والمدرسين على حد سواء أمام حقيقة لافته وغير عادية وهي أن الإنترنت سوف توفر لهم المعلومات الضرورية بشتى أنواعها من خلال نقرة على الزر ما يوفر عليهم مشقة حفظ المادة الدراسية عن ظهر قلب... ولماذا يجب عليهم أن يفعلوا ذلك في الوقت الذي أصبحت فيه المعلومات متاحة في أي وقت ؟ أليس بإستطاعة الطلاب والمدرسين على حد سواء التركيز بهذه الكيفية على التفكير المنطقي والتحليل عوضاً عن الركون إلى الحفظ وجمع المعلومات ؟ عليه وتأسيساً على هذه المعطيات يمكن تلخيص التغيرات الرئيسة في حقل التعليم على النحو التالي:

1. سوف تصبح جميع مؤسسات التعليم وثيقة الإرتباط والتجهيز بالتقنيات الضرورية بالقدر الذي يمكنها من مسايرة تقنيات العصر.

2. يستطيع المدرسون تطوير المهارات التعليمية لمواكبة المهارات المتصلة بإستخدام الحاسب الآلي والتقنيات الحديثة (وزارة التربية والتعليم الأمريكية 1996) بالقدر الذي يمكنهم من مواصلة تقدمهم الوظيفي في المجال التربوي.

3. تتوفر للطلاب التقنيات وأجهزة الحاسب الآلي لدراساتهم الأساسية في مرحلة تربوية مبكرة من حياتهم.

4. سوف يتحول التركيز في الصف إلى التحليل والتفكير المنطقي وتطوير المعرفة بدلاً من تكبد مشقة الحفظ.

5. سوف يصبح المدرسون أكثر قدرة على مساعدة طلابهم على إستيعاب المفاهيم المستعصية والتحصيل وتلبية الإحتياجات الضرورية للطلاب بشكل أفضل (وزارة التربية والتعليم الأمريكية 1996) بإعتبار أن التعليم الإلكتروني يعمل على تعزيز عملية التعليم وتحسين المستوى التحصيلي لجميع الطلاب.

6. لن تكون هنالك حاجة لإختيار كتاب مدرسي بعينه مع توفر تشكيلة واسعة من الكتب المتاحة من خلال الإتصال المباشر وغير المباشر حيث أن شبكة الإنترنت تتيح كماً هائلاً من المعلومات بما يحد من قدرة المدرسين على تحديد "كتاب مدرسي" معين.

7. طبع معظم الكتب والمكتبات الكترونياً بمعنى حفظها في أجهزة إلكترونية متصلة بشبكة الإنترنت ذلك لأن الكتب الإلكترونية يسهل تحديثها ومراجعتها بينما تبلى الموارد الورقية والمطبوعة بمرور الزمن حتى تصبح في وقت ما عديمة الفائدة العلمية لقدم ما تحتويه من معلومات.

8. تقليل النفقات الدراسية بشكل كبير من حيث حجم ونوعية الموارد التعليمية لعدم الحاجة إلى متطلبات من قبيل المباني الكبيرة للمكتبات وتجنب الخسائر الضخمة الناجمة عن المواد المطبوعة التالفة والدوريات العلمية

والخدمات الكثيرة الأخرى التي لن تكون هنالك حاجة لها سوى كلفة ما يتصل بها من تقنيات.

9. تحرير التعليم من قيود الزمان والمكان والاعتماد على المحاضرات والحفظ وهـي القيـود التـي حصرت التعليم بين جدران القاعـات الدراسـية لفـترة الـ 1500 عامـاً الماضية، أمـا الآن ومـع إمكانية عقد المؤتمرات الإلكترونية وتوفر الكثير من وسائل الإتصال المتقدمـة الأخرى بجانب تجسيد مفهوم التفكير المنطقي والتحليل عوضاً عن الحفظ فقد تحول التعلـيم إلى خدمـة أو منفعة يفترض أن تتوفر للجميع في أي وقت.

لماذا نحتاج إلى التعليم الإلكتروني ؟

عقبات تطبيق التعليم الإلكتروني.. وعيوب التعليم الإلكتروني

كما هو الحال في شتي نواحي الحياة هنالك دائمـاً وجهان لكل عمل جيد وهو ما ينطبق أيضـاً علـى التعليم الإلكتروني، فعملية التعلم الإلكتروني تعتمد على الإنترنت ولكي نفهم بشكل أفضـل عيـوب التعلـيم الإلكتروني يجب أن نبدأ بفهم شبكة الإنترنت من حيث أنها تقنية وأداة إتصال.

بادئ ذي بدء علينا أن ندرك كتربويين وآباء وأمهات وطلاب بأن شبكة الإنترنت خلافـاً لغيرهـا مـن أدوات الإتصال الموجودة تعتبر نظاماً مفتوحاً وبهذه الخاصية يمكن للإنترنت إستيعاب أية معلومات تتـوفر لها ويمكن لأي شخص إمتلاك موقع عليها وتغذيته بما يرغب من معلومات وهـو مـا يعنـي أن الكثير مـن المعلومات غير الدقيقة يمكن أن تتواجد بها جنباً إلى جنب مع المعلومات الموثوقة.

ولكونها نظاماً مفتوحاً فإن شبكة الإنترنت لا تعرض المعلومات المفيدة فقط ولكنها تقدم الكثير مـن الخدمات منها الصالح مثل البحوث العلمية ومنها الطالح مثل المواقع الإباحية. وعليـه فإن الطلاب والمؤسسات التعليمية التي تعتمد على التعليم الإلكتروني سـوف تكـون عرضة لكـل مـا يجـود بـه النظـام المفتوح الذي تمثله شبكة الانترنت... سواء كان صالحاً أم طالحاً مفيداً أم معيباً، كما يجب على الطلاب عند إستخدام الإنترنت لأغراض البحث والتعليم أن يعوا بأن ليس كل ما ينشر على الإنترنت

ليس صحيحاً بنسبة 100% رغم أن الصحيح قد يشكل الجزء الأكبر، ولذلك يتعين على الطلاب والمدرسين على حد سواء تطوير قدراتهم من حيث إمعان النظر في أية معلومة يحصلون عليها عبر شبكة الإنترنت لتبين صحتها ودقتها.

هكذا فإن العقبه الأولى هي توفر الكثير من المعلومات المضللة والخاطئة على شبكة الإنترنت والتي من شأنها إيذاء وإلحاق الضرر بالأمانة الأكاديمية والتأثير سلباً على نوعية المعرفة التي يحصل عليها الطلاب.

الحقيقة الثانية الأهم التي يجب عليها أن نلم بها عن الإنترنت هي أن الإنترنت أداة معقدة التقنية من حيث الأجهزة ووسائل الإتصال ولذلك فإن إدخال التعليم ضمن البنية التحتية لهذه الشبكة وفي ظل نقص التمويل وشح الموارد الذي تعاني منه معظم المدارس في العالم (منظمة اليونسكو 2..2م) فإن الوقت لا يزال مبكراً بعض الشيء لإفتراض إمكانية النظر في إدخال التعليم الإلكتروني وتوفير شبكة الإنترنت في معظم القاعات الدراسية على نطاق العالم في المستقبل القريب، واللافت هو أن حتى المدارس الأمريكية ليست كلها متصلة بالإنترنت حتى يومنا هذا (وزارة التربية والتعليم الأمريكية 2002م). هكذا وتبعاً لما ذكر من حقائق بعاليه فإن العقبة الثانية هي الإفتقار للموارد وتوفر التقنيات والبنى التحتية للإتصالات.

القضية الثالثة الأكثر أهمية هي تعليم المدرسين الذين يقومون بإستخدام الإنترنت لأغراض التعلم الإلكتروني وإدارة التعليم من خلال هذه الشبكة حيث يكون بإستطاعتهم إستخدام هذه الأداة بالفاعلية المطلوبة بما في ذلك القدرة على إجراء البحوث بواسطتها والحرص على التمييز بين ما هو صالح وما هو طالح من المعلومات الموثوقة والخاطئة وكذلك بين المعلومات القديمة والحديثة.

يجب ألا تنحصر معارف المدرس في قدرته على القيام بكل ما ذكر أعلاه فحسب بل يجب أن تمتد لتشمل أيضاً قدرته على التمييز بين الوسائل الفنية الضرورية للتعلم من خلال الإنترنت والوسائل الفنية القديمة، منها على سبيل المثال وسائل التفكير وإثارة رغبة المشاركة لدى الطلاب بجانب حاجتهم إلى تطوير الوسائل الفنية لوضع الإمتحانات وتقويم الطلاب، وطالما أن التعليم عبر الإنترنت مختلف يجب أن

تختلف كذلك تبعاً لذلك عملية التقويم والإمتحانات، ومرة أخرى يجب على المدرسين أن يركزوا على وسائل التفكير المنطقي وليس الحفظ.

عليه فإن العقبة الثالثة الأكثر أهمية بالنسبة للتعليم الإلكتروني تتمثل في الإفتقار إلى المدرسين والتربويين الذين يتمتعون بقدر كاف من التدريب لإستخدام الإنترنت بكفاءة وتطوير مهاراتهم التربوية والامتحاناتية والتقويمية تبعاً لذلك.

القضية الرابعة الأكثر أهمية هي الأمانة الأكاديمية ذلك لأن شبكة الإنترنت تكتظ بالبحوث والأوراق الجاهزة "للنسخ واللصق" وهي بأعداد لا حدود لها وتشكل نسبة كبيرة من المواد المنشورة على الشبكة بأسرها (باش 2000)، وعلى هذا الأساس يستطيع الطلاب الغش وإنتحال بحوثهم من الإنترنت بحيث تبدو سليمة من الناحية الأكاديمية تماماً كأي بحث يتم إعداده بكل أمانة. إذاً العقبة هنا هي المعلومات والبحوث واسعة الإنتشار على الإنترنت والتي يمكن أن توفر للطلاب "ملاذاً" سهلاً بدلاً من بذل الجهد وإكتساب المعرفة وهذا التوجه كمفهوم يمكن أن يدمر الأكاديمية في أية مؤسسة تعليمية.

تتمثل العقبة الخامسة في الرفض والمقاومة من جانب المجتمع، إذ من السذاجة بمكان أن يظن المرء بأن الإنترنت وإكتساب المعرفة الكترونياً سوف تجدان القبول مثل أي وسائل فنية جديدة أخرى فالكثير من الناس تنتابهم الكثير من الشكوك عندما تقترن الإنترنت بالعملية التعليمية بل وإمتدت هذه الشكوك لتطال حتى رؤساء بعض الجامعات الأمريكية مثل رئيس جامعة كولومبيا الذي صرح لمراسل قناة MSNBC الإخبارية في 16 يوليو 2001م قائلاً: " إذا كان الدارسون بنظام التعليم الإلكتروني شغلهم الشاغل هو الإنترنت فنحن شغلنا الشاغل هو التعليم !".

ومثلها مثل كل فكرة جديدة في الحياة تواجه الإنترنت بالفعل رفضاً إجتماعياً كبيراً خاصة في العالم العربي حيث تمثل قضية إستخدام الطالبات للإنترنت تحدياً حقيقياً لاسيما عندما يتعلق الأمر بمحاولة إقناع أولياء أمورهن أو ذويهن.

أما العقبة الأخيرة وربما الأكثر تأثيراً من بين جميع القضايا فهي الإفتقار إلى الأمن وتدخلات الهواة والمولعين بشكبة الإنترنت، حيث أنه لا وجود لما يعرف بالأمن في عالم الإنترنت لسبب بسيط وهو أن أي شيء يتم قفله يمكن فتحه بطريقة أو بأخرى

والأمر كله يتعلق بمقدار ما يخصصه الهواة من وقت لإختراق المواقع (زهران 2002) ولذلك فإن الأمـن في الإنترنت يعتبر قضية مزعجة والمشكلة في هذا الصدد ليست محصورة في المؤسسـات التعليميـة فقـط بـل حتى الشركات الكبرى التي تملك مـوارد وتقنيات وخبـرات لا حدود لها لا تسلم مـن مثـل هـذه الهجـمات أيضاً مثال ذلك أن 60% من هذه الشركات تعرضت إلى نفس النـوع مـن التـدخل غـير المـرخص بجانب تعرضها إلى هجمات متواصلة خلال عام 1998م وحـده (زمـيتس 1998)، والأمـر المخيـف فعـلاً هـو مقدار الضرر الذي يمكن أن يحدثه هجوم واحد من هذا النوع حيث يمكن أن يتسبب في تدمير منظومـة الشركة بأكملها وفي بعض الأحيان يكون الدمار أكثر بكثير بحيث يفوق قوة تحمل أيـة جامعة أو مدرسة عاديـة أو أي طالب عندما يطال الهجوم حاسبه الآلي. لقد قدرت بعض الشركات خسائرها الكليـة بملايين الـدولارات بسبب هجوم واحد فقط من هذا النوع. (بلاك 2001)

التغلب على عقبات التعليم الإلكتروني

يجب ألا تحول جميع العقبات المـذكورة أعـلاه دون تعزيـز التعليم الإلكـتروني حيـث أن هنالـك العديد من الطرق الواقعية والممكنة للتغلب على هذه العقبات منها ما يلي:

1. تقليل الكلفة الكلية للتقنية. صحيح أن التقنية في مجملها باهظـة التكـاليف ولكـن مـن ناحيـة أخرى يجب ألا تكون التقنية بذلك القدر من التكلفة عند إستغلالها بكفاءة لتقديم الخدمات كما أن على المدارس والجامعات وما يقترن بها من مؤسسـات تعليميـة أن تـدرك أنـه في عـالم التعليم اليوم يعد عدم إستغلال الإنترنت أشبه بالإنتحار التربوي وذلك لأن الحقيقـة الماثلـة هي أن الجميع يستخدم الإنترنت مع تقلص قيمة الورقة المطبوعـة مقابـل قيمة المعلومـات الإلكترونية ولذلك فإن المؤسسات التي لا تقـدم عـلى إسـتخدام الإنترنت سـوف تحكـم عـلى نفسها بالعزلة والتخلف. بجانب ذلك يستطيع الطلاب في المسـتقبل القريـب الإنتماء إلى أيـة مدرسة أو جامعة تروق لهم دون الحاجة إلى مغادرة مدنهم مواقع سكناهم، وفي هذه الحالة كيف سيكون

مصير تلك الجامعات التي قررت عدم الإستثمار في الإنترنت والتقنيات الحديثة لأغراض التعليم ؟

2. السيطرة على التقنية. طالما أن النظم التعليمية تتميز بخاصية الرقابة والكفاءة التقنية فإنه يمكن السيطرة على كل شيء يتعلق بالتعليم الإلكتروني بما في ذلك موارد ونوعية التعليم وفوق كل ذلك الأمانة الأكاديمية.

3. وضع سياسة صارمة غير متسامحة إزاء الأمانة الأكاديمية. يتعين على جميع المدارس الراغبة في البقاء والمحافظة على جودة مخرجاتها التعليمية في عصر الإنترنت أن تضع نصب عينها قضايا الأمانة لأكاديمية وذلك بوضع سياسة شديدة الصرامة ضد كل من يقوم بمخالفة القواعد المرعية عند إستخدام الإنترنت.

4. وضع سياسة أمن صارمة. المقصود بسياسة الأمن هو القدرة على تحديد من يسمح له ومن لا يسمح له بالوصول إلى معلومات المدرسة أو الجامعة (بلاك 2001) مع ضرورة الإلتزام بهذه السياسة ووضعها موضع التنفيذ العملي بإستخدام الوسائل التقنية مثل جدار النار (Firewall) وهو عبارة عن برنامج حاسوبي يعمل لحماية الشبكة ضد التهديدات الخارجية مثل المولعين بالحواسيب وهي تراقب الدخول إلى الشبكة والخروج منها، وهنالك العديد من التقنيات الحاسوبية وخدع الإتصال التي يمكن أن تخدم هذا الغرض ولكن الأهم هو ضرورة الوضوح في قضية من يسمح له ومن لا يسمح له بالدخول إلى الشبكة.

5. تعليم وتدريب المدرسين والتربويين. ويشمل ذلك التدريب في مجال التقنية وإستخدام الإنترنت بجانب التدريب على وسائل التدريس والقضايا الإجتماعية والإنسانية الأخرى في الصف بما يمكنهم من تحسين قدراتهم على التعاطي مع التعلم لإلكتروني.

6. تعليم المجتمع. يتعين على التربويين في نهاية المطاف التعامل مع أولياء أمور الطلاب وعائلاتهم ولذلك يجب الإستعانة بالتعليم الإلكتروني كإستراتيجية

رئيسية لتعليم المجتمعات عن أهمية مثل هذه التقنية وقدرتها على خدمة المجتمع نحو مستقبل أفضل.

ما هي فوائد التعلم الإلكتروني ؟

يرى الكثيرون في التعلم الإلكتروني طريقة أفضل للتعليم بإعتباره سبيلاً أسهل للحصول على الدرجة العلمية المطلوبة وهو إعتقاد غير صحيح كما سنرى. ليس المقصود فقط بالتعليم الإلكتروني تسهيل وتسيير عملية التعليم لأنه يتجنب قيود الزمان والفضاء والمكان. صحيح أن الناس يستطيعون الحصول على درجاتهم العلمية عبر الإنترنت دون حاجتهم إلى مغادرة بلدانهم وصحيح أيضاً أن بإستطاعة التربويين الآن الوصول إلى الطلاب في أوقات وسرعات لم تكن ممكنة من قبل وبهذه الطريقة يتم ربط المجتمعات بعضها البعض والأهم ربط الجمعيات الأكاديمية، فعلى سبيل المثال تستطيع الآن القيام ببحث مشترك عن التعلم الإلكتروني مع أي طالب من جامعة هارفرد دون أن تقابل ذلك الطالب وكلما تحتاجه هو أن تكون لديك مادة جيدة للبحث تقتنع بها الجامعة والطالب الذي سيشاركك البحث.

كان التركيز في الماضي على "المعايير" بدلاً من نوعية البحث والتعليم والوضع لايزال على هذا الحال في كثير من بلدان العالم التي لا تزال تهتم بالكم والمظهر على الورق رغم أن المعرفة أصبحت الآن متاحة لكل فرد وكلما تحتاجه هو أن تنقر على متصفح الإنترنت لتجد كل ما تحتاجه ولذلك أصبح الباحث أكثر تركيزاً على إنتاج الجديد الذي يحظى بالإعتراف والإستحسان بدلاً من تكرار وإعادة تنميط المعلومات القديمة.

من خلال إمكانية الوصول إلى شبكة الإنترنت يمكن أيضاً إيصال التعليم إلى المناطق النائية وإلى من فاتتهم فرصة التعليم وتعزيز كافة أشكال المعرفة الضرورية للإحتياجات البشرية مثل المدارس الطبية وغيرها، فعلى سبيل المثال ظلت جامعة كاليفورنيا وجامعة تكساس تطرحان منذ عام 1996م برامج تعليمية في مجال الجراحة عبر الإنترنت حيث يستطيع الطلاب المنتسبين لهذه البرامج مشاهدة عمليات جراحية أثناء حدوثها على الهواء مباشرة (زهران 1996)، إذاً بهذه الخاصية يمكن

إحداث ثورة في مجال التعليم الطبي من خلال التعلم الإلكتروني في المناطق التي لا توجد بها مدارس طبية مثل الصحراء الإفريقية.

المعرفة قوة والرفاهية والتحصيل الإلكتروني هما عضد أكيد للمعرفة أي أنه بنشر التعليم الإلكتروني على أوسع نطاق سوف تتحسن الأحوال الإقتصادية الدولية للعالم قاطبة وتنطلق إلى الأمام.

الإدارة المعرفية والتجارة الإلكترونية

تعتبر الإدارة المعرفية قضية جوهرية تتعلق بالتسويق الإلكتروني والتجارة الإلكترونية ففي عالم اليوم أخذت المعرفة تزدهر إلى أن أصبحت من الكثافة والعمق بحيث أدت إلى ما يمكنني تسميته بـ "التضخم المعرفي".

إن هذا الكم الهائل من المعرفة إن لم نحسن إدارته سوف يكون عديم الفائدة وغير ذي جدوى وفعالية بل يمكن أن يؤدي إلى التشويش لدرجة تكون فيها المدرسة أو المؤسسة التعليمية أفضل بكثير دون هذه الكمية من المعلومات.

تعتبر الإدارة المعرفية مفهوماً يتناول منظومة من المعرفة والإدارة وظيفتها الرئيسية هي التعاطي مع المعلومات الصحيحة وتوجيهها إلى الشخص الصحيح في الوقت الصحيح مع القدر الصحيح من المعرفة. هذه المنظومة بهذا الوصف قد تبدو بسيطة من الوهلة الأولى ومجرد معلومة بديهية لكن الواقع هو أنها عملية أكثر تعقيداً من ذلك بكثير نظراً لأنه في عالم اليوم الذي يتسم بالإنتشار الواسع للمعرفة لكم أن تصدقوا أو لا تصدقوا أن معظم العاملين يميلون بالفعل إلى الإستئساد بالمعلومات لأنفسهم فقط ويأخذونها معهم عندما يرحلون (ديفنبورت 1998). وبدون توفر ومعرفة أهمية مثل هذه المنظومة في جميع المؤسسات التجارية والتعليمية لن يكون ممكناً لأي شخص أن يتصور أن بإمكان أي مجتمع أن ينعم بالرفاهية والإزدهار دون تحقيق ذلك من خلال المعرفة والتعلم الإلكتروني والنمو الإقتصادي.

من المسلم به تاريخياً أن المجتمعات التي تمتلك المعرفة هي التي تزدهر وأن المجتمعات التي لا تمتلك المعرفة لا تزدهر بل تخبو، والتعليم هو الذي يقود المجتمعات نحو تحقيق الإنجازات والرفاهية والإزدهار ولذلك فإن التعليم المتطور كما هو الحال في مؤسسات التعليم بالولايات المتحدة الإمريكية والدول الأوروبية الغربية هو السبب

الأساسي وراء ما تشهده هذه الدول من إزدهار ورفاهية. لقد شهد الإقتصاد الكوني حيث تنتقل المعلومات بسرعة الضوء زيادة واضحة في قيمة المعلومات والمعرفة خلال الخمسين عاماً الماضية، كما أن الإقتصاد تحول بشكل مثير من إقتصاد المجتمعات العمالية التي تركز على الإنتاج إلى المجتمعات التي يعتمد إقتصادها على المعرفة والقدرات العقلية والفكرية فعلى سبيل المثال 34% أو أقل من القوة العاملة في الولايات المتحدة يعملون كعمال بينما كانت نسبتهم 57% في عام 1980 و76% في عام 1900 (هوني كت 2000) ومن هذا يتضح أن عالم اليوم وإقتصاد اليوم هو عالم سمته القدرات الفكرية وليس العضلية.

سوف ينصب التركيز كله على التعليم الإلكتروني والإدارة المعرفية بجانب إنفتاح جميع النظم والثروة المعلوماتية التي يمتلكها العالم أجمع بحيث يصبح من البديهي أن يتوقع المرء بأن العالم برمته يتجه نحو الإعتماد إقتصادياً على التجارة الإلكترونية. ولأن التعليم سيكون عن طريق شبكة الإنترنت فإن حياة الفرد كلها وعاداته الإستهلاكية ومشترياته سوف تعتمد على الإنترنت، كما أن شبكة الإنترنت سوف توفر معارف غزيرة فيما يتعلق بجميع المعلومات التي يرغب المستهلك في معرفتها عن أي منتج قبل شراءه ولذلك فإن المستهلكين الذين لديهم خدمة الإنترنت والمعتادين على التعلم عن طريقها وبالتالي يمتلكون كل المعلومات المتاحة لهم تكون لهم ميزة معرفة كل شيء عما هو متاح من خلال وسائل التجارة الإلكترونية.

تختلف التعاملات الشرائية التي تتم من خلال وسائل التجارة الإلكترونية عما هو مألوف في حياتنا العادية ففي حالة التجارة الإلكترونية يود المشتري معرفة بل يجب عليه معرفة كل المعلومات التي يتعين عليه على أساسها إتخاذ قراره لاسيما وأن المواقع على شبكة الإنترنت تتسم بالسلاسة وسرعة التشغيل.

الحاسب والتعليم

مقدمة:

نعيش الآن في عصر التكنولوجيا والانفجار التقني والمعرفي والثقافي ومن الضروري جدا أن نواكب هذا التطور ونسايره ونتعايش معه ونحاكيه ونترجم للآخرين إبداعنا ونبرز لهم قدرتنا على الابتكار.

إن هدف إيجاد " المجتمع المعلوماتي" لا يمكن تحقيقه إلا بتكوين" الفكر المعلوماتي" بين أفراد المجتمع بمختلف المستويات ومن أهم المؤسسات التي يمكن الاستفادة منها في تكوين هذا المجتمع هي المدارس والجامعات. والمتتبع لواقع استخدام الحاسب الآلي في مجال التعليم في العالم يجد أن نسبة الاستخدام تزداد بسرعة منقطعة النظير متخطية بذلك العوائق والمشاكل والصعوبات ما استطاعت إلى ذلك سبيلا.

ولعل من أهم المهارات التدريسية المعاصرة مهارة استخدام وتوظيف الحاسوب لمصلحة المواد الدراسية والتدريس حيث التجديد والتغيير والخروج من الروتين المتكرر والرتيب الذي يطغى غالبا على أدائنا التدريسي داخل حجرات الدراسة. يوجد الكثير من التطبيقات للحاسوب التي تفيد في عملية التعليم والتعلم.

أن استخدام الحاسوب في العملية التعليمية لا يتطلب جهازا ذا مواصفات عالية أو إعدادات مميزة لان أي جهاز عادي يمكن أن يفي بالغرض شريطة أن تكون سرعته وذاكرته مناسبتين لعرض الصور والبرامج الصوتية.

والحاسب وسيط تعليمي جيد شرط توفر البرامج المتميزة وتدريب المعلمين على استخدام الحاسب وبرامجه بطريقة جيدة لكي يقوم هذا الوسيط بالعديد من الوظائف التربوية لصالح عملية التعليم والتعلم.

مميزات استخدام الحاسب في التعليم:

1. تنمية مهارات الطلاب لتحقيق الأهداف التعليمية.
2. تنفيذ العديد من التجارب الصعبة من خلال برامج المحاكاة.
3. تقريب المفاهيم النظرية المجردة.

4. برامج التمرين والممارسة أثبتت فعالية واضحة في مساعدة الطلاب على حفظ معاني الكلمات.

5. أثبتت الألعاب التعليمية فعالية كبيرة في مساعدة المعوقين عضلياً وذهنياً.

6. يوفر الحاسب الآلي للطلاب التصحيح الفوري في كل مرحلة من مراحل العمل.

7. يتيح الحاسب الآلي للطالب اللحاق بالبرنامج دون صعوبات كبيرة ودون أخطاء.

8. يتميز التعليم بمساعدة الحاسب الآلي بطابع التكيف مع قدرات الطلاب.

9. تنمية المهارات العقلية عند الطلبة.

10. قدرتها على إيجاد بيئات فكرية تحفز الطالب على استكشاف موضوعات ليست موجودة ضمن المقررات الدراسية.

11. القدرة على توصيل أو نقل المعلومات من المركز الرئيسي للمعلومات إلى أماكن أخرى.

12. يمكن للمتعلم استخدام الحاسب الآلي في الزمان والمكان المناسب.

13. للحاسب الآلي القدرة على تخزين المعلومات وإجابات المتعلمين وردود أفعالهم.

14. تكرار تقديم المعلومات مرة تلو الأخرى.

15. حل مشكلات المعلم التي تواجهه داخل الصف (زيادة عدد الطلاب- قلة الوقت المخصص).

16. تنمية اتجاهات الطلاب نحو بعض المواد المعقدة مثل الرياضيات.

17. عرض الموضوعات ذات المفاهيم المرئية (الخـرائط-أنـواع الحيوانـات-الصخور......) بالبعـد الثالث.

18. توفير بيئة تعليمية تفاعلية بالتحكم والتعـرف عـلى نتـائج المـدخلات والتغلـب عـلى الفـروق الفردية.

19. رفع مستوى الطلاب وتحصيلهم عن طريق التدريبات ووجود التغذية الراجعة.

20. تشجيع الطلاب على العمل لفترة طويلة دون ملل.

استخدامات الإنترنت في التعليم:

إن المتتبع للتغير المستمر في تقنيات تحديث قوة وسرعة الحاسب الآلي يستطيع أن يدرك أن ما كان بالأمس القريب الأفضل تقنيةً والأكثر شيوعاً أصبح أداءه محدوداً، أو ربما أصبح غير ذي جدوى (Obsolete). وقياساً على هذا التسارع الكبير، والمخيف أحياناً،يؤكد (ثرو 1998) أن "التأثير الحقيقي لثورة المعلومات والاتصالات يوجد أمامنا وليس خلفنا.".

وتعتبر الإنترنت أحد التقنيات التي يمكن استخدامها في التعليم العام بصفة عامة وقد عرفها أحد الكتاب بقوله " ..... الإنترنت هي شبكة ضخمة من أجهزة الحاسب الآلي المرتبطة ببعضها البعض والمنتشرة حول العالم". وقد أكد على هذه الأهمية (Ellsworth،1994) حيث قال " إنه من المفرح جداً للتربويين أن يستخدموا شبكة الإنترنت التي توفر العديد من الفرص للمعلمين وللطلاب على حد سواء بطريقة ممتعة" أما (Watson، 1994) فقال " تعتبر وسائل الاتصالات الحديثة من أهم الأدوات التي استخدمتها في التدريس".

هذا ويشير بعض الباحثين إلى أن الإنترنت سوف تلعب دوراً كبيراً في تغيير الطريقة التعليمية المتعارف عليها في الوقت الحاضر، وبخاصة في مراحل التعليم الجامعي والعالي

أما (Williams، 1995) فقد ذكر أن هناك أربعة أسبابٍ رئيسية تجعلنا نستخدم الإنترنت في التعليم وهي:

1- الإنترنت مثال واقعي للقدرة على الحصول على المعلومات من مختلف أنحاء العالم.

2- تُساعد الإنترنت على التعلم التعاوني الجماعي، نظراً لكثرة المعلومات المتوفرة عبر الإنترنت فإنه يصعب على الطالب البحث في كل القوائم لذا يمكن استخدام طريقة العمل الجماعي بين الطلاب، حيث يقوم كل طالب بالبحث في قائمة معينة ثم يجتمع الطلاب لمناقشة ما تم التوصل إليه.

3- تساعد الإنترنت على الاتصال بالعالم بأسرع وقت وبأقل تكلفة.

4- تساعد الإنترنت على توفير أكثر من طريقة في التدريس ذلك أن الإنترنت هي بمثابة مكتبة كبيرة تتوفر فيها جميع الكتب سواءً كانت سهلة أو صعبة. كما أنه يوجد في الإنترنت بعض البرامج التعليمية باختلاف المستويات.

وهنا تجدر الإشارة إلى أن التأثير المستقبلي للإنترنت و الإنترانت على التعليم سوف يتضمن بعداً إيجابياً ينعكس مباشرةً على مجالات التعليم للمرأة المسلمة والذي سوف يجنبها عناء التنقل داخل وخارج مجتمعها، وفي نفس الوقت سوف يوفر لها تنوعاً أوسع في مجالات العلم المختلفة.

واستخدام الإنترنت كأداة أساسية في التعليم حقق الكثير من الإيجابيات. وقد ذكر كل مـن (Bates، 1995 ،Eastmond & 1995 ؛ Wulf، 1996) الإيجابيات التالية:

1. المرونة في الوقت والمكان.

2. إمكانية الوصول إلى عدد أكبر من الجمهور والمتابعين في مختلف العالم.

3. عـدم النظـر إلى ضرورة تطابـق أجهـزة الحاسـوب وأنظمـة التشـغيل المستخدمة مـن قبـل المشاهدين مع الأجهزة المستخدمة في الإرسال.

4. سرعة تطوير البرامج مقارنة بأنظمة الفيديو والأقراص المدمجة (CD-Rom).

5. سهولة تطوير محتوى المناهج الموجودة عبر الإنترنت.

6. قلة التكلفة المادية مقارنة باستخدام الأقمار الصناعية ومحطات التلفزيون والراديو.

7. تغيير نظم وطرق التدريس التقليدية يساعد على إيجاد فصل مليء بالحيوية والنشاط.

8. إعطاء التعليم صبغة العالمية والخروج من الإطار المحلي.

9. سرعة التعليم وبمعنى آخر فإن الوقت المخصص للبحث عن موضوع معين باستخدام الإنترنت يكون قليلاً مقارنة بالطرق التقليدية.

10. الحصول على آراء العلماء والمفكرين والباحثين المتخصصين في مختلـف المجـالات في أي قضية علمية.

11. سرعة الحصول على المعلومات.

12. وظيفة الأستاذ في الفصل الدراسي تصبح بمثابة الموجة والمرشد وليس الملقي والملقن.

13. مساعدة الطلاب على تكوين علاقات عالمية إن صح التعبير.

14. إيجاد فصل بدون حائط (Classroom without Walls).

15. تطوير مهارات الطلاب على استخدام الحاسوب.

16. عدم التقيد بالساعات الدراسية حيث يمكن وضع المادة العلمية عبر الإنترنت ويستطيع الطلاب الحصول عليها في أي مكان وفي أي وقت

كيف نستفيد من الإنترنت في مجال التعليم

1 - البريد الإلكتروني

من أهم الوسائل المفيدة في مجال التعليم استخدام البريد الإلكتروني لتسهيل اتصال الطلاب فيما بينهم وتبادل المعلومات والأفكار التربوية والتواصل خارج الصف الدراسي بل والتواصل مع طلاب من دول أخرى. كذلك يستفيد المعلم من البريد الإلكتروني بالتواصل مع زملائه وطلابه ومن أشكال البريد الإلكتروني ما يلي:

- البريد الشخصي ويمكن الحصول عليه مجاناً من مواقع مثل **ياهو** وهو إيميل قوائم البريد الخاصة بالمواقع مثل قوائم بريد بأسماء الاشخاص.

2- إنشاء مواقع لمقررات دراسية معينة: مثل الرياضيات، أو مواقع لدورات وورش تعليمية ويمكن للمعلم أن ينشئ موقع لطلابه فقط أو لطلاب البلد الذي يعيش فيه أو جميع الطلاب حول العالم. فالمعلم يستطيع التحكم بالموقع وتحديد المشاركين. وتقدم هذه الخدمة كذلك مجاناً مثل الموقع التالي الذي أنشئ للتجربة فقط في **موقع ياهو.**

3- زيارة أدلة المواقع التربوية العربية والأجنبية: والتي تضم أغلب المواقع التربوية تحت موقع واحد وتسهل الوصول إلى عدد كبير من المواقع التربوية مثل **دليل المواقع التربوية العربية.**

4- زيارة المواقع المتخصصة: زيارة المواقع العربية والإنجليزية التي تتناسب مع تخصصك.

5- استخدام مواقع البحث الشهيرة: مثل محركات البحث التالية التي تقدم خدمة البحث بعدد من اللغات بما فيها اللغة العربية

http://www.google.com/
http://www.alltheweb.com/
http://www.yahoo.com

6- إنشاء المواقع الشخصية: يمكن لأي معلم أن ينشئ موقع شخصي ـ مجاني ـ من خلال استضافة مجانية، ومن هذه المواقع:

http://webhosting.sakhr.com
http://angelfire.com
http://fortunecity.com
http://freecenter.digiweb.com
http://home.fiberia.com
http://internettrash.com

ومن المواقع العربية:

http://www.khayma.com
http://www.jeeran.com
http://www.yalla-fun.com

كما يمكن لأي معلم أن ينشئ موقع شخصي ـ بتكاليف بسيطة تتضمن 35 دولار أمريكي سنويا لحجز الاسم الذي يختاره المعلم من أحد المواقع الشهيرة بحجز الأسماء، و مبلغ يتراوح من 5-25 دولار أمريكي لاستضافة الموقع في أحد المواقع الشهيرة. ومن خلال الموقع يستطيع أن يتواصل مع الآخرين.

7- الاشتراك في المنتديات: يمكن الاشتراك في منتديات الحوار المنتشرة في الشبكة العنكبوتية مثل المنتديات العلمية المختلفة.

متطلبات الحاجة إلى استخدام الحاسب الآلي في التعليم:

1- ثقافة الحاسب (مهارات العامل -التطبيقات).

2- التشجيع على العمل (جلب الطلاب وحافز لهم).

3- تطوير المناهج (إخراج المناهج وإخراجها على أقراص CD)

4- تطوير وتسهيل أداء المعلم.

5- حل المشكلات وتصميم برامج لحل المشاكل.

6- نقل عملية التعليم والتعلم إلى المنازل (أقراص مدمجة-إنترنت).

7- لصبر على عملية التعليم والتعلم (صبور -متزن -موضوعي التربية الخاصة).

8- ملء الفراغ (أنشطة فكرية).

مبررات استخدام الحاسب الآلي في التعليم

1- أداة مناسبة لجميع فئات الطلاب (الموهوبين-العاديين-بطيئي التعلم-المعوقين).

2- تهيئة مناخ البحث والاستكشاف (مصادر تعليمية).

3- تحسين وتنمية مهارات التفكير(التفكير المنطقي- العلاقة بين المتغيرات).

4- السماح بالاستفادة من الوسائل التعليمية (عرض الصور والتجارب المعملية) (عرض الأفلام التعليمية والشرائح).

5- القدرة على المحاكاة (إجراء التجارب العملية) (علوم-فيزياء).

6- القدرة على التفاعل المباشر(أسئلة-إجابات-تغذية راجعة-مثير-حافز-عامل مساعد).

7- توفير الوقت والجهد في أداء العمليات المعقدة (رياضيات-فيزياء).

8- ربط المهارات (تعلم التفكير-إدارة الوقت-الإبداع).

9- مساعد المعلم:

– التخلص من الأعباء الروتينية.

– التخلص من الرسم والأشكال.

– المساعدة في تقويم الطالب.

– توفير الوقت في تعديل شخصية الطالب (اجتماعية -انفعالية).

– تصميم وتطوير مقرر تعليمي.

– الوصول إلى مستويات عالية من الفهم.

10- تحسين نواتج وفعالية عملية التعلم للطلاب:

• استخدام لغة مبسطة في حل المسائل.

• تفاعل المتعلم مع مادة التعلم.

- تنمية تفكير المتعلمين.

11- تفريد التعليم: الحاسب يساعد في بناء المادة التعليمية وتحليل المفاهيم المجردة والمعلومات إلى المتعلم :

(الوقت - الإمكانات - القدرات - التحفيز).

12- وضوح معدل تعليم الفرد: يساعد الحاسب المتعلم أن يخطو في تعلمه حسب جهده وسرعته الخاصة.

13- تقديم الدمج للمتعلم (الدمج هو تقديم المعلومات التي تتلو الاستجابة):

يقدم للمتعلم معلومات فورية عن الاستجابة الصحيحة أو الخاطئة وهو يقسم على ما يلي:

1- رجع صواب -خطأ   2- رجع خطأ   3- رجع صواب فقط.

14- تقسم المادة المدروسة إلى سلسلة من التشابهات (المتعلم يسير في قدرته وطاقته ووقته).

15- القدرة على تخزين واسترجاع المعلومات (نصوص -صور-رسوم متحركة-لقطات-فيديو).

16- العرض المرئي للمعلومات الرياضية.

17- القدرة على التحكم وإدارة العديد من الملحقات (مكبرات صوت - طابعات - معدات الرسم - أجهزة العرض - وسائط العرض).

أهمية الحاسب كأداة للتعلم:

هناك ثلاث اتجاهات حول أهميه الحاسب للتعليم هي:

1- الحصول على قرص للعمل.

2- تعديل بنية التفكير والإنساني.

3- المساعدة على زيادة تحصيل الطلاب.

أفضل الطرق للتدريب بواسطة الحاسب:

- طريقة التعليم الخصوصي الفردي (المطلوب من الطلاب إتقان التعلم).
- طريقة التدريب والتمرين (الفهم التلقائي).
- طريقة المحاكاة (التعليم التعاوني يصعب على الواقع).

- طريقة حل المشكلات.
- طريقة الألعاب التعليمية (لتحفيز وتفاعل الأطفال).

أمثلة من البرامج التعليمية الحديثة:

1- البرامج الترفيهية التعليمية (الرياضيات-الأرقام الحروف) برامج صخر وفولوجي وهوم انترأكتف.

2- برامج المراجع والموسوعات العامة (علمية-شرعية-طبية)شركة حرف.

3- برامج المناهج الدراسية (شرح-تمارين-اختبارات)شركة الدوالج فولوجي-العريس-المعالم.

معايير اختيار البرامج التعليمية المعدة مسبقاً:

1- ملائمة البرنامج لنوع الجهاز المستخدم (الذاكرة- الطابعة-القلم الضوئي-المكونات الداخلية).

2- التأكد من خلوه من الأخطار البرمجية ونقاط الضعف ومناسبة مستويات الطلاب.

3- فاعلية البرنامج من الناحية التعليمية والتربوية.

المعلوماتية في خدمة التعليم والتعلم

لقد تطور مفهوم الوسيلة التعليمية بتطور المجتمع والطفل الذي أفرزه هذا المجتمع، حيث خرجت وسائل جديدة للوجود وانقرضت وسائل أخرى نظرا للتخلي عنها لعدم جدواها.

تصنيف الوسائل التعليمية:

1.وسائل سمعية بصرية

2.وسائل مُعينة إيضاحية

3.وسائل تعليمية تعلمية

4.وسائل الاتصال التعليمية

5.التقنيات التعليمية

كانت الشاشة الصغيرة وسيلة عصرية لشد اهتمام الطفل وهو في البيت أو في المدرسة أو في أي مكان آخر يتتبع ويتفاعل ولكنه لا يتدخل فيصبح بذلك مجرد مستهلك وتصبح الشاشة وسيلة ترفيهية. وحينما ظهر الحاسوب وتطورت برامجه بدأ المتفرج يتدخل ويضع معلوماته وكفاياته المكتسبة قيد الاختبار مما يساعده على تنمية قدراته وتسريع عملية الإدراك لديه.فتجده يتخيل ويرسم، يتساءل ويجد الجواب، يخطئ ويجد من يصحح أخطاءه. إلا أنه لا يمكن أن يستغني عن وجود راشد متمكن من الموضوع وواع بالأهداف المرسومة حتى لا يسير المتعلم في متاهة الأدوار الفنية والتقنية الجانبية.

لذلك يتبادر إلى الذهن سؤال: هل المعلوماتية وسيلة تربوية محددة أم أنها وسائل تعليمية تعتمد الافتراضية يمكن تكييفها حسب مستويات الأطفال وأعمارهم.؟

إذا اعتبرنا هذه المادة مجموعة من البرامج المتكاملة تقوم مقام الوسائل العادية فإنه يتعين علينا تعويض الخصائص الذي يعتريها لأنها لا تغطيا لحواس الأخرى. بحيث لا نكتفي بالصوت والصورة وإن كانتا ثلاثية الأبعاد.

لذلك فإن مادة المعلوماتية في وضعها الحالي لن تستطيع تغطية كل الجوانب المتعلقة بتربية الملكات لدى الطفل. فهناك حاجة إلى وسائل أخرى معينَة كذوات الأشياء ووضعيات معيّنة.

أما عن وسيلة الاتصال التعليمية فهي كذلك مرتبطة بالسمع والبصر- لذلك يمكن استعمال الحاسوب وللمعلوماتية دور جاد في هذا المجال.

فإدخال الأجهزة في التعليم أو تنظيم التعليم عبر تدخل الآلة يقتضي توفر وسائل عصرية معينة تتطور حسب التطور التكنولوجي.

فلا ينبغي أن نخلط بين التكنولوجيا في التعليم(إدخال الأجهزة التكنولوجية في العملية التعليمية) وتكنولوجيا التعليم(استخدام التكنولوجيا في العملية التعليمية)

المعلوماتية في خدمة التعليم تدخل في تكنولوجيا التعليم. وكونها كذلك يفرض سـن طرق في مستوى حداثة الوسيلة ومسايرة للتطور الحاصل.إلا أن دخول التقنيات الحديثة لا يعني بالضرورة ثـورة في العملية بل هو مكمل لها سواء توخينا بيداغوجية الأهداف أو بيداغوجية الكفايات لأنه لن تقوم الوسائل السمعية البصرية مقام الوسائل التي تخاطب حواس الشم والذوق واللمس وغيرها.إذ يبقى دورها مرتكزا على المواد العلمية كالرياضيات والعلوم الطبيعية والتاريخ والجغرافية مثلا.

المعلوماتية في خدمة التربية:

تطورت المعلوماتية من برامج ذات صبغة أمنية طورتها أمريكا في عصر الحرب الباردة إلى آلة حاسوب طورها اليابانيون لاستقبال برامج تمثل ذكاءً صناعيا أحدث ثـورة عارمة في العصر ـ الحديث.فتمكن مـن استغلال وضبط تدفق الالكترونات وصنعت رقائق ذات ذاكرة هائلة ولكنها بعيدة كل البعد عن ذاكرة خلق اللـه سبحانه. إلا أن المعلوماتية استطاعت بشكل مـن الأشكال أن تكون في خدمة الإنسان والمجتمع. وبالتالي انتقلت مـن مـادة تـدرس في الجامعـات إلى وسـائل يدرس بها. فضلا عن كونها حلت مشاكل الاتصال بفضل التكنولوجيا الرقمية التي تعتمـد على المنطـق والمعلوماتية.

أين المعلم والمعلمة من هذا كله؟

نحن نشعر بتأثر الطفل بمحيط تزدهر فيه الألعاب الإلكترونية والفيديو ونعلم أن ذلك يأخذ حظا وافرا من وقته سواء داخل البيت أو خارجه.لذا اصبحنا نطرح بعض الأسئلة.

كيف نوجه الطفل للاستفادة من هذا الزخم الواسع من المعلومات التي ترد عليه؟

كيف نجنبه بعض المشاكل التي يسببها الإفراط في اللعب الإلكتروني؟

كيف نستغل المعلوماتية ونجعلها في خدمة التربية والتعليم؟

- في البيوت ؟
- في المدارس؟
- في المكتبات العامة؟

هل تستحق التقنيات الحديثة أن تعلق عليها كل الآمال للمضي قدما في تنشئة الجيل الجديـد؟ أم أنها لن تصبح طرفا في العملية إلا إذا أُحسن استعمالها

الحاسوب في مجال المؤسسات التعليمية

الحمد لله العالم، الذي علم بالقلم، علم الإنسان مالم يعلم،

وصلاة اللـه على خير معلم سيدنا محمد وعلى آله وصحبه وسلم.

فإنه منذ العصور القديمة بدء الإنسان بأستخدام أساليب ووسائل مرتبطـة بحياتـه اليوميـة لإجـراء عملية العد والحساب، فقد استخدم أصابعه ومن ثم الحصى للعد، ولكن بعد تزايد حجم المعلومـات فقـد أدى به إلى استحداث أساليب آلية تساعده في حل المسائل التي يواجهها، فكان من الآلات المخترعة مبـدئياً آلة المعداد الذي يسمى بعداد أباكوس (Abacus) في الصين قبل عام 2...ق.م للقيـام بعمليـات العـد وذلـك بتحريك وترتيب الخرز يدوياً للقيام بالعمليات الحسابية البسيطة، وقد استخدمها أيضاً اليونـانيين وقـدماء المصريين، ثم جاء العلماء العرب والمسلمين الذين أضـافوا الـرقم صـفر إلى مجموعـة الأرقـام والـذي يعتـبر الأساس في علم الحاسوب (النظام الثنائي)(1)، ثم جاء من بعدهم العالم الفرنسي بليز باسكال في عام 1642م وقام باختراع آلة جمع ميكانيكية سميت بآلة باسكال والتي تعتبر أول آلة حاسبة فعلية.

ثم تلت مرحلة آلة باسكال عدة مراحل تطور فيها علم الحساب، وتم اختراع عدة آلات تعتمد في عملها على أساس الحركة الميكانيكية.

ومع التطور السريع الذي شهده علم الفيزياء تطورت معه هذه الآلات الميكانيكية وأصبحت آلات كهروميكانيكية ثم أصبحت فيما بعد أجهزة إلكترونية بحتة.

ومع هذا التطور المتسارع ظهر الحاسب الآلي الذي يقوم بعدة عمليات حسابية معقدة في وقت قياسي جداً، الذ أدى إلى استخدام الحاسوب في جميع المجالات ومن ضمنها مجال التعليم.

يسهم الحاسوب إسهاماً كبيراً في المؤسسات التعليمية، وبدء تزايد استخدام الحاسوب من قبل عقدين من الزمن تقريباً، فنجاح وانتشار استخدام الحاسوب في المؤسسات التعليمية المختلفة يعود إلى ما يملكه من برمجيات ذات إمكانات وخصائص تعليمية تساعد في رفع المستوى العام للتحصيل العلمي، وإلى دوره الفعال في مجال الإدارة التربوية والمدرسية.

ويستخدم الحاسوب في مجال التعليم في جميع مراحله، وتستخدم تطبيقاته في عدة أغراض منها ما يتعلق بالجانب الإداري ومنها ما يتعلق بجانب التعليم المباشر أو كمساعد تعليمي، وسوف أقوم في هذه الدراسة البسيطة باستعراض هذين الجانبين كلاً على حدة.

الحاسوب في ميدان إدارة المؤسسات التربوية:-

يتركز استخدام الحاسب الآلي في المؤسسات التعليمية في استخدام البرامج التطبيقية للقيام بالعديد من الأعمال الإدارية المتعلقة بحفظ السجلات والبيانات الخاصة بكل إدارة وفي إعداد الملفات الخاصة بالطلاب والبيانات الخاصة بهم من معلومات شخصية ومالية وصحية وأكاديمية، ويستخدم في المراسلات والتخطيط والبحوث التربوية وإعداد وتصميم المناهج المختلفة وإعداد الامتحانات والجداول الخاصة بالمحاضرات للمدرسين وكتابة التقارير والإعلانات وفي إدارة الميزانية وتنظيم وإجراء الحسابات وإعداد كشوفات الرواتب والمستحقات وغير ذلك من الأعمال المتعلقة بالجانب الإداري.

الحاسوب في ميدان التعليم:-

الحاسب الآلي أصبح أحد أهم التقنيات التعليمية التي دخلت مجال التعليم والذي أصبح أداة تعليمية فعالة ذات كفاءة عالية في تطوير أساليب التعليم التغلب على مشكلاته، والكمبيوتر يعد عامل مساعد في التعليم وجزء لا يتجزأ من العملية التعليمية وذلك لما له من أهمية في إعداد أجيال الغد، وللحاسوب في مجال التعليم جانبان.

الجانب الأول: استخدام الكمبيوتر كموضوع للتدريس (كهدف تعليمي)

ويتم ذلك من خلال التعرف على الحاسوب ذاته (ثقافة الكمبيوتر) وتعلم مكوناته الأساسية ومهارات إستخدام تطبيقاته مثل معالجة الكلمات وقواعد البيانات والجداول الحسابية وغيرها من البرامج التطبيقية بشكل عام، وتعليم الحاسوب (كثقافة الكمبيوتر) بشكل خاص، ونجد الكثيرين من الناس يتجهون إلى المراكز الخاصة التي تقدم دورات تدريبية في استخدام الحاسوب، وتقوم معظم المدارس والجامعات في معظم الدول بتقديم مقررات خاصة بتعليم الكمبيوتر.

الجانب الثاني: في تعليم المواد المختلفة

ويتركز استخدامه في هذا الجانب في ثلاثة أشكال:

1 - كوسيط تعليمي:

يستعين العديد من المدرسين بأجهزة الكمبيوتر كوسيلة تعليمية وتوضيحية في تعليم العديد من المواد الدراسية والموضوعات المختلفة وهذا ما يسمى بـ(Computer Aid Insrtuction [CAI])، ومن خلال الحاسوب يمكن عرض الدروس المختلفة وإجراء التجارب المعملية، كما يمكن عرض الأفلام التعليمية والعلمية، فالكمبيوتر أصبح

يحل محل التلفاز والفيديو والسينما وأدوات العرض الأخرى لعرض الصور والرسوم والمخططات والخرائط وغيرها.

وبعض المدرسين يقومون بتصميم دروسهم باستخدام الكمبيوتر ومن ثم يتم العرض المباشر من الحاسوب، كما يصمم المدرس الواجبات ويرسلها عبر الإنترنت إلى قائمته البريدية التي تضم عناوين البريد الإلكتروني (E-Mail) لجميع طلابه، بحيث يستطيع كل طالب الحصول على الواجبات ويقوم بإجراء الحلول ثم إعادتها بالبريد الإلكتروني للمدرس.

وعليه فالكمبيوتر يسهل الاتصال بين كل كم المدرس والطالب في أي لحظة.

2 - **في التعلم الذاتي أو الفردي**:(Self Learning)

التعلم الذاتي أو الفردي هو الاستغناء عن المدرس باستخدام الكمبيوتر في تلقي المحاضرات أو غيرها من الممارسات الصفية التي يقودها المدرس، تصمم بعض المواد الدراسية عن طريق الحاسوب بطريقة تفاعلية تثير اهتمام الطالب وتقيم وتتبع مدى تمكن الطالب من المادة المعروضة وتقديم التغذية الرجعية المناسبة عند اللزوم.

وقد ساهم الكمبيوتر في استخدامه كالتعليم عن بعد لتسهيل الكثير من الصعوبات بحيث يتم بث أو تقديم المواد الدراسية والبرامج التعليمية اللازمة عبر الإنترنت للطلاب.

وتقوم البرامج التعليمية مقام المعلم حيث يتم التفاعل بين الطالب والكمبيوتر وقد انتشرت البرامج التعليمية وخصوصاً التي تعتمد على أسلوب التدريب والممارسة Drill And Practice والذي يقدم العديد من الأسئلة المتنوعة ومن ثم إعطاء الإجابة بعد عدة محاولات للوصول للإجابة الصحيحة، كما يزود بالشرح حول فقرة معينة إذا طلب منه

ذلك، وهناك البرامج التعليمية الأخرى مثل حل المشكلات Problem Solving والاكتشاف Discovery وتعليمية بحتة Tutorial، ويتوقع الكثير من أن الحاسوب سيحل محل المدرس ليقوم بكل الوظائف التي يقوم بها المعلم في جميع المدارس والجامعات ولا يحتاج للمعلم إلا للتوجيه والإرشاد.

3 - **كمصدر للمعلومات** Source Of Information:

كثير من المعلومات والمعارف العامة التي كانت تعد في مجلدات وكتب مثل الموسوعات العلمية والأبحاث وأمهات الكتب الإسلامية المختلفة تجهز حالياً في أقراص ليزرية CD تقرأ بواسطة الحاسوب، كما أن العديد من هذه المعلومات يمكن الحصول عليها من خلال الإنترنت والتي أصبحت مصدراً أساسياً للحصول على العديد من المعارف العامة والخاصة، وأصبحت كثير من الجامعات في الدول المتقدمة توفر لطلابها الخدمات المجانية عبر الإنترنت ليتمكن هؤلاء الطلاب من الحصول على المعلومات والمعارف وتبادلها بين الباحثين والمهتمين والعلماء والخبراء وأصحاب الإهتمامات المشتركة، والحصول على آخر البحوث والدراسات وتصفح الكتب من أكبر المكتبات في العالم بيسر وسهولة.

التعلم ذاتي

شهد النصف الثاني من القرن الماضي ظهور نظام جديد يمكن الطلاب من التعلم بأنفسهم دون مساعدة من معلم معتمدين في ذلك على قدراتهم الذاتية الخاصة.وعلى الرغم من أن الطلاب يتفاوتون في هذه القدرات فيما بينهم كما أنهم يتفاوتون في سرعة ونمو هذه القدرات تبعاً النمائية التي يمرون فيها إلا أنه وجد أن مهارات التعلم قد تختلف وتتنوع من مرحلة إلى مرحلة تبعاً للمؤثرات البيئية التي يتعرضون لها ومقدارها والتفاوت في طريقة استجابة كل منهم لتلك المؤثرات وسرعتها وبالتالي إلى مقدار التعلم الحاصل نتيجة ذلك. والتعلم الذاتي يهدف إلى الاهتمام بالطالب والتركيز عليه في عمليتي التعليم والتعلم وتصميم برامج خاصة له بحيث يترك أمر تقدمه إلى قدراته الفردية وسرعته الذاتية ويتطلب توفير سلسلة من الأهداف السلوكية واقتراح الأنشطة التعلمية التي تساعد على تحقيق تلك الأهداف نتيجة

اكتساب الطالب لخبرات غير مباشرة أو خبرات بديلة. ويتطلب التعلم الذاتي توفير المواد التعليمية ومصادر التعلم التي يحتاجها الطالب.

تعريف التعلم الذاتي:

هو مجموعة من الإجراءات لإدارة عملية التعليم بحيث يندمج المتعلم بمهمات تعليمية تتناسب وحاجاته وقدراته الخاصة ومستوياته المعرفية والعقلية.(د. عبد الحي السبحي)

مبررات التعلم الذاتي:

إن كثرة الطلاب أعجزت عن قيام المدرسة بمسؤولياتها كما ينبغي كما أن ضعف مستويات المعلمين وخريجي الجامعات العلمي والمسلكي أثار فكرة تعليم الطالب نفسه بنفسه.

بالإضافة إلى أن التربية المعاصرة بدأت في إعفاء المعلم من واجباته الروتينية وحملته مسؤوليات أخرى.

أهداف التعلم الذاتي:

يهدف التعلم الذاتي إلى ما يلي:

- تطويع التعلم وتكييفه للطالب حسب قدراته واستعداداته.
- عرض المعلومات بشكليات مختلفة تتيح للطالب حرية اختيار النشاط الذي يناسبه من حيث خلفيته للمعرفة السابقة بالموضوع وسرعة تعلمه وأسلوبه في التعلم.
- تحقيق الأهداف التربوية والتعليمية المرغوب فيها إلى درجة الإتقان تحت إشراف محدود من المعلم.

مبادئ التعلم الذاتي:

- الخبرة السابقة ضرورية للطالب لبناء خبرات لاحقة.
- تحديد نقاط القوة والضعف لتعزيزها ومعالجتها ليسهل التعلم.
- التغذية الراجعة ذات أثر كبير في تثبيت وفعالية التعلم.
- كل طالب له سرعة تعلم خاصة وفقاً لقدراته الخاصة.

- إتقان التعلم السابق شرط لإتقان التعلم اللاحق.

الأسس العامة للتعليم المبرمج:

- المثير والاستجابة (response & Stimulus):

حيث تم صياغة المادة التعليمية في صيغة سؤال أو عبارة توجه إلى الطالب وعليه أن يجيب عليها بصورة صحيحة ينتقل بعدها الطالب إلى التعزيز.

- التعزيز (Rienforcement):

وذلك من خلال معرفة الطالب الفورية لنتيجة استجابته لتشجيعه للانتقال إلى الخطوة التالية بحماس شديد.

- قدرات الطالب الخاصة (Personal Capabilities):

وفيه يسير الطالب وفق سرعته في عملية التعلم حيث لا يحدد مدة زمنية ثابتة لدراسة وفهم البرنامج لأنها تختلف من طالب إلى آخر تبعاً للفروق الفردية.

- التقويم الذاتي (Self Assessment):

حيث يقوم كل طالب نفسه بنفسه خلال تعرفه بأخطائه التي وقع فيها ويعلم أن مدى تعلمه مشروط باستجابته للمثير المعروف عليه دون مقارنه أو أنه بزملائه.

إجراءات إعداد البرنامج في التعليم المبرمج:

- تحديد الموضوع الدراسي وأهدافه العامة والسلوكية.
- تحديد خصائص الطلاب من حيث خبراتهم السابقة وحاجاتهم التعليمية واستعداداتهم.
- تحليل خصائص المادة التعليمية إلى عناصرها الفرعية ثم إلى أفكارها الرئيسية وأفكارها الثانوية حتى أصغر جزء يكون في المادة العملية لموضوع الدرس.
- ترتيب السلوكيات في صورة تسلسلية تؤدي إلى تحقيق الهدف السلوكي.
- إعداد الأنشطة المساعدة التي يرجع إليها الطالب قبل وأثناء دراسة الأداة مثل قراءة مفردات الدرس أو مشاهدة فيلم تصويري له أو تسجيل صوتي.
- تحديد نوع البرمجة المستخدمة ثم كتابة الإطارات التي تتناسب مع نوع البرمجة

- تجريب البرنامج على عينة من الطلاب للتأكد من دقة صياغة العبارات وترتيب الخطوات.
- إعـداد البرنامج في صورته النهائية.
- إعـداد الاختبارات التعليمية التي يمر بها الطالـب قبـل دراسـته للبرنـامج والاختبـارات البعديـة التي يتم تقييم تحصيل الطالب النهائي فيه ابعد دراسته للبرنامج.
- كتابة الإطارات التي تشمل المادة العلمية، المثير، الاستجابة، والتعزيز.

الفصل السادس

التعليـم والتعلـم باستخـدام الحاسـوب

وهي عبارة عن برامج في مجالات التعلم يمكن من خلالها تقديم المعلومات وتخزينها ثم يعمل الطالب على قراءتها وفهمها ويجيب على الأسئلة بنفسه. إلا أن تكاليف هـذه البرامج وإغفالها لعنصرـ التفاعل البشري أدى إلى التقليل من أهميتها. وهي على عدة أنواع أهمها:

- التمرين والممارسة (Drill and Practise):

وهو يقدم للطالب سلسلة من الأمثلة للتطبيق على افتراض أن الطالب سبق أن قرأ الـدرس وفهـم قاعدته. وتعزز كل إجابة ينتهي منها الطالب أما بالصح أو بالخطأ وهو تعلم لإشتمال حصول الطالب علـى الخبرة المربية

- البرامج التعليمية (Tutasial Programmes):

وذلك بتقديم المعلومات في وحدات صغيرة يتبع كل وحدة سؤالاً خـاص ثم يقوم الحاسـوب بتحليل استجابة المتعلم ويقارنها بالاجابة الصحيحة وهو تعليم لإحتوائه على معلومـات ومعـارف جديـدة تقدم للطالب.

- برامج الألعاب (Gaming Programmes):

والتي قد تكون تعليمية أو ترفيهية. فإن كانت تعليمية فهي ذات واقعية قوية ويمكن اسـتخدامها في مجال التدريب الإداري.

- برامج المحاكاة (Simulation Programmes):

وهي توفر للمتعلم موقفاً شبيها لما يواجهه في الحياة العامة وتدريباً حقيقياً دون التعرض لأخطار أو أعباء مالية.

- برامج حل المشكلات (Problem Salving Programmes):

وهي على نوعين مشكلة يكتبها الطالب يكتب بعدها حلة للمشكلة على الحاسوب. ثم يقدم لـه الحاسوب التغذية الراجعة إما بصحة الحل أو بخطئه. أمـا النـوع الآخـر فهـو أن يقـوم الحاسـوب بطـرح المشكلة وتكون وظيفة الطالب بمعالجتها بطرح الحل أو مجموعة من الحلول.

الفيديو المتفاعل (Interactive Video):

وهو من أحدث أدوات التعلم الذاتي والذي تم فيه دمج الحاسوب والفيديو في تقنية حديثة لتسجيل دروس تعليمية على شريط فيديو ويكون جهاز الفيديو موصولاً بالحاسوب الذي يعمل على ضبط حركة الفيديو ويتطلب من الطالب استجابة عن طريق لوحة مفاتيح كما يسمح له بالاشتراك بفاعلية فيما يقدمه الفيديو من دروس تعليمية تتناسب وقدرات الطالب ومستواه المعرفي ويمكن للفيديو المتفاعل التشعب اعتماداً على استجابة الطالب وإعطاء دروس علاجية بدلاً من العودة إلى المعلومات الأصلية وعند إقفال الطالب الدرس يتفرع الفيديو المتفاعل إلى دروس جديدة أكثر تقدماً ؟

نظام الإشراف السمعي (Audio Tutorial System):

وهي دروس وموضوعات يتم تسجيلها سمعياً ثم تدار إما في حلقة دراسية في مركز مصادر التعلم أو يستمع إليها الطالب ويناقشها مع زملائه والمعلم وتوضع أنشطة الدراسة بشكل متسلسل كما تعرض الأهداف على الطلاب من خلال ورقة مكتوبة.

التعلم الموصوف (Indiridually Presoibed Instrnction):

ويتلخص في إعطاء الطلاب اختبار مستوى قبلي للتعرف على مستواهم التحصيلي ثم يوفر لكل طالب الوحدة المناسبة للتعلم حسب قدراته يقوم بدراستها ثم يعطى له اختبار بعدي بد إتمام دراسته الوحدة للتعرف على مدى التقدم الذي أحرزه.

الحقائب التعليمية (Instructional Pacleages):

وهو نظام تعليمي متكامل مصمم بطريقة منهجية تساعد الطلاب على التعلم الفعال ويشمل مجموعة من المواد التعليمية المترابطة ذات الأهداف المتعددة بحيث يتفاعل معها الطالب معتمداً على نفسه وحسب سرعته الخاصة بإشراف المعلم أو من الدليل الملحق بها. ومن خصائصها أنها تركز على الأهداف وتراعي الفروق الفردية وتتشعب فيها المسارات. فكل طالب يحدد مساره حسب سرعته الخاصة. كما أنها ذات أنشطة ووسائل متعددة. والحقيبة التعليمية تكون من مقدمة عامة تصف محتوى الحقيبة والغرض منها وأهميتها للطالب. ثم الأهداف التعليمية التي تكون محددة وواضحة. ثم تصاغ الأنشطة التعليمية والمواد المساعدة. ثم تبنى عليها أدوات القياس والتقويم والعلاج

لضعيفي التحصيل. كما يجب أن يصحب الحقيبة التعليمية دليلاً للطالب يوضح لـه أسـلوب دراسـت البرنامج التعليمي وقد يكون مسجلاً على شريط سمعي.

المجمعات التعليمية (Modulas Instrectioln):

وهو وحدة من المادة التعليمية يرتكز على زيـادة مشـاركة الطالـب ويتضـمن نشـاطات تعليميـة متنوعة تمكن الطالب من تحقيق أهداف محددة للمادة التعليمية إلى درجة الإتقان.

التعلم الاستقصائي (Investigating Heasring):

وهو نوع من التعلم الذاتي يقوم على فكرة البحث العلمي في تزويد الطالب بمهارات ومصطلحات الاستقصاء العلمي نتيجة وجود واقعية تساؤل طبيعية. حيث يتعرض فيـه الطالـب لوضع مشكل يستثير دهشته ورغبته في المعرفة ثم يجري حوار مفتوح مع المعلم حول طبيعة الظاهرة الذي يتخذ شكل أسئلة محددة يطرحها الطالب على المعلم وإجابات محددة يدلي بها المعلم ذاته الـذي يوجـه الحـوار على نحـو يسهل على الطالب إنتاج الحقائق والمفاهيم.

وللتعلم الاستقصائي شروط ومواصفات من أهمها:

- أن الظاهرة يجب أن تكون غامضة لتثير اهتمامات الطلاب وتدفعهم إلى البحـث عـن تعليـل أو تفسير لأسباب حدوثها وتكون من الأهمية لهم في حياتهم.

- أن تكون أسئلة الطلاب من النوع الذي يمكن أن يجيب عنه المعلم بكلمة " نعـم " أو" لا" وأن يدور الحوار التعليمي على نحو يمكن الطلاب مـن تحديـد حقائق الظاهرة موضـوع البحـث وشروطها.

- أما مراحل التعلم الاستقصائي فتبدأ بعرض المعلم للمشـكلة أو الظاهرة موضـوع البحـث يبـين فيها إجراءات الاستقصاء الواجب اتباعها في البحث عن حل لهذا الوضع بتحديد الأهداف ثم صياغة الأسئلة. والمشكلات يجب أن تتناسب مع مسـتوى الطـلاب وخصائصهم. كـما يستحسـن التعرض لموضوعات غير منطقية تتعارض مع أفكـار الطلاب التقليديـة لضـمان استثارة عمليـة التساؤل لديهم. ثم تبدأ مرحلة جمع المعلومات بعد ذلك حول الظاهرة أما في الكتب والمصـادر المقروءة أو المسموعة أو المرئية. كما يمكن عمل التجارب

التي تهدف إلى معالجة الشيء موضع البحث المبنية على فرضية معينة. وفي مرحلة التجريب يتم اختبار تلك الفروض بشكل أدق وأعمق ينتهي إلى تغيير وتعديل يمكن الطلاب من تكوين أفكار أو مبادئ جديدة يتم تفسيرها في خطوة نهائية لهذا التعلم حيث تأخذ هذه التفسيرات نمط النظرية العلمية. وهو ما يسمى بالمتقرحات والتوصيات بناء على نتائج جمع المعلومات أو التجريب. وجوهر التعلم الاستقصائي يكمن في قدرة المعلم على بناء أوضاع تعليمية تعلميه مشكلة وتحويل مضمون المنهج الدراسي إلى " مشكلات " تستثير اهتمام الطلاب ورغبتهم الطبيعية في البحث والاستقصاء عن المعرفة. والتعلم الاستقصائي يعزز استراتيجيات البحث العلمي من ملاحظة وجمع معلومات ومهارات خاصة بالاطلاع والقراءة المركزة وتنظيم المعلومات وتحديد المتغيرات وضبطها وصياغة الفروض ثم اختبارها وتفسير النتائج وتعليلها ووضع النظريات. كما يعزز هذا النوع من التعلم القيم والاتجاهات الخاصة بالتفكير العلمي الإبداعي. ويمكن أن يستخدم مع جميع الفئات العمريه في جميع مراحل التعليم العام والعالي حسب صعوبة المشكلة وسهولتها وخصائص الطلاب في كل مرحلة التي يحددها المعلم. (المصدر السابق)

تطبيقات الحاسوب في العملية التعليمية

1- التطبيقات الإدارية Administrative Application

توجد برامج خاصة بالإدارة تستخدمها إدارات المدارس والمعاهد والكليات والجامعات بتسجيل النواحي المالية والإدارية وسجلات الموظفين والطلاب وهذا يساعدها على التخلص من الكم من الأوراق والملفات التي تحتاج إلى مساحات كبيرة لحفظها وتحتاج إلى جهد للتعامل معها ومراجعته.

وهذه البرامج تساعد المسئولين في إدارات المؤسسات التعليمية إلى الرجوع إليها في أي وقت بسرعة كبيرة وبسرية تامة ومعرفة سجل كل طالب ووضعه في المدرسة أو الجامعة وتوفر نظام جيد وسهل لا يأخذ وقت أو جهد كبير، وكذلك تساعد على وضع الجداول الدراسية وتخطيط نظام المؤسسة التعليمية بشكل واضح وجيد.

2- تطبيقات تخطيط المناهج :Curriculum Planning Application

- ملف مصادر المعلومات:

توجد برامج خاصة لإنشاء ملفات خاصة بمصادر المعلومات المتوفرة في المدرسة وفي المدارس الأخرى مثل: الكتب، أشرطة الفيديو، التسجيلات الصوتية، الشرائح، النماذج، وجميع المصادر التعليمية التي تحتاجها العملية التعليمية. وفي حالة وجود شبكة بين المدارس أو المؤسسات التعليمية في المنطقة فإن بإمكان جميع المدرسين معرفة المصادر المتوفرة في المدارس الأخرى أو الكليات الأخرى، وهذا يؤدي إلى التعاون فيما بينهم وتبادل المصادر والخبرات الأخرى.

- ملف إنتاج المواد التعليمية:

وجود ملف رئيسي- يحتوي على المواد التعليمية التي أنتجت في المنطقة مثل أوراق العمل ومفردات المقررات والواجبات وغيرها مما يساعد كثير من المدرسين للاستفادة من خبرات غيرهم في إنتاج المواد التعليمية المستخدمة.

3- تطبيقات البحث التربوي Research Application

تقنية الحاسوب يوجد بها برامج للبحث التربوي ومن ذلك البرامج الإحصائية التي تساعد في تحليل البيانات وإجراء العمليات الإحصائية المطلوبة في البحث.

كذلك بالإمكان توفير معلومات عن الأبحاث التي أجريت في شتى المجالات المختلفة حتى تساعد المدرسين على اختيار الأبحاث المناسبة التي تتناسب مع وضعهم التعليمي وخبراتهم والإمكانات المتاحة لهم.

4- تطبيقات تطوير المهنة Professional Development Application

برامج التدريب والتطوير على رأس العمل التي تنتج خاصة للمدرسين أو أعضاء هيئة التدريس لتطوير مهاراتهم التدريسية. وهذه البرامج بإمكان المدرسين أن يحصلوا عليها وهم في مواقع عملهم وسوف تساعدهم في تصميم برامج وحلقات تدريسية وغيرها. ومع توفر البرامج المتطورة الخاصة بالرسوم والصور والفيديو تجعل من السهل أن تنتج برامج تدريبية وتطويرية وتوجه للمدرسين في المؤسسات التعليمية بواسطة الحاسب.

5- تطبيقات للمكتبة Library Application

غالبا توجد في كل مدرسة أو كلية أو معهد أو جامعة مكتبة قد تكون صغيرة أو زاخرة بكل المعارف حسب حجم هذه المؤسسة أو تلك، وأصبح وجود الحاسوب في هذه المكتبات من المتطلبات الأساسية لإنشاء أو تأسيس المكتبة لفتح ملفات خاصة بالكتب الموجودة والدوريات والأبحاث والميكروفيلم والميكروفيش أو البحث أو الاختبار.

6- تطبيقات الخدمات الخاصة Special Services Application:

- إرشاد مهني:

قد يحتاج طلاب المعاهد والكليات والجامعات إلى الإرشاد المهني الذي قد يدلهم إلى الأماكن التي تتوفر فيها فرص العمل وتتناسب مع وضعهم الأكاديمي وخبراتهم السابقة، فهناك ملفات على الحاسب يوجد بها كل المهن والأعمال المتوفرة خارج هذه المؤسسة التعليمية وبإمكان الطالب أن يدخل إلى الحاسب معلومات عن نفسه وخبراته ويقوم الحاسب بمقارنة هذه المعلومات مع المهن الموجودة ويختار المناسب منها وقد يرشد الطالب إلى مراكز تدريبية معينة يتدرب فيها على مهنة معينة ثم بعدها يستطيع أن يبحث عن العمل المناسب.

- تشخيص ومعالجة:

بالإمكان أن تقدم معلومات مهمة لتشخيص ومعالجة بعض المشاكل التعليمية. الكمبيوتر بإمكانه تقييم الحالة بمقارنة المعلومات المعطاة عن المشكلة مع المعلومات الموجودة في الحاسب سابقا ويستطيع أن يعطي معلومات مهمة تعمل على حل هذه المشكلة.

7- تطبيقات الاختبارات Testing Application:

- بناء الاختبار: المدرسين وأعضاء هيئة التدريس دائما يحتاجون لبعض المساعدات لبناء اختبار مناسب لتقييم طلاب الصف ويوجد برامج خاصة تحتوي على عدد كبير من الأسئلة وعندها يقوم المدرس بتحديد نوعية وكمية الأسئلة التي يعطي نموذج إجابة.

- تصحيح الاختبار: سواء أعد الاختبار بواسطة الحاسوب أو بغيره فإنه بالإمكان تصحيحه بواسطة الحاسوب باستخدام ورقة الإجابة النموذجية مع إجابات الطلاب في أورق خاصة للتعامل مع الحاسوب.

- تقييم وتحليل الاختبار: استخدام نظام بناء الاختبار وتصحيح الاختبار ومن خلال النتائج المخزونة في الحاسوب لأوراق الطلاب التي تم تصحيحها من قبل ومن خلال هذه البيانات بإمكان الحاسوب أن يقوم بعدد من التحليلات ليعطيها معلومات عن قوة الاختبار ويقوم بعمل مقارنات بين نتائج المجموعات المختلفة.

8- تطبيقات المعينات التعليمية Instruction Aid Application

يمكن استخدام الحاسوب في البيئة التعليمية مثل أي وسيلة سمعية بصرية أخرى.فهناك الكثير من البرامج التي يمكن استخدامها في العملية التعليمية مثل: الرسوم والنماذج وعرض الفيديو وعرض الصور الثابتة والشرائح وغيرها. ويمكن استخدام برامج المحاكاة التي يمكن أن تعرض التجارب العلمية التي من الصعب أن يتم القيام بعمل عرض حقيقي لها في الفصل الدراسي، وهناك العديد من برامج المحاكاة التي يمكن أن تستخدم في الموضوعات المختلفة.

9- تطبيقات إدارة التدريس Instruction Management Application

غالبا عندما يريد أن يقوم بعمل أنشطة مختلفة لمجموعات صغيرة أو لكل طالب بمفرده فإنه يحتاج إلى المساعدة في تنفيذ خطه المفردة. برامج الحاسوب متوفرة لمساعدة المدرس حيث بالإمكان حفظ الأنشطة التدريسية لكل مادة أو موضوع على الحاسوب ويقوم المدرس بتوزيع الطلاب على أجهزة الحاسب ويطلب من كل منهم نشاط معين حسب قدراته واستعداداته وميوله.

10- تطبيقات التعلم بمساعدة الحاسوب Computer Assisted Learning Application

هذه التطبيقات تساعد المدرس على استخدام الحاسوب في العمليية التعليمية وأن يقوم الحاسب بدور كبير في عملية التدريس.يوجد كثير من البرامج في جميع التخصصات وهذه البرامج بالإمكان الاستفادة منها في تدريب الطلاب واستخدامها لمساعدة المدرس في القيام بدوره على أكمل وجه.

11- ثقافة الحاسوب Computer Assisted learning Application

إن ثقافة الحاسوب من ضروريات العمل على الحاسوب الآلي.

فالمدرس أو عضو هيئة التدريس في عصر العولمة يحتاج أن يتعرف على الحاسوب وأن يكون ليه فهم عام عن الحاسبات وتطبيقاتها في العملية التعليمية وفي الحياة بشكل عام. إن معرفة المدرس بما يمكن أن يقوم به الحاسوب وما لا يمكن أن يقوم به لأمر مهم جدا حتى ييتمكن المدرس من الاستفادة من تكنولوجيا الحاسوب بشكل جيد وأن يستفيد من هذه التقنية قدر الإمكان. وهناك الكثير من البرامج التي تقوم بهذه المهمة وتعطي معلومات كاملة عن الحاسوب الآلي ودوره في الحياة بشكل عام وفي العملية التعليمية بشكل خاص.

وهناك برامج تقدم معلومات عن الحاسوب لطلاب المدارس في المراحل الابتدائية والمتوسطة يستطيع الطالب أن يتعامل معها ويقرأ فيها معلومات وقصص عن ذلك مما يساعد على التعرف على الحاسوب بشكل أفضل.

12-علم الحاسوب Computer Science Application

إن ثقافة الحاسوب تعطي معلومات عامة عن هذه التقنية، ولكن في مجال علم الحاسوب قد تكون البداية في المرحلة الثانوية وما بعدها حيث أنها تركز على التعمق

في دراسة الحاسوب من حيث صناعته وعمله والبرمجة والبرامج المختلفة، وهذا المجال يكون الأقرب لهم هم الطلاب الذين يتخصصون في تكنولوجيا الحاسوب.

وقد انتشر استخدام الحاسوب في جميع مراحل التعليم، وقررت بعض المواد في ذلك كمواد الحاسوب ومهاراته المتنوعة كمواد مستقلة وقد أدى ذلك إلى انتشار معامل الحاسوب بكثرة وظهور الكثير من البرامج التعليمية في جميع المواد والمراحل الدراسية.

إن ثورة الاتصالات الحديثة في أدواتها وتقنياتها والسرعة في انتشارها في جميع أنحاء العالم، والمستمرة في تطورها لها تأثير كبير في العملية التعليمية سلبا أو إيجابا، ولذلك يجب على المهتمين بالتعليم أن يكون لهم دور كبير في الاستفادة منها وتسخيرها في تحقيق أهداف التعليم وأن يكونوا منتجين ومطورين لها لا مستهلكين لها فقط.

وإن من معالم ثورة الاتصالات الحديثة الشبكة العالمية للمعلومات أو ما يسمى الإنترنت(Internet)التي انتشرت في جميع دول العالم ودخلت معظم البيوت والمؤسسات التجارية والترفيهية والسياسية والتعليمية...الخ.

ومم لاشك فيه أنه يجب توظيفها واستخدامها في العملية التعليمية.

الإنترنت **Internet**

وتطبيقاته في العملية التعليمية

الإنترنت: هي مجموعة من الشبكات المتصلة ببعضها البعض حول العالم لتبادل المعلومات فيما بينها.

أي هي المنظومة العالمية التي تربط مجموعة من الحاسبات بشبكة واحدة وهي اختصار لكلمة Internet work .

وقد بدأت شبكة الإنترنت في الولايات المتحدة الأمريكية شبكة عسكرية للأغراض الدفاعية. ولكن بانضمام الجامعات الأمريكية ثم المؤسسات الأهلية والتجارية - في أمريكا وخارجها - جعلها شبكة عالمية تستخدم في شتى مجالات الحياة.

مميزات شبكة الإنترنت:

1- سرعة وضمان انتقال المعلومات:

حيث يستطيع أي فرد أن يرسل خطاباً إلى ملايين الأفراد في وقت واحد من خلال الإنترنت، بعكس البريد العادي الذي يستغرق أياماً بل أسابيع، والعكس صحيح أيضاً، إذ يستطيع ملايين الأفراد تعرف معلومة معينة أو رسالة أو نبأ في وقت واحد إذا عرفت مكانها، وهذا هو المتبع في وكالات الأنباء العالمية، مثل CNN وغيرها.

حيث تضع الأخبار والنشرات الجوية على أجهزة الكمبيوتر، ويستطيع ملايين الناس الحصول على هذه الأخبار دون انتظار.

2- سرية المعلومات:

وهذه السرية تأتي من أن كل جهاز مرتبط بالإنترنت له رقم خاص به أو اسم معروف به، وبالتالي يستطيع أي فرد أن يرسل رسالة إلى جهاز بعينه ويضمن أنها خزنت بداخله، ويطمئن إن كانت وصلت أم لا، ووقت الاستلام، ويستطيع المرسل إليه الرد الفوري على الرسالة.

3- تبادل المستندات:

يمكن إرسال واستقبال أي مستند من أي جهاز كمبيوتر مرتبط بالإنترنت مهما كان نوع المستند وحجمه، سواء كان خطابا أو مذكرة أو كتاباً أو شريط كاسيت أو فيديو.

4- الحديث والمشاورة وعقد المؤتمرات:

لا تحتاج إلى شراء كمبيوتر خاص أو أجهزة اتصال معتمدة، فأي جهاز كمبيوتر يصلح ما دام تم ربطه بخط تليفون، ولا يحتاج الإنترنت إلى مستوى علمي أو فني عال للتشغيل

5- التسلية والترفيه:

توفر شبكة الإنترنت مئات الألعاب الإلكترونية البسيطة المجانية بما في ذلك: طاولة الزهر، الشطرنج، الورق، كرة القدم بأنواعها وغير ذلك. كما تمكنك

شبكة الإنترنت من قراءة ما يكتبه النقاد السينمائيون عن الأفلام الحديثة التلفزيونية والأغاني ذات الموضوع الواحد ونصوص الأفلام السينمائية.

6- التسوق من خلال شبكة الإنترنت:

يمكن طلب مختلف أنواع البضائع التي ترغب الحصول عليها دون الذهاب إلى السوق أو مغادرة البيت.فيمكن شراء مختلف المواد كالكتب وبرامج الكمبيوتر والأزهار واسطوانات الموسيقى والأسهم والسيارات المستعملة وغيرها.

7- مجموعات النقاش:

يمكن الاشتراك مع مجموعات النقاش من خلال شبكة الإنترنت للالتقاء بمختلف الأفراد والشخصيات حول العالم ممن لهم الاهتمامات ذاتها. ويمكن توجيه أسئلة إليهم أو تقديم أفكار أو مناقشة قضايا هامة أو قراءة قصص شائقة.

هناك الآلاف من مجموعات النقاش التي تناقش مختلف الموضوعات مثل: البيئة والطعام والمرح والموسيقى والسياسة والدين والرياضة والتلفزيون وغيرها (د..سليمان الميمان،ود..سلوى 1998).

إن شبكة الإنترنت تعد المساهم الرئيسي فيما يشهده العالم اليوم من انفجار معلوماتي. وبالنظر إلى سهولة الوصول إلى المعلومات الموجودة على الشبكة مضافاً إليها المميزات الأخرى التي تتمتع بها الشبكة فقد أغرت كثيرين بالاستفادة منها كل في مجاله. من جملة هؤلاء، التربويون الذين بدءوا باستخدامها في مجال التعليم. حتى أن بعض الجامعات الأمريكية وغيرها، تقدم بعض موادها التعليمية من خلال الإنترنت إضافة إلى الطرق التقليدية.

أهم المميزات التي شجعت التربويين على استخدام شبكة الإنترنت في التعليم، ما يلي:

1- الوفرة الهائلة في مصادر المعلومات:

ومن أمثال هذه المصادر:

الكتب الإلكترونية Electronic Book

الدوريات Periodicals

قواعد البيانات Data Bases

الموسوعات Encyclopedias

المواقع التعليمية Educational Sites .

2- الاتصال غير المباشر (غير المتزامن):

يستطيع الأشخاص الاتصال فيما بينهم بشكل غير مباشر ومن دون اشتراط حضورهم في نفس الوقت باستخدام:

- البريد الإلكتروني (E -mail) حيث تكون الرسالة والرد كتابياً.
- البريد الصوتي (Voice- mail) حيث تكون الرسالة والرد صوتياً.

3- الاتصال المباشر (المتزامن) :

وعن طريقه يتم التخاطب في اللحظة نفسها بواسطة:

- التخاطب الكتابي (Relay-Chat) : حيث يكتب الشخص ما يريد قوله بواسطة لوحة المفاتيح والشخص المقابل يرى ما يكتب في اللحظة نفسها، فيرد عليه بالطريقة نفسها مباشرة بعد انتهاء الأول من كتابة ما يريد.
- التخاطب الصوتي (Voice-Conferencing)): حيث يتم التخاطب صوتياً في اللحظة نفسها عن طريق الإنترنت.
- التخاطب بالصوت والصورة (المؤتمرات المرئية) Video-conferencing: حيث يتم التخاطب حياً على الهواء بالصوت والصورة.

كما أكد ويليام 1995م(William) إلى أن هناك أربعة أسباب رئيسية لاستخدام الإنترنت في التعليم:

1- الإنترنت مثال واقعي للقدرة على الحصول على المعلومات من مختلف أنحاء العالم.

2- يساعد الإنترنت على التعلم التعاوني الجماعي،فنظراً لكثرة المعلومات المتوفرة عبر الإنترنت فإنه يصعب على الطالب البحث في كل القوائم لذا يمكن استخدام طريقة العمل الجماعي بين الطلاب، حيث يقوم كل طالب بالبحث في قائمة معينة ثم يجتمع الطلاب لمناقشة ما تم التوصل إليه.

3- يساعد الإنترنت على الاتصال بالعالم بأسرع وقت وبأقل تكلفة.

4- يساعد الإنترنت على توفير أكثر من طريقة في التدريس ذلك أن الإنترنت هي بمثابة مكتبة كبيرة تتوفر فيها جميع الكتب سواء كانت سهلة أو صعبة. كما أنه يوجد في الإنترنت بعض البرامج التعليمية باختلاف المستويات ((B.Williams))، (1995)

تطبيقات الإنترنت في العملية التعليمية

نظراً لكون الإنترنت من أهم وسائل المعلوماتية التي يمكن استخدامها في التعليم،فإنه يمكن اقتراح مجموعة من أهم تطبيقات الإنترنت في التعليم:

في مجال المناهج الدراسية:

1- استخدام الإنترنت كوسيلة مساعدة في المناهج،بحيث يمكن وضع المناهج الدراسية في صفحات مستقلة في الإنترنت وتتاح الفرص للطالب وولي الأمر بالدخول لتلك الصفحات في المنزل.

2- استخدام الإنترنت كوسيلة تعليمية مساعدة في تناول المناهج وشرح موضوع معين.

في مجال التدريس:

- استخدام الإنترنت في الحصول على المعلومات المطلوبة من العديد من المواقع.

- استخدام الإنترنت في تعزيز طرق وأساليب التدريس تفريد التعليم والتعليم التعاوني والحوار والنقاش.

- استخدام الإنترنت في حل مشكلات الطلاب الذين يتخلفون عن زملائهم لظروف قاهرة مثل المرض وغيره وذلك من خلال المرونة في وقت ومكان التعلم وكيفيته.

- استخدام الإنترنت في زيادة ثقة الطالب بنفسه وذلك بتنمية المفاهيم الإيجابية تجاه التعليم الذاتي.

- استخدام الإنترنت في عمل بنوك الأسئلة.

- استخدام الإنترنت في الاطلاع على الدروس النموذجية.

في مجال تنمية الموارد البشرية:

- استخدام الإنترنت في عقد البرامج التدريبية سواء كانت للهيئة الإدارية والتدريسة والتوجيهية، وهكذا يمكن متابعة الدورات التدريبية والاستفادة منها لأكبر عدد ممكن، ويمكن لأي فرد متابعة هذه الدورات من المنزل إذا كان مشترك في الإنترنت.

- استخدام الإنترنت في عقد اجتماعات بين مدراء ومديرات المدارس في دول الخليج العربية دون اللجوء إلى السفر إلى مكان واحد، بهدف تبادل الخبرات والاطلاع على التجارب التربوية

- استخدام الإنترنت في استقبال المحاضرات والندوات وورش العمل من أي مكان في دول الخليج العربية.

في مجال تبادل المعلومات:

- استخدام الإنترنت كوسيلة للبحث والإطلاع، بحيث يمكن للطالب الدخول على مكتبات الجامعات ومراكز البحوث التربوية والبحث فيها وطباعة الملخصات.

- ربط الوزارة مع جميع أفرعها ومدارسها بحيث يمكن استقبال التعاميم والمراسلات الصادرة من الوزارة بسرعة.

- ربط المدارس بشبكة معينة بحيث يمكن للهيئات الإدارية والتدريسية فيها من تبادل الخبرات والتجارب والمستحدثات التربوية مما يؤدي إلى تحقيق الأهداف التربوية المقصودة.

ما هو المطلوب لكي نوظف تكنولوجيا الحاسوب في العملية التعليمية:

1- وضع برنامج توعوي في جميع وسائل الإعلام المرئية والمسموعة والمقروءة حول أهمية الحاسوب في العملية التعليمية.

2- ضرورة وضع خطة شاملة وكاملة من قبل وزارة التربية والتعليم لاستخدام الحاسوب في التعليم بحيث تشمل الخطة توفير الإمكانات البشرية والمادية.

3- وضع الحوافز التشجيعية (المادية، والمعنوية) للحاصلين على دورات تدريبية في مجال الحاسوب.

4- ضرورة وضع شبكة(الإنترنت) تربط المدارس بالوزارة لسهولة تبادل المعلومات

5- ضرورة القيام بإنتاج برامج تعليمية تحت إشراف متخصصين تربويين.

6- إجراء دراسات لمعرفة علاقة استخدام الحاسوب بتحصيل الطلاب.

7- إجراء دراسات حول اتجاهات المعلمين نحو استخدام الحاسوب في التعليم.

8- عقد الدورات التدريبية للمعلمين في استخدام الإنترنت في التعليم.

9- تعميم الإنترنت في جميع مدارس التعليم العام وتفعيل دورها في جميع عناصر المنهج في المحتوى والأنشطة وطرق التدريس والتقويم.

10- إجراء دراسات لقياس أثر استخدام الإنترنت على تحصيل الطلاب واكتسابهم للمهارات وعلى اتجاهاتهم تجاه المواد الدراسية.

11- إجراء دراسات في قياس اتجاهات الطلاب والمعلمين وأولياء أمور الطلاب حول استخدام الإنترنت في التعليم.

تطبيقات الحاسوب في التعليم

تطورت أساليب استخدام الحاسوب في التعليم وأصبح الاهتمام الآن مركزاً على تطوير الأساليب المتبعة في التدريس بمصاحبة الحاسوب أو استحداث أساليب جديدة يمكن أن يساهم من خلالها الحاسوب في تحقيق بعض أهداف المواد الدراسية.

وقد صنف (روبرت تايلور 198.م) استخدامات الحاسوب التعليمية إلى ثلاثة أدوار وهي:

1- الحاسوب كموضوع للدراسة:

ويشمل على مكونات الحاسوب ومنطقته وبرمجته وهو ما يعرف بثقافة الحاسوب وفي هذا تكون المعرفة شأنها شأن القراءة والكتابة والمواد الأخرى.

2- الحاسوب كأداة إنتاجية:

والذي يعمل كوسيط وتمكنه من ذلك برمجيات التطبيقات خالية المحتوى والأغراض المتعددة مثل معالجات النصوص ((Processors Word)،واللوحات الجدولية، والرسومات وبرمجيات الاتصال (Communication Programs).

3- الحاسوب كوسيلة تعليمية:

ويعني التعلم بمساعدة الحاسوب بهدف تحسين المستوى العام لتحصيل الطلاب الدراسي وتنمية مهارات التفكير وأسلوب حل المشاكل

(R (198.،Taylor).

أما الدكتور الفار(1415هـ) فقد قسم استخدامات الحاسوب في التربية إلى ثلاث مجالات وهي:

1- قطاع التعليم والتعلم:

وهو القطاع الذي تنحصر فيه استخدامات الحاسوب في عملية التعليم والتعلم سواء كان الحاسوب عوناً للمدرس أو عوضاً عنه أو معلم للتفكير.

2- قطاع الإدارة:

وهو القطاع الذي تنحصر فيه استخدامات ومجالات الحاسوب في:

- الإدارة المدرسية:

مثل شئون المدرسين والموظفين وشئون الطلاب والمرتبات والمخازن والامتحانات.

- إدارة المكتبة ونظم المعلومات:

مثل حركة تـداول الكتـب والـدوريات ونظام المعلومـات عـن المصـادر التربويـة والاتصـال بـنظم المعلومات للمصادر العالمية.

- الخدمات التربوية:

مثل التقويم المـرحلي والنهائي للطلاب أو عمـل الاسـتبانات وتحليلها أو المقـابلات الشخصـية أو التحليل الإحصائي للبحوث.

3- القطاع الذي يكون فيه الحاسوب هدفاً تعليمياً في حد ذاته:

ويدخل في هذا المجال تقديم الحاسوب طريق مادة علمية تقدم في إحدى الصور التالية:

- مقررات لمحو أمية الحاسوب أو الوعي فيه.
- مقررات تقدم للمعلمين والتربويين لعصر المعلومات.
- مقررات لإعداد المتخصصين في علم الحاسوب.

ومما سبق يمكن تصنيف برامج الحاسوب المستخدمة في التعليم إلى ثلاثة أنواع رئيسية هي:

1- استخدام الحاسوب كمادة تعليمية.

2- استخدام الحاسوب كوسيلة تعليمية.

3- استخدام الحاسوب في إدارة العملية التعليمية.

وقد أكدت كثير من الدراسات الى إمكانية تحسـين التعليم باسـتخدام الحاسوب وتـوفير تفاعـلاً واستيعاباً أفضل للمتعلم. كما أشارت الدراسات أن التعليم باستخدام الحاسوب يمتاز بميزات عـدة مـن أبرزها:

1- توفير فرصاً كافية للمتعلم للعمل بسرعته وقدراته الخاصة مما يكسبه بعضا مـن مزايا تفريـد التعليم. وتزويد المتعلم بتغذية راجعة فورية.

2- التشويق والمرونة باستخدامه بالمكان والزمان والكيفية المناسبة للمتعلم.

3- يساهم بزيادة ثقة المتعلم بنفسه وينمي المفاهيم الإيجابية للـذات "Self-Concept" Louzon ، A. C&Moore، (A.B.(1989

251

استخدام الحاسوب لحل بعض المشكلات التعليمية المعاصرة

من المشكلات التعليمية المعاصرة التي يمكن أن يساهم الحاسوب بدور ملحوظ في حلها وهي:

1- مشكلة الأمية:

لم تكن الأمية تمثل مشكلة في عهد آباءنا وأجدادنا وكان الفرد يؤدي عمله المطلوب منه خارج نطاق القراءة والكتابة مثل الزراعة والرعي والصيد وغيرها من الأعمال التي لا تتطلب القراءة والكتابة ولكن مع التطور الحديث في كل المجالات وارتباط معظم الأعمال بالقراءة والكتابة وقلت أو انعدمت فرص غير المتعلمين في الحصول على عمل ظهرت لدينا مشكلة الأمية بين كبار السن خصوصا، وأصبح لزاما على الدول والحكومات تعليمهم أو أن توفر لهم فرص للتعلم وذلك يتطلب أن يكون تعليمهم بشكل متفرد ولا يكون مع طلاب المدارس العادية حيث أن ظروفهم تختلف، وسنهم يختلف، وأعمالهم، وارتباطاتهم الأسرية، تحتم توفير وقت مناسب لهم للتعلم ونظرا لما لتكنولوجيا الحاسوب من إمكانيات هائلة في عرض المعلومات والنصوص والصور والرسوم بطريقة مناسبة لمحو الأمية وحسب قدراتهم وإمكاناتهم فإنه بالإمكان استخدام هذه التقنية لتعليم الكبار القراءة والكتابة ومساعدتهم في التعلم والاستفادة منها دون شعور بالحرج أو الإهانة من الأمية التي يعانون منها.

2- التعليم المستمر:

المقصود بالتعليم المستمر هو مواصلة التعليم لمن لم تتيح لهم الفرص لاستكمال تعليمهم إلى مستويات أعلى مما لديهم حاليا ولديهم الرغبة والاستعداد للحصول على دورات تدريبية أو دراسات نظامية لتحسين مستواهم التعليمي أو الوظيفي ويختلف عن محو الأمية كون محو الأمية يستهدف أفراد لم يسبق لهم التعليم ومعرفة القراءة والكتابة بينما التعليم المستمر يستهدف أفراد لديهم قدر من التعليم ويرغبون في المواصلة للحصول على درجات أعلى.

وتكنولوجيا الحاسوب بإمكانها أن تقدم برامج التعليم المستمر للذين لا يتمكنون من الالتحاق بالدراسات النظامية في المدارس أو الجامعات وذلك عن طريق شبكة الإنترنت التي تمكن الدارس من الدخول والاتصال على شبكات الحاسوب في

الجامعات ومراكز التدريب المختلفة، وهناك الكثير من الجامعات ومراكز التدريب المختلفة، وهناك الكثير من الجامعات والمعاهد التي تقدم برامج مختلفة عن طريق وسائل الاتصال الحديثة ومن ضمنها الحاسوب الذي يمكن الاستفادة منه بشكل كبير جدا.

3- ازدحام الفصول الدراسية ونقص المعلمين:

نظرا للزيادة الكبيرة في عدد السكان وشدة الإقبال على التعليم من قبل جميع الأطفال أدى ذلك إلى ازدحام الفصول الدراسية بأعداد أكبر من الأعداد المفترضة لكل فصل، وأدى كذلك إلى انتشار كثير من المباني المدرسية التي لم تصمم في الأصل لتكون مدرسة.

واستخدام تكنولوجيا الحاسوب يمكن أن يساهم بشكل كبير في معالجة هذه المشكلة باستخدام برامج يتم إعدادها من قبل المتخصصين في المجال التربوي والتي تسمح بالتفاعل بين الطالب والحاسوب ويقدم التعلم الفردي ويتمكن كل طالب بالتعامل مع الحاسوب والحصول على المعلومات التي يرغبها حسب قدرته واستعداده للتعلم.

4- تدريب العاملين على ما يستجد من أعمال:

من المشاكل الكبيرة التي يواجهها العاملون في المجال التربوي في جميع مؤسسات التعليم هي مشكلة الحصول على التدريب اللازم على ما يستجد في مجال عملهم من نظريات جديدة وأدوات تعليمية وتقنيات حديثة، حيث يجدون صعوبة في ترك أعمالهم والتوجه إلى مراكز التدريب مما قد يؤدي إلى خلل في نظام المدرسة وتدريس الطلاب.

واستخدام تكنولوجيا الحاسوب يساهم في حل هذه المشكلة ويقدم البرامج التدريبية للمدرسين وهم على رأس العمل في مواقعهم باستخدام البرامج المتطورة للتدريب، وإكساب المهارات، وبرامج المحاكاة، وهذا يساعدهم على التدرب على المستجدات وهم في مدارسهم.

5- الانفجار المعرفي:

كانت العلوم في السابق محددة وحجم المعرفة صغير نسبياً فكثيرا ما قرأنا عن علماء المسلمين الأوائل حيث كان العالم منهم يلم بكم هائل من المعلومات في مجالات مختلفة مثل الطب والرياضيات والفلك والشعر والأدب وغيرها، بعكس ما يحدث في هذه الأيام حيث من الصعب على الفرد أن يلم بكل شيء في مجال تخصصه فقط.

في العقود القليلة الماضية ومن بعد انتهاء الحرب العالمية الثانية تقريباً تزامن مع الانفجار السكاني انفجار معرفي بشكل مذهل وحدث تسارع كبير جدا في تطوير العلوم والمعارف وكان للتنافس الشديد بين الشرق والغرب في فترة ما يسمى بالحرب الباردة في مجال تقنية المعلومات وإنتاج الأسلحة والاهتمام بالعلوم بشكل عام دوره الواضح الذي حدث فيي معظم المجالات المعرفية.

ومع التطور الهائل في مختلف العلوم وخصوصا في مجال وسائل الاتصال وتكنولوجيا المعلومات أصبحت المعلومات تبث إلى كل جزء في الكرة الأرضية بأكثر من وسيلة وهذا كذلك ساعد على تزايد حجم المعرفة وانتشارها بشكل كبير.تكنولوجيا الحاسوب بإمكانها أن تساهم في مساعدة المتعلمين والمدرسين للتعامل مع الكم الهائل من المعلومات وذلك قد يكون بحفظها في اسطوانات مدمجة أو اسطوانات عادية أو تخزينها في الحاسوب حيث أنه لا حدود لما يمكن أن يخزن في هذه التقنية سواء معلومات مكتوبة أو صور متحركة وغيرها كثير مما يمكن الاحتفاظ به والرجوع إليه وقت الحاجة. باستخدام تقنية الحاسوب لم يعد المتعلم مضطرا لشراء الكتب أو الموسوعات ذات الأحجام الكبيرة في حين أنها متوفرة على اسطوانات مدمجة وبأسعار رخيصة (د. عبد الله العمري، مرجع سابق).

تكنولوجيا المعلومات Information Technology:

هي إيجاد الطرق والأدوات المناسبة لتخزين المعلومات وتنظيمها وسرعة استرجاعها عند اللزوم وعرضها بأحسن الأشكال المفيدة التي تساعد على اتخاذ القرارات المناسبة.

وهنا تبرز أهمية الحاسوب كعنصر أساسي في جميع التطبيقات أو الصناعات المتعلقة بالمعلومات، لأنها سوف تعتمد على قواعد المعلومات وسيكون الحاسوب هو الجهاز المحرك لها.

والتأثير الاقتصادي للمعلولات ليس ناتجاً عن نشوء الصناعات المعلوماتية فحسب، بل هو نتيجة تأثير المعلومات على إنتاجية الأفراد في المجتمع وبالتالي زيادة لإنتاجية في الصناعات الأخرى.

وقد أظهرت الدراسات أن المعرفة والمعلومات تؤديان إلى أن يقوم العامل بعمله بكفاءة وذكاء.

إن نهوض الصناعات المعلوماتية يتطلب بالضرورة بناء الأسس والهياكل التي ستقوم عليها هذه الصناعات، وإن أهم هذه الأسس هي القوة البشرية المتعلقة بالحاسوب، والتي تهدف إلى ما يلي:

أولاً: إيجاد الصناعات المعلوماتية.

ثانياً: تقليص الهوة المعلوماتية بين المجتمعات المتقدمة والمجتمعات النامية.

ثالثاً: تكوين الفكر المعلوماتي بين أفراد المجتمع.

مما يؤدى ذلك إلى زيادة إنتاجية أفراد المجتمع عن طريق الاستغلال الأمثل للمعلومات.

قدمت التكنولوجيا الحديثة وسائل وأدوات لعبت دوراً كبيراً في تطوير أساليب التعليم والتعلم في السنوات الأخيرة، كما أتاحت هذه الوسائل الفرصة لتحسين أساليب التعليم والتي من شأنها أن توفر المناخ التربوي الفعال الذي يساعد على إثارة اهتمام الطلاب وتحفيزهم ومواجهة ما بينهم من فروق فردية بأسلوب فعال. وباستمرار الثورة التقنية في الاتساع والانتشار أنتجت الحاسوب الذي يمثل نقلة نوعية بل تحدياً لكل ما سبقه من ابتكارات أو أدوات يمكن أن نستخدمها في حياتنا اليومية، ولم يكن علماء التربية بمنأى عن التطورات اليومية الجارية فقاموا بالبحث والتجريب للتعرف على القدرات التعليمية الكامنة في إمكانية الحاسوب المتعددة والمتشبعة.

ويمكن القول أن جهاز الحاسوب هو:

- أداة للتعليم.
- وسيلة للتعلم.
- كما أنه يقوم بدور المعلم نفسه، ويناقش الطالب وهو بذلك يساعده على اكتساب المهارات الأساسية للحياة.

الحاسوب Computer:

يمكن تعريف الحاسوب:

بأنه آلة إلكترونية يمكن برمجتها لكي تقوم بمعالجة البيانات وتخزينها واسترجاعها وإجراء العمليات الحسابية والمنطقية عليها.وجهاز الحاسوب يقوم بتحليل وعرض ونقل المعلومات Information بأشكالها المختلفة، والمعلومات لها ؟أشكال متنوعة قد تتمثل على هيئة أرقام أو أحرف للنصوص المكتوبة أو المرسومة وصور وأصوات أو حركة كما في الأفلام والكتابات المتحركة.

خواص ومزايا الحاسوب:

1- إمكانية برمجة الحاسب أي "إعطاء تعليمات وأوامر للحاسوب "لكي يقوم بتنفيذ أعمال محددة.

2- إمكانية معالجة هذه البيانات وإجراء العمليات الحسابية عليها كالجمع والطرح والقسمة والضرب وإجراء العمليات المنطقية كالمقارنة بين قيمها.

3- القدرة على تخزين واسترجاع البيانات كالأرقام والحروف الهجائية والصور.(عبد الله الموسى،2000م.)

أنواع أجهزة الحاسوب:

تتنوع أجهزة الحاسب بحسب الغرض منها إلى مايلي:

1- حاسوب خاص أحادي الغرض:

والذي يستخدم لتطبيق محدد لا يتعداه ويطلق عليه أحياناً مسمى "حاسوب التحكم "حيث يستخدم هذا الحاسوب لمهام خاصة نحو عمليات التحكم والمراقبة

للأجهزة المختلفة نحو الأجهزة الصناعية أو الطبية أو ووسائل النقل كالطائرات والسيارات ووسائل الاتصال.

2- حاسوب عام متعدد الأغراض:

والذي يمكن استخدامه في تطبيقات شتى ومجالات متعددة يمكن تقسيم أجهزة الحاسوب متعدد الغرض إلى ثلاثة أنواع رئيسية بحسب قدرتها على المعالجة والتخزين وبحسب استخداماتها وهي:

- الحاسوب الشخصي ((Personal Commputer):

ويستخدم عادة من قبل فرد أو مؤسسة صغيرة لأعمال الحوسبة والتخزين للبيانات وله قدرة محددة على المعالجة نسبياً.

وغالباً يعتبر الجهاز أحادي الاستخدام والمهام بمعنى أنه يستخدم من فرد واحد لتشغيل برنامج محدد على الحاسوب.

وتتعدد أشكال الحاسوب الشخصي إلى أشكال مختلفة أهمها:

الحاسوب المكتبي.

الحاسوب المحمول.

الحاسوب المنزل.

الحاسوب المساعد.

- الحاسوب المتوسط (Mini Computer) :

يتمتع هذا الحاسوب بقدرات متوسطة من حيث المعالجة والتخزين تفوق تلك المتوفرة للحاسوب الشخصي بأضعاف كثيرة. ويستخدم عادة من المؤسسات والهيئات المتوسطة الحجم ويسمح بتعدد المستخدمين للجهاز والمهام في نفس الوقت حيث يسمح لعدد من1. إلى 2.. مستخدماً بأن يقوموا بتشغيل برامجهم في وقت واحد على الجهاز وغالباً ما يكون لكل مستخدم وحدة طرفية والتي هي "جهاز يتكون من شاشة عرض ولوحة مفاتيح وترتبط بجهاز الحاسوب عن طريق كيبل توصيل " يمتد من موقع المستخدم إلى موقع الحاسوب المتوسط ومن الأمثلة عليه الحاسوب المستخدم في الجامعات والشركات.

- الحاسوب المركزي (Main Computer):

يتميز الحاسوب المركزي والذي يطلق عيه أحياناً " الحاسوب الكبير " بقدرة كبيرة على المعالجة والتخزين وبالتالي فهو ذو تكلفة عالية للغاية ويستخدم من قبل المؤسسات الضخمة كالشركات الكبيرة والحكومات لتخزين ومعالجة كمية هائلة من البيانات. كما يتيح هذا الحاسوب إمكانية تعدد المستخدمين وتعدد المهام للجهاز حيث يمكن أن يبلغ عدد مستخدمي الجهاز في وقت واحد ما يزيد عن ألف مستخدم والذين يرتبطون بالجهاز عن طريق وحدة طرفية خاصة لكل مستخدم (علاء السالمي، 1419هـ)

استخدام الحاسوب في التعليم

يمثل الحاسوب قمة ما أنتجته التقنية الحديثة. فقد دخل الحاسوب شتى مناحي الحياة بدءاً من المنزل وانتهاءاً بالفضاء الخارجي. وأصبح يؤثر في حياة الناس بشكل مباشر أو غير مباشر. ولما يتمتع به من مميزات لا توجد في غيره من الوسائل التعليمية فقد اتسع استخدامه في العملية التعليمية. ولعل من أهم هذه المميزات:

1- التفاعلية:

حيث يقوم الحاسوب بالاستجابة للحدث الصادر عن المتعلم فيقرر الخطوات التالية بناءاً على اختيار المتعلم ودرجة تجاوبه. ومن خلال ذلك يمكن مراعاة الفروق الفردية للمتعلمين،حيث يتم تشكيل حلقة دراسية ثنائية الاتجاه بين البرنامج والمتعلم وبذلك يتمكن التلميذ من مراجعة ما تعلمه ودراسة ما يريد وإذا احتاج إلى مساعدة لحل نقطة صعبة عليه فإن البرنامج يقوم بتزويده بما يحتاج لفهم ما صعب عليه.

2- تحكم المتعلم بالبرنامج:

لدى المتعلم الحرية في تعلم ما يشاء متى شاء وله أن يختار الجزء أو الفقرة التي يريد تعلمها ويرها مناسبة له وبذلك تكون لديه الحرية في اختيار ما يريد تعلمه والكمية المطلوبة.

3- نقل المتعلم من دور المتلقي إلى مستنتج:

إن استخدام الحاسوب في العملية التعليمية يساعد على أن ينقل المتعلم من دور المتلقي للمعلومات والمعارف والمفاهيم من قبل المعلم إلى مستنتج لهذه المفاهيم والفرضيات من خلال المعلومات والبيانات التي يقدمها له البرنامج حول موضوع ما ويقود الطالب إلى استنتاج الفرضية أو المفهوم.

4- الإثارة والتشويق:

إن وجود الإثارة والتشويق في العملية التعليمية أمر هام جدا وعنصر له دور أساسي في التفاعل الجيد بين الطلاب والمادة العلمية، والحاسوب تتوفر فيه هذه الصفة حيث يتم مراعاة وجودها عند تصميم البرامج التعليمية التي تحاول جذب الطلاب إلى التعلم دون ملل أوتعب(د. عبدالله سعد، 2001م)

وفي مقابل هذه المميزات هناك سلبيات لاستخدام الحاسوب في التعليم من أهمها:

- افتقاده للتمثيل (الضمني) للمعرفة:

فكما هو معلوم فإن وجود المتعلم أمام المعلم يجعله يتلقى عدة رسائل في اللحظة نفسها من خلال تعابير الوجه ولغة الجسم والوصف والإشارة واستخدام الإيماء وغيرها من طرق التفاهم والتخاطب (غير الصريحة) والتي لا يستطيع الحاسوب تمثيلها بالشكل الطبيعي.

ويستخدم الحاسوب في التعليم بأحد الأشكال التالية:

1- التعليم الفردي: حيث يتولى الحاسوب كامل عملية التعليم والتدريب والتقويم أي يحل محل المعلم.

2- التعليم بمساعدة الحاسوب: وفيها يستخدم الحاسوب كوسيلة تعليمية مساعدة للمعلم.

3- بوصفة مصدراً للمعلومات: حيث تكون المعلومات مخزنة في جهاز الحاسوب ثم يستعان بها عند الحاجة(عبد القادر و السلطان، 1999م)

مزايا استخدام الحاسوب في العملية التعليمية

يوجد الكثير من المزايا التي ظهرت من خلال عدد كبير من الدراسات والأبحاث التي أجريت في مجال استخدام الحاسوب في العملية التعليمية ومنها:

1- إنشاء بيئة تعليمية نشطة وتفاعلية بين الآلة والإنسان.

2- تنمية مهارات الطلاب لتحقيق الأهداف التعليمية.

3- تنمية اتجاهات الطلاب الإيجابية نحو المواد التي يرونها صعبة ومعقدة مثل الرياضيات واللغات الأخرى.

4- العرض بالصوت والصور والحركة أو الرسم والنموذج مما يوفر خبرة للطالب أفضل من الطريقة التقليدية.

5- تقليل نسبة الملل والسأم بين الطلاب من التعلم.

6- توفير فرص التعلم الفردي بين الطلاب.

7- يساعد على مراعاة الفروق الفردية بين الطلاب.

8- يساعد على نقل عملية التعليم والتعلم إلى المنزل لاستمرار اكتساب المهارات.

9- يوفر قدر كبير من الأنشطة المختلفة والبرامج المتنوعة التي تساعد على اكتساب معلومات خارج المادة الدراسية.

1.- يختزن قدر كبير من المعلومات ويقوم بعدد كبير من العمليات.

11- أداء الوظائف والأعمال أسرع من المدرس.

12- يوفر عنصر الإثارة والتشويق.

13- استخدام عنصر التحدي للتدرج من الأسهل إلى الأصعب.

14- استخدام أساليب التعزيز لحث الطالب على مواصلة الدراسة (د. عبد الله سعد، مرجع سابق.)

مصطلحات:

- **تكنولوجيا Technology:**

تعني الاستخدام الأمثل للمعرفة العلمية وتطبيقاتها وتطويعها لخدمة الإنسان ورفاهيته.

- **تكنولوجيا المعلومات: Information Technology**

هي إيجاد الطرق والأدوات المناسبة لتخزين المعلومات وتنظيمها وسرعة استرجاعها عند اللزوم وعرضها بأحسن الأشكال المفيدة التي تساعد على اتخاذ القرارات المناسبة.

-استخدام التكنولوجيا في التعليم: Technology in Education

تعني وجود عنصر التكنولوجيا في العملية التعليمية تطويراً أو إثراءً لها وتيسيراً لعمليتي التعليم والتعلم، ويقصد بذلك استخدام الوسائل التكنولوجية في العملية التعليمية من وسائل صوتيه وضوئية وفيديو وشرائح وحاسبات وغيرها.

– حاسوب: Computer

هو جهاز إلكتروني قابل للبرمجه يتقبل بيانات وتعليمات ويخزنها ويقوم بمعالجتها ثم يخرج النتائج وفقاً للتعليمات المعطاة له.

- شبكة حاسوبية: Computer Net work

مجموعة من الحواسيب المتصلة بعضها البعض وموزعة في موقع واحد (شبكة محلية) أو مواقع متباعدة (شبكة واسعة).

الحاسب وأوعية المعلومات

تعرف المعلومات بأنها المعاني التي يدركها الإنسان وأن المعلومات هي الشكل الظاهري الخارجي للبيانات وهي أما أن تكون صوتا أو نص أو غير ذلك. وأن الله تعالي من علي الإنسان بنعمة العقل فهو أعظم وعاء للمعلومات حيث يستطيع جمع المعلومات واسترجاعها وتحليلها وربط بعضها ببعض لكي يستنبط منها المعارف وعلوما جديدة. وهنا سوف نستعرض كيفية الاستفادة من تقنيات الحاسب كوعاء ووسط لحفظ المعلومات، وكوسيلة لعرض وبث المعلومات وتبادلها بين الأفراد.

الاتصال وتبادل المعلومات:

يتحقق نشاط الاتصال للإنسان بوجود أربعة عناصر هي:

1. مصدر يتلقى الإنسان منه المعلومات إما بسمع أو التلقين أو من خلال المشاهدة والاستنتاج.
2. المعلومات: وهو ما ينشأ عن المصدر من معاني ومعارف وعلم وفكر
3. أوعية المعلومات هي وسيلة تخزين وحفظ ونقل المعلومات وتشمل جميع الوسائط التي تحتوي علي المعلومات يمكن الإفادة منها لأي عرض من الأغراض.

4. مستقبل المعلومات وهـو المستمع أو المشاهد أو القارئ المتلقي للمعلومات. بتكامل هذه العناصر يستطيع الإنسان الحصول علي المعلومات التي يطلبها ويقوم بتبادلها مع سائر البشر. ويظهر جليا الأهمية البالغة لتقنية المعلومات والحاسب حيث توفر إمكانيات هائلة كأوعية للمعلومات تقوم بتخزين كم هائل من البيانات وتسمح باسترجاعها بسرعة فائقة، مما تمكن مستخدم الجهاز من الحصول بيسر علي معلومات عديدة تمثلها تلك البيانات.

أوعية المعلومات:

يتم تقسيم أوعية المعلومات عادة إلى فئتين، هـما أوعية عامة وأوعية خاصة.

الأوعية العامة: تنقسم إلي ثلاثة أقسام هي:

1 – الأوعية الأساسية للمعلومات:

هي التي تحوي معلومات جديدة غير مسبوقة والتي تقدم إسهامات جديدة للمعرفة الإنسانية. مثل تقارير البعثات العلمية، وثائق الهيئات والمنظمات وبحوث المؤتمرات و الندوات، الرسائل الجامعية، تسجيل لبعض التجارب والدراسات العلمية والاكتشافات والاختراعات.

2– الأوعية التابعة للمعلومات:

هي أوعية تستقي مادتها من الأوعية الأساسية. ولكم وظيفتها إعادة عرض المعلومات الواردة من الأوعية الأساسية بشكل يسهل الاستفادة منها وإدراكها، وإيصال المعلومات إلي المستفيدين منها. مثل الكتب الدراسية، المراجع العلمية، النشرات المستخلصة، الكتب المرجعية كالموسوعات – والمعاجم – والمجلات المتخصصة.

3 – أوعية المعلومات التكميلية:

هذه الفئة من الأوعية لا تقدم معلومات أو معارف بـل تعـرض وصفا أو أراء عـن الوقائع أو الظواهر والأخبار المتغيرة يوما بعد يوم أو تمثل فهارس وعناوين تسهل تنظم المعلومات وعرضها والبحث عنها مثل الجرائد والمجلات اليومية بكل أنوعها ودليل الهاتف.

الأوعية الخاصة:

تنقسم الأوعية الخاصة إلى قسمين هما:

1- **أوعية رسمية:** مثال تقارير وخطابات ومستندات الإدارات والمصالح الحكومية والجمعيات العلمية والمؤسسات الصناعية والمكاتب الاستشارية.

2- **أوعية شخصية:** مثال التسجيلات لمحادثات الزملاء والزوار والخطابات الشخصية للأفراد.

تقنية الحاسب كوعاء للمعلومات:

يستفاد من قدرات الحاسب الهائلة في تخزين كم هائل من المعلومات واسترجاعها والبحث فيها للوصول إلى المعلومات، فالحاسب كأداة لمعالجة البيانات وبرمجتها يعد وعاء أساسيا للمعلومات الوثائقية حيث يستخدمه العلماء والباحثون للتوصل إلى الاكتشافات الجديدة والاختراعات وتحليل الظواهر الطبيعية في شتى مجالات الحياة. كما يمكن للحاسب أن يكون وعاء تكميليا للمعلومات من خلال وسائل التخزين البيانات على الأقراص الثابتة والاسطوانات الضوئية والأشرطة المغناطيسية وباستخدام شبكات الحاسب التي تحتوي على قواعد لتصنيف وفهرسة المعلومات وأدوات للبحث عن أي معلومات يطلبها المستخدم من الشبكة.

وأخيرا يمكن أن يستفاد من الحاسب في الأوعية الخاصة حيث يوجد العديد من البرامج التي تكون وسيلة لإعداد وتخزين مستندات الهيئات الرسمية وخطابات الأفراد الشخصية باستخدام شبكات الحاسب وشبكة الإنترنت يمكن تبادل ملفات البريد الإلكتروني، وقوائم الإخبار التي تخزن مرئيات ومخاطبات الأفراد الشخصية.

◀ استخدام الحاسب للبحث عن المعلومات:

للحصول على موضوع أو معلومة معينة باستخدام الحاسب يمكن استخدام ما يلي:-

1. الموسوعات المرجعية ودوائر المعارف وقواعد البيانات المخزنة مثل الموسوعة العربية، الموسوعة البريطانية، وغيرها.

2. قواعد البيانات الخاصة مثل قواعد بيانات الإدارة المدرسية، شئون الموظفين، بيانات الطلبة وغيرها.
3. مواقع شبكة الإنترنت والتي تضم كما هائلا من المعلومات في صفحات الشبكة العنكبوتية.
4. المكتبات التقليدية والإلكترونية مثل دار المعارف الوطنية ودار الكتب الوطنية غيرها

البحث في الموسوعات وقواعد البيانات والمعلومات:

تحوي الموسعات ودوائر المعارف كالموسعة البريطانية أو الموسوعة العربية الكم الهائل من المعلومات. وهي تتوفر حاليا في ثلاثة أشكال رئيسية، أولها المطبوعة الورقية (وهي الأصل) التي تصدر في شكل مجلدات، ثم الموسوعة الإلكترونية المتوفرة علي أقراص الضوئية CD-ROM، وأخيراً موسوعة إنترنت والتي يتم الوصول إليها باستخدام شبكة الإنترنت. ولها طرق عديدة للبحث عن المعلومات داخل الموسوعة.

البحث في الإنترنت:

يتوفر في الإنترنت مجموعة كبيرة من أدوات البحث والتي هي برامج متطورة تسهل البحث والوصول للمعلومات المخزنة في شبكة الإنترنت والتي من أهمها الأدوات أو المواقع التالية:

WWW.YAHOO.COM
Altavesta
Digital.com
WWW.INFOSEEK.COM
WWW.LYCOS.COM
WWW.LOOKSMART.COM
WWW.WEBCRAWLER.COM للبحث باللغات الأجنبية

ومواقع للبحث باللغة العربية

WWW.ALTHEWEB.COM، WWW.ALTAVISITA.COM

وفي ما يلي خصائص بعض هذه المواقع:

الموقع	الخصائص
LYCOS	بنك معلومات شاسع يجري تحديثه أسبوعيا عن للبحث عن مواقع الشبكة
WEBCRAWLER	يسمح لك بالبحث في محتويات المستندات ومواقع الشبكة
YAHOO	مرتب بمواضيع وفئات تسمح باستعراضها من مواقع شبكة الإنترنت
INFOSEEK	يحتوي علي معلومات متعلقة باستعمال المجموعات الإخبارية وغيرها
ALLTHEWEB	دليل محتوي علي أدوات مختلفة للبحث داخل المستندات في الشبكة وباللغة العربية

وعادة يكون البحث باستخدام جملة أو كلمة أو لفظ أو عنوان صفحة أو باستخدام دليل مفهرس للبحث علي ما يدل عن موضوعات المطلوبة. وهي عـادة تصنف المواضيع علـي شـكل هرمـي أو يجمـع المواقع في الشبكة التي تحوي المعلومات. وهي تبدأ برؤوس مواضيع عامة يؤدي النقر فوقها إلي مجموعـة أكبر من رؤوس المواضيع الفرعية والتي بدورها تقودنا إلي مستوي ثالث من رؤوس الموضوعات حتى نصل إلي النهاية.

البحث في المكتبات الإلكترونية:

لا ميراث يعلو فوق ميراث المعرفة، ولاشيء يفوق الكتاب في أهميته ومنافعـه والمكتبات هـي دور المعرفة وتضم الكتب ونفائس الموسوعات وبدائع المخطوطات والتراجم والمعاجم والموسـوعات النـادرة، ومع تطور المستمر وظهور الحاسب الآلي تطورت معه شكل الطباعة ونشر الكتب حيث ظهرت مخزنة في ملف مخزن على أوساط

التخزين المعلوماتية وظهرت مع ذلك المكتبات الإلكترونية والتي تتمتع بإمكانات سهلة البحث والتنقيب وطباعة الاحتياجات اللازمة للباحثين والمؤلفين.

وينقسم الفهرس العام إلى ثلاث أقسام هي كالتالي:

1- فهرس المؤلفين. (يحتوي على بطاقات التي مداخلها أسماء المؤلفين)

2- فهرس العناوين. (ويحتوي على البطاقات التي مداخلها عناوين الكتب)

3- فهرس الموضوعات. (ويحتوي على بطاقات التي مداخلها رؤوس موضوعات تدل على موضوع الكتاب)

أساليب ووسائل وأجهزة عرض المعلومات:

لقد منّ الله تعالى على الإنسان بالإضافة إلى العقل بالعديد من الحواس التي من خلالها يستطيع الاتصال بغيره وتبادل معلوماته معهم، ومع التطور المستمر ظهرت عدة أساليب لعرض المعلومات منها اللغة التخاطب بين البشر، الكتابة، الرسم، البث التصوري الحركي المرئي (الفيديو) وتتميز عرض المعلومات باستخدام تقنية الحاسب بمزايا عدة من أهماها:

1- تنوع أساليب العرض حيث يمكن عرض البيانات الصوتية والرسمية الحركية والنصوص بألوان مختلفة معا بخلاف وسائل وأجهزة العرض.

2- إمكانية عرض المعلومات لعدد كبير من الأفراد من خلال الشبكات.

3- وجود برمجيات وأجهزة مطورة تيسر إعداد و'خراج العرض وتتيح تقديمه بصورة مشوقة، تمكن من عرض المعلومات بصور مختلفة منها الإحصائيات والأشكال البيانية والاستفادة منها ضمن العرض بسهولة ويسر.

بعض الأجهزة والبرامج المستخدمة في عرض المعلومات:

- جهاز عرض البيانات:

وهي وسائل لعرض المعلومات على عدد كبير من الأفراد منها (لوحة أو شاشة عرض خارجية - جهاز العرض فوق الرأس).

- برمجيات عرض الشرائح:

تستخدم هذه البرامج عند الرغبة في تقديم عرض أو محاضرة أو شرح فكرة لعـدد مـن المهتمـين بهدف إعداد الشفافيات أو الشرائح الإلكترونية التي يتم عرضها باستخدام جهـاز العـرض البيانـات، وهـي برامج تستخدم لعرض متكامل من مجموعة متتالية مـن الشرائح وتشـمل العديـد مـن أنـواع المعلومـات برنامج البور بوينت)

■ برامج إعداد وعرض المواقع:

من التعريف السابق للشبكة العنكبوتية بأنها تشمل عدد كبير من الأجهزة ويحتوي كل جهاز على صفحات إعلامية إلكترونية مصممة بواسطة لغات خاصة وعادة تحتوي الصفحات الإعلامية علـى كـم كبـير من المعلومات بجميع أنواعها (مكتوبة – مسموعة – أو مرئية أو فيديو) وهي كثيرة ومتنوعة باستخدام تقنية الوسائط المتعددة.

وتعتبر شبكة الإنترنت العنكبوتية وسيلة كبرى لعرض المعلومـات حيـث يستطيع المستخدم مـن الوصول إلى أي موقع وتصفح جميع محتواه من معلومات، بالإضافة إلى إمكانيـة عـرض المعلومـات للعالم أجمع، بوضعها في صفحات الإعلامية على الشبكة.

الفصل السابع

استخدام الكمبيوتر في التربية الخاصة

قد يتبادر إلى ذهن البعض عند التفكير باستخدام الحاسوب في صفوف التربية الخاصة والأوضاع التربوية التي يتم تعليم الطلبة ذوي الحاجات الخاصة فيها أن الهدف هو الترويح والتسلية.

ومع أن ذلك يشكل أحد الأهداف المتوقعة من استخدام الحاسوب، إلا أن تطبيقاته في تخطيط التدريس، وتنظيمه، وتنفيذه أصبحت واسعة جداً في الوقت الحالي ـ مما يقتضي ـ من المعلمين والمديرين معرفة إمكانياته واستثمارها إلى أقصى درجة. فالكمبيوتر أداة تعلم مؤثرة وقوية.

فوائد استخدام الكمبيوتر في التربية الخاصة

تتمثل أحد أهم مزايا استخدام الحاسوب في مجال التربية الخاصة في الطبيعة الفردية للتعليم عبر الحاسوب.

وكما هو معروف، فالتعليم الفردي يشكّل أهم أساس تقوم عليه التربية الخاصة.

ولأن معلم التربية الخاصة يتوقع منه أن يلعب أدوار مهنية متعددة فهو كثيراً ما لا يجد الوقت الكافي لتفريد التعليم، ولذلك فإن الأدوات التي توفر له إمكانية الدعم لتنفيذ التدريس الفردي تشكّل مصدر دعم كبير، والحاسوب هو أحد أكثر تلك الأدوات فاعلية في تحقيق ذلك.

ومن الفوائد الأخرى المحتملة لاستخدام الحاسوب في التربية الخاصة أن لديه القابلية للتفاعل مع الطالب.

فالحاسوب يقدم مثيراً (سؤالاً أو فقرة أو معلومة)، ويقبل الاستجابة (الرد أو الإجابة)، ويقيّم تلك الاستجابة، ويقدّ التعزيز المناسب، ومن ثم ينتقل إلى المهارة التالية المناسبة بشكل منظم ومتسلسل.

هذا التفاعل لا ينطوي على تهديد للطالب (لايعاقبه أو يتنبنى اتجاهات سلبية نحوه)، ولذلك فهو يشكّل وسيلة مفيدة ومشجعة للطالبة المعوقين الذين يصعب عليهم التواصل مع الغير أو الذين يثقل كاهلهم تاريخ طويل من الفشل والإخفاق.

كذلك فإن البرمجيات المصممة جيداً تقدم تعليماً يراعي مبادئ التعليم الفعّال، فالحاسوب يستثير الدافعية، ويستخدم وسائل سمعية وبصرية متعددة، ويقيّم استجابات الطالب بدقة نسبياً.

وذلك يسمح بتقديم التغذية الراجعة الملائمة، ويشجع على الانتباه، والتذكر، ونقل أثر التعلم، وإتاحة فرص الممارسة الكافية واللازمة لإتقان المهارات.

ويرى كيرك، وجالاجر، وأناستازيو Kirk)، Gallagher، & Anastsiow، (1993 إن استخدام الحاسوب في التربية الخاصة حظي باهتمام متزايد لأنه يقدم الفوائد التالية للأطفال المعوقين.

- يتوفر عدد كافي من برامج الحاسوب لتعليم المهارات الأساسية في القراءة والحساب، وهذه مهارات تفتقر إليها نسبة كبيرة من الأطفال المعوقين.
- إن كثيراً من برامج وأنشطة الحاسوب تنفذ على شكل ألعاب، وذلك نموذج فعّال لتعليم المهارات الحركية البصرية ومهارات أكاديمية
- إن الحاسوب يجعل حفظ السجلات أكثر سهولة، فهو يسمح للمدارس بجمع المعلومات وتنظيمها وتحديثها.
- إن تعليم الحاسوب يطّور لدى الأطفال المعوقين إحساساً بالاستقلالية والسيطرة، وذلك يختلف عن الخبرات اليومية لمعظم الأطفال المعوقين الذين يغلب عليهم الشعور بالعجز.
- إن الحاسوب يوفّر فرصاً كافية للتشعب في تقديم المعلومات، فهو يقدم للطفل الذي يتعلم ببطء مزيداً من الفقرات والممارسة الإضافية إلى أن يتقن المهارات المطلوبة.

ويرى جولد نبرغ (Goldenberg, 1979): إن الكمبيوتر يستطيع إغناء خبرات الأطفال المعوقين، فقد كتب يقول: (يستطيع الأطفال استخدام الكمبيوتر لرسم الصور، وحل الألغاز، وكتابة القصص، ولعب الألعاب. ويلاحظ دائماً أن هؤلاء

الأطفال يتعاملون مع الكمبيوتر بحماسة شديدة، ومعظم الأطفال العاديين يتقنون استخدام الكمبيوتر وبسرعة ويظهرون قدرة تفوق تلك التي يظهرونها أو حتى المتوقعة منهم في عملهم المدرسي النظامي.

وبالنسبة للطفل ذي الحاجات الخاصة، فإن تفاعله مع العالم أكثر محدودية من تفاعل الطفل الطبيعي، فهو محدود أولاً (بشكل طبيعي) بسبب الإعاقة، ومحدود ثانياً (بشكل اصطناعي) بسبب إساءة فهمنا للإعاقة ولذلك يصبح إتقان هذا الطفل لتكنولوجيا فعالة حدثاً مثيراً جداً في حياته).

تطبيقات الكمبيوتر في التربية الخاصة:

إن تطبيقات الكمبيوتر في مجال التربية الخاصة متنوعة وتعكس تنوع الحاجات التعليمية الخاصة المتباينة للطلبة المعوقين والموهوبين الذين يعنى هذا المجال بتعليمهم وتدريبهم.

ومن التطبيقات المهمة للحاسوب في مجال التربية الخاصة.

- **معالجة المعلومات والتعلم التفاعلي.**

في بداية الأمر، تخوف كثيرون في مجال التربية الخاصة من ان الاعتماد المتزايد على الكمبيوتر سيقود إلى المزيد من العزل للأشخاص المعوقين.

ولكن الكمبيوتر أصبح أكثر الأدوات التكنولوجية استخداماً في برامج التربية الخاصة، وقد فسر- معظم النجاح الذي حققه استناداً إلى حقيقة أنه نسخة إلكترونية من الآلة التعليمية اليدوية التي طورها عالم النفس (ب. ف. سكنر)، فبرامج الكمبيوتر ذات التصميم الجيد تزود الطلبة بالانتباه الفردي، والتغذية الراجعة المتواصلة، وهي تعتمد على مبادئ التعزيز الإيجابي.

والأكثر أهمية من ذلك أن الكمبيوتر هو الوسط التعليمي التفاعلي الوحيد ويسمح للمستخدم المعوق بالسيطرة الكاملة على عملية التعلم الفردية ويسهم في تطوير إحساس بالإنجاز الشخصي.

- **التخطيط للتدريس:**

لقد تبين أيضاً أن الكمبيوتر أداة فعالة لتنظيم المعلومات المتعلقة بالبرامج التربوية الفردية للطلبة، فالمعلومات حول أنماط القوة والضعف التعليمية الفردية يمكن الاحتفاظ بها وتحديثها بسهولة من خلال الكمبيوتر.

وعند تحليل ارتباط هذه المعلومات بالبيانات المتوفرة على مستوى أداء الطالب، تتحسن قدرة المعلم على اتخاذ القرار وبالتالي يتحسن البرنامج التدريسي.

وتحليل المهارات التعليمية محكي المرجع بمساعدة الكمبيوتر يسمح للمعلم بالتركيز على التعلم المتقن بدلاً من استخدام نموذج التقييم التقليدي الذي يركز على الإخفاق. ومن شأن تحليل الارتباط بين قاعدة المعلومات التي يوفرها الكمبيوتر حول المهارات محكية المرجع وبين تسلسل المواد التعليمية المستخدمة في غرفة الصف أن يوفر للمعلم مزيداً من الإمكانيات لتحسين وتفعيل خططه التدريسية، ويسمح بتصحيح الاختبارات بمساعدة الكمبيوتر بالتحليل محكي المرجع لدرجات الطالب المتحققة على كل من اختبارات القدرة والتحصيل.

- **التواصل:**

تتمثل إحدى أهم استخدامات الكمبيوتر في توظيفه كنظام تواصل إلكتروني، فالطلبة يستطيعون استقبال المعلومات عبر الكمبيوتر باستخدام النموذج الحسي الأقوى لديهم ويستطيعون التحكم بسرعة تقديم المعلومات، وبذلك فهم يركزون انتباههم على محتوى المعلومات وليس على عملية الاستقبال ذاتها.

والتواصل التعبيري يتحسن تبعاً لنفس الأسلوب الذي يتحسن فيه التواصل الاستقبالي

- **الأدوات الاصطناعية المساندة**

ترك استخدام الكمبيوتر للتواصل الاصطناعي أثراً كبيراً في حياة الأشخاص المعوقين، فوحدات التواصل من قبيل (Super Phone) مكّن الأشخاص الصّم من إجراء مكالمات هاتفية مع الأشخاص السامعين باستخدام هواتفهم المنزلية.

ومكنت لوحات وطابعات بريل الأشخاص المكفوفين من دخول عالم الكمبيوتر وشبكات المعلومات التكنولوجية. وساعدت الأجهزة الإلكترونية

الأشخاص المعوقين على قراءة وطباعة المواد المتوفرة لعامة الناس. وجعلت نظم الكمبيوتر المستحثّة بالصوت والموصولة بعلب تشغيل خاصة الأشخاص المعوقين جسمياً قادرين على التحكم بالأجهزة الكهربائية في بيوتهم.

وسمحت الأدوات التكنولوجية المكيفة الأخرى (مثل: لوحات التواصل الإلكترونية، وأدوات المسح الخاصة، والمفاتيح التي تعمل بالضغط أو اللمس أو الصوت) للأشخاص ذوي الإعاقات الشديدة جداً باستخدام تكنولوجيا الكمبيوتر.

فالشخص المعوق جسمياً الذي لا يتكلم يستطيع الآن استخدام نظم الكمبيوتر المعدلة هذه للتحدث مع الآخرين في المدرسة وفي البيت. إضافة إلى ذلك، فإن نظم الاتصالات المربوطة بالكمبيوتر تمكّن الأشخاص المعوقين من التواصل، والعمل، والترويح عبر أجهزة الكمبيوتر المنزلية.

- **الترويح والتسلية**

تقدم تطبيقات التكنولوجيا في المجال الترويحي فرصاً واعدة للأشخاص المعوقين. وتمثل ألعاب الكمبيوتر الوسط الترويحي الوحيد الذي يشمل تفاعلاً حقيقياً. فالمستخدم يشارك شخصياً في النشاط ولا يكتفى بدور الملاحظ السلبي كما هو الحال في الوسائط الأخرى مثل الراديو، والتلفزيون، الأفلام. وتسمح ألعاب وبرامج الكمبيوتر المتوفرة حالياً للأشخاص المعوقين جسمياً، على سبيل المثال، بالمشاركة في أنشطة رياضية متنوعة، وتقديم بعض البرامج للمستخدمين ألعاباً تستثير التفكير، وتوفر برامج أخرى فرصاً لتنفيذ أنشطة متنوعة مثل البحث، والقراءة، والدراسة الشخصية.

- **البرنامج التربوي الفردي**

يمكن وصف البرنامج التربوي الفردي (Individualized Eucation Program) باعتباره نظاماً يحدّد موقع الطالب حالياً، وإلى أين سيصل، وكيف سيصل إلى هناك، وكم من الوقت سيستغرق للوصول، وكيف سنعرف أنه قد وصل فعلاً إلى الموقع المنشود.

وعلى ضوء ذلك، تم أتمتة عدد من البرامج لمساعدة المعلمين من خلال قيام الكمبوتر بتأدية بعض المهمات التي يتضمنها تخطيط البرنامج التربوي الفردي وتنفيذه

فعلى سبيل المثال، تقوم بعض البرامج المحوسبة بتخزين أهداف طويلة المدى وأهداف قصيرة المدى في المجالات المختلفة. ويستطيع المعلمون وأعضاء الفريق الآخرون عرض هذه المعلومات على الشاشة ومن ثم اختيار الأهداف الملائمة منها. ويمكن تعزيز هذه الأهداف بأدوات قياس وإجراءات تدريسية مناسبة. ويتوفر حالياً برامج محوسبة تقوم بإعداد البرامج التربوية الفردية بالكامل حيث يقوم المعلمون بإجراء التعديلات التي يرونها مناسبة على ضوء المصادر التعليمية المتوفرة لهم.

القياس والتقييم في التربية الخاصة:

لا تقتصر مسؤوليات معلمي التربية الخاصة على التدريس فقط، فهم مطالبون أيضاً بالعمل مع معلمي المدارس العادية ومع اختصاصي علم النفس المدرسي للقيام بملاحظات قبل إحالة الطالبة المشتبه بضعفهم إلى التربية الخاصة. كذلك فهم مطالبون باتخاذ قرارات بشأن الأهلية لخدمات التربية الخاصة وبتوثيق مستوى التقدم الذي يحرزه كل طالب. وقد أصبح ينظر إلى التكنولوجيا باعتبارها وسيلة لتنفيذ تقييم أفضل وفي وقت أقل. وفي العقدين الماضيين، بينت البحوث المتصلة بالتقييم المستند إلى الكمبيوتر كيف أن هذه الأدوات التكنولوجية يمكن أن تحاكي التقييم الذي يقوم به الناس، وكيف أن هذه الأدوات التكنولوجية يمكن أن تكون أكثر جدوى وفاعلية من العمل اليدوي المرهق والمستغرق للوقت.

تدريب كوادر التربية الخاصة

ان تقديم الخدمات التربوية الخاصة والخدمات المساندة الفعالة والمناسبة للطلبة ذوي الحاجات الخاصة يتطلب كوادر مدربة جيداً تعي أحدث التطورات في الميدان. ولذلك فإن تدريب الكوادر قبل الخدمة وفي أثنائها يعتبر من المهمات الرئيسة الموكلة للقائمين على إدارة التربية الخاصة. ولكن تنفيذ هذه المهمة بشكل فعال يتطلب التزود بمعلومات عن الممارسات الميدانية الحديثة ومصادر التدريب المتوفرة في المجتمع المحلي.

وفي هذا المجال أيضاً، تستطيع تكنولوجيات المعلومات تيسير عملية الوصول إلى المعلومات اللازمة. علاوة على ذلك، تتوفر حالياً برامج محوسبة تقدم التدريب للكوادر بشكل مباشر.

إدارة التربية الخاصة

تعتمد الإدارة الفاعلة لبرامج التربية الخاصة بالضرورة على توفر معلومات دقيقة وحديثة عن هذه البرامج. فمثل هذه المعلومات تلزم لتنظيم الخدمات ومتابعة تقييم مدى فعاليتها والتخطيط للمستقبل، وغير ذلك من الأهداف. ومعروف أن جمع المعلومات، والمحافظة عليها، وتحديثها، وتحليلها يتطلب جهود كبيرة تثقل كاهل الكوادر.

ولمواجهة مثل هذا التحدي، فقد تم تطوير عدد من نظم المعلومات المحوسبة الخاصة بمتابعة المعلومات وتحليلها. ويمكن تشغيل هذه النظم بأجهزة الكمبيوتر التقليدية وغير المكلفة.

تطبيقات الحاسوب في التأهيل

لا تقتصر استخدامات الحاسوب على التدريس الأكاديمي. فمع الاهتمام المتزايد بتيسير انتقال الطلبة ذوي الحاجات الخاصة من المدرسة إلى عالم العمل، تزداد الحاجة إلى توظيف الحاسوب في برامج التأهيل المهني ولأن بعض المهن تعتمد على إدارة المعلومات أكثر مما تعتمد على إدارة الأشياء، فإن الكمبيوتر، من حيث المبدأ، يسهم في إتاحة فرص عمل أفضل لذوي الاعاقات الجسمية الشديدة.

ومن الأمثلة على هذه المهن: التحرير، وبرمجة الكمبيوتر، قراءة وكتابة نتائج تحليل العينات في المختبر.

واستناداً إلى ذلك، فثمة حاجة إلى إجراء دراسات استطلاعية وتجريبية مبتكرة لإعادة تصميم بعض بيئات العمل.

مكونات الحاسوب الشخصي PC

العمليات الأساسية للحاسوب

يقوم الحاسوب بعمليات أساسية هي:

إدخال البيانات، ومعالجتها، وإخراج النتائج للحصول على المعلومات.

◄ المدخلات:

يقصد بعملية الإدخال، قراءة البيانات من وسط تخزين ما وإيصالها إلى ذاكرة الحاسوب الرئيسة.

أو قد تدخل البيانات مباشرة بواسطة لوحة المفاتيح .

◄ المعالجة:

تعتبر عملية المعالجة، العملية الأهم بالنسبة للحاسوب، إذا أنها منوطة بوحدة المعالجة التي تمثل الحاسوب فعليا، وتتم المعالجة حسب برنامج يعده مبرمجون.

◄ المخرجات:

عملية الإخراج هي نقل المعلومات من وحدة الذاكرة الرئيسة من أجل حفظها على إحدى وسائط التخزين المساندة أو طباعتها على الورق أو على الشاشة.

مكونات الحاسوب

يمكن تقسيم مكونات الحاسوب إلى جزئين رئيسيين هما:

المكونات المادية (Hardware): وتشمل جميع المكونات المادية والدوائر المنطقية.

المكونات البرمجية (Software): وهي البرامج اللازمة لتشغيل الدوائر المنطقية وتشكيلها لتنفيذ مهمة معينة.

ويتكون جهاز الكمبيوتر من:

1-   صندوق وحدة المعالجة المركزية (Central Processing Unit CPU)

2-   وحدات الإدخال Input لوحة المفاتيح keyboard، الفأرة Mouse، الماسح الضوئي Scanner، الكاميرا Camera.

3-   وحدات الإخراج Output: الشاشة Monitor، الطابعة Printer، الراسمة Plotter

التركيب المادي للحاسوب:

1.   وحدة المعالجة المركزية CENTRAL PROCESSING UNIT (CPU):

نتعرف على كفاءة جهاز الحاسوب عن طريق معرفتنا لوحدة المعالجة المركزية التي تتكون من:

لوحة رئيسية Mother Board ويلتصق بها معالج دقيق Micro Processor

وهناك أنواع عدة من المعالجات: المعالج Pentium، المعالج Pentium Pro

تقوم هذه الوحدة بكل العمليات الحسابية والمنطقية للحاسوب وكذلك تتحكم بعمله. وفي الحاسوب المايكروي تكون وحدة المعالجة المركزية CPU عبارة عن معالج دقيق (Micro processor) عمله جلب التعليمات من الذاكرة وفك تشفيرها إلى سلسلة من العمليات البسيطة ثم تنفيذ هذه العمليات بخطوات متسلسلة. كذلك تحتوي وحدة المعالجة المركزية CPU على مسجل عداد العنوان والذي يحتوي على عنوان الإيعاز التالي في الذاكرة، ومسجلات عامة والتي تستخدم لخزن البيانات مؤقتاً، ودائرة للسيطرة والتي تولد إشارات السيطرة الخارجية.

2. **وحدة الذاكرة الرئيسية Main Memory Unit**

هي وحدة تخزين البيانات والتعليمات والبرامج المراد تنفيذها حيث تبقى هذه البيانات في الذاكرة.. حتى تُستَخدَم عن طريق وحدة التحكم.

ويعتمد حجم العمل على ما ينجزه الكمبيوتر من سعته للذاكرة الرئيسية من معلومات وبيانات في آن واحد.

للذاكرة غرضين رئيسيين:

الغرض الأول هو خزن الشفرات الثنائية لسلسلة الإيعازات المطلوب من الحاسوب تنفيذها (أي البرامج). والغرض الثاني هو خزن البيانات التي سيعمل الحاسوب عليها عند تنفيذ البرنامج.

تتكون الذاكرة الرئيسية من:

ذاكرة القراءة ROM (Read Only Memory):

وهي ذاكرة للقراءة فقط حيث يمكن القراءة منها ولا يمكن الكتابة لها وتتميز بأنها تحتفظ بالمعلومات حتى عندما يتم قطع الطاقة عنها – أي بعد فصل التيار الكهربائي عن الجهاز –.

تعتبر ذاكرة القراءة ذاكرة غير متطايرة (non-volatile) وهناك أنواع أخرى منها يمكن برمجتها لعدة مرات مثل EPROM و EEPROM.

تستخدم ذاكرة القراءة ROM لخزن برامج الإقلاع وتعريفات المكونات المادية المربوطة مع جهاز الحاسوب عند بدء التشغيل. وبرامج الإقلاع هذه تنفذ عدة مهام عند بدء التشغيل مثل إجراء فحص شامل على جميع مكونات الحاسوب للتعرف عليها وعلى حالتها ثم تحميل برنامج نظام التشغيل (OS) وتسليمه السيطرة على النظام.

ذاكرة القراءة والكتابة – ذاكرة الوصول العشوائي (Random Access Memory (RAM:- وهي ذاكرة للقراءة والكتابة حيث يمكن تغيير محتوياتها والكتابة لها. ولكن هذه الذاكرة تكون متطايرة بمعنى أنها تفقد محتوياتها عند انقطاع الطاقة عنها.

وتستخدم ذاكرة القراءة والكتابة (RAM) لخزن برامج وبيانات المستخدم وكذلك لخزن النتائج التي تتولد أثناء معالجة البيانات من قبل الحاسوب.

كلما زادت ذاكرة القراءة والكتابة تزداد سرعة الجهاز والوحدة الأساسية لقياس الذاكرة هي البايت.

وحدة الخزن الثانوي: إن برامج المُستَخْدِم والبيانات المخزونة في ذاكرة RAM تشغل مساحة كبيرة من الذاكرة كما أنها تكون عرضة للضياع عند انقطاع الطاقة عن الذاكرة الرئيسية، لذلك يتم إضافة وحدة خزن ثانوي ذات مساحة كبيرة تكفي لعدد كبير من البرامج وهي ذات كلفة قليلة، وتتميز بأنها غير متطايرة ولكنها تحتاج إلى زمن وصول أطول من الذاكرة الرئيسية وهناك عدة أنواع للذاكرة الثانوية مثل الأقراص المغناطيسية والأشرطة المغناطيسية والأقراص الضوئية (CD).

وتنقسم وحدة الخزن الثانوي إلى:
1. وحدة القرص الصلب HARDDISK
تتميز بسعة تخزين كبيرة وبسرعة عالية لتسجيل البيانات والمعلومات واسترجاعها.
يكون موقع هذه الوحدة في داخل صندوق وحدة المعالجة المركزية وتتراوح سعته من GB200 إلى أكثر من GB4000.

2. وحدة القرص اللين المرن FLOPPYDISK

يتميز هذا القرص بسعة قليلة تبلغ 1.44 GB الى 3.5GB في حالة ضغطه.

3. وحدة القرص المدمج CD'sROM

يتميز هذا القرص بسعة تخزينية كبيرة تتراوح من 600 MB الى 750 MB ويمكن تخزين ملفات الصوت أو الصورة أو الأفلام والوثائق أو المجلدات الخاصة والملفات التي تخص جهازك عليه.

ناقل النظام :(System Bus) وهي مجموعة خطوط كهربائية تربط وحدة المعالجة المركزية ببقية أجزاء الحاسوب ويمكن تقسيمها إلى ثلاث مجموعات:

ناقل البيانات: ويتألف من 8،16،32 أو 64 خط اعتماداً على معمارية الحاسوب المستخدمة. ويستخدم لنقل البيانات الثنائية بين وحدة المعالجة وبقية الوحدات.

ناقل العناوين: ويمكن أن يتكون من 16،20،24 أو 32 خط ويستخدم من قبل CPU لعنونة موقع ذاكرة أو وحدة الإدخال / الإخراج.

ناقل السيطرة: وهي مجموعة خطوط تستخدم لنقل إشارات السيطرة من CPU إلى بقية الوحدات ضمن الحاسوب.

المكونات البرمجية

وهي مجموعة البرامج والتطبيقات التي ينفذها الحاسوب وهي حلقة الوصل بين المبرمج والحاسوب. ويمكن تقسيمها إلى:

برامج الإقلاع: وهي برامج تخزن في ذاكرة ROM وتكون أول ما ينفذ عند بدء التشغيل، وعليها إجراء فحص لمكونات الحاسوب والإبلاغ عن أي أخطاء في النظام كما أنها تتعرض على الأجهزة الطرفية المربوطة للحاسوب وتحميل برامج قيادتها (Drivers) إلى الذاكرة الرئيسية، كما تقوم بتحميل برنامج نظام التشغيل إلى الذاكرة وتسلم السيطرة له.

نظام التشغيل: وهو برنامج معقد يسيطر على إدارة موارد النظام وتنفيذ البرامج التطبيقية وكذلك يمكن أن ينظم عملية تنفيذ أكثر من مهمة في نفس الوقت في الأنظمة متعددة المهام (Multi-Tasking) أو توزيع المهام على أكثر من معالج واحد في

أنظمة البرمجة المتعددة (Multi - Processing System) كمثال على هذه البرامج ، Linux، Vinx، (DOS Windows) .

المجمعات والمترجمات :(Assemblers & Compilers) وهي برامج تستخدم لترجمة وتحويل برامج المستخدم المكتوبة بلغات البرمجة العليا مثل (بيسك، فورتران، باسكال،...الخ) أو بلغة التجميع (Assembly) إلى لغة الماكنة.

البرامج التطبيقية: وهي البرامج التي يكتبها المستخدم أو يشتريها جاهزة لتنفيذ تطبيق معين مثل معالجات النصوص، وبرامج الرسوميات وبرامج التصميم بواسطة الحاسوب (CAD)، الخ.

برامج تدريبية لدعم التعليم والتعلم

التدريب على استخدام تكنولوجيا المعلومات والاتصالات (التعلم الإلكتروني)، برنامج انتل intel & وورلد لينكس (WORLD LINKS).

يقومان بتطوير عملية التعليم داخل الغرفة الصفية والانتقال إلى بيئة تساند التعليم الإلكتروني باستخدام التجهيزات الحديثة بتكنولوجيا الاتصالات والمعلومات، ويشتركان بمجموعة من الأهداف، فيهدفان إلى:

- استخدام تكنولوجيا الاتصالات والمعلومات.
- البحث والتقييم والتحليل.
- حل المشكلات واتخاذ القرار.
- التفكير الإبداعي وحسن الاستخدام للأدوات الإنتاجية.
- تحديث المناهج وإدماج تكنولوجيا المعلومات والاتصالات بالتدريس.
- متابعة تطوير أداء وتدريب المعلمين وتهيئة البيئة المناسبة للتعليم مدى الحياة.
- تنظيم نظم تقييم ومتابعة للمعلمين وينعكس على الطلبة
- مهارات دمج ثقافة الحاسوب بفعالية في المناهج الدراسية الحالية لتحسين تعليم الطالب.

إنتل التعليم للمستقبل

ماهو برنامج انتل – التعليم للمستقبل ؟؟؟

برنامج إنتل* التعليم للمستقبل هـو برنامج عـالمي يسـاعد المعلمـين في توظيـف التكنولوجيـا في التعليم الصفوف وتعزيز تُعلم الطلاب. ويقدم هذا البرنامج دورة تدريبية شاملة ومرنة، فهي تعتمـد عـلى فعالية التدريب العملي والمباشر. ونظراً لأنه مصمم لإعداد معلمي وطلاب الحاضر لمتطلبـات الغـد، فقـد ساعد بالفعل ما يزيد عن مليون معلم حول العالم عن طريق إمدادهم بتدريب مكثف ومصـادر متعـددة للارتقاء بالتوظيف الفعال للتكنولوجيا في الصف.

- يستهدف هذا البرنامج إدراك الصناعة إن كافة التقنيات التعليمية المستخدمة في الصـفوف حالياً ليس لها قيمة إذا كان المعلمون لا يعرفون كيف يستخدمونها بفعالية.
- الحل السحري ليس في أجهزة الحاسوب، ولكنه في المعلمين.

وحدات المنهج الدراسي:

- الشروع في العمل.
- تحديد واقع المصادر كحقائب أوراق الوحدات.
- إنشاء عروض تقديمية متعددة الوسائط للطلاب.
- إنشاء منشورات الطلاب.
- إنشاء مواد دعم الطلاب.
- إنشاء مواقع ويب الطلاب.
- إنشاء مواد دعم المعمل.
- تطوير خطط التغيير.
- تجميع حقائب أوراق الوحدات.
- عرض حقائب أوراق الوحدات.

أهداف إنتل:

- التركيز على طرائق استخدام المعلمون للتقانة لتحسين التعلم من خلال الاتصال واستراتيجيات الإنتاجية والأدوات.
- التأكيد على التعلم العملي وإنشاء وحدات المنهج الدراسي وأدوات التقييم، والتي تتناول المعايير الأكاديمية والقانية للمنهج.
- تشجعي الاستخدام الفعال للتقانة في الصف.
- تشجيع فرص مشاركة الطلاب من خلال الوصول للتقانة.
- تشجيع المعلمين للعمل في فرق وحل المشكلات والمشاركة في مراجعة وحداتهم مع الزملاء

ما هو مدى اختلافه عن غيره من برامج التدريب المتاحة؟

يتميز برنامج إنتل التعليم للمستقبل، عن غيره من أساليب تدريب المعلمين على تقنيات المعلومات والاتصالات بعدد من المميزات:

يتم تدريسه على حدة خلال تدريب عملي مباشر للزملاء بواسطة زملائهم، فضلاً عن أنه مجاني.

قابل للتخصيص، ويتيح للمدارس ومعاهد تدريب المعلمين مرونة عالية تسمح بتدريس المنهج بأساليب تناسب تماماً المتطلبات المحلية لكل منطقة.

يساعد على بناء مهارة تكنولوجيا المعلومات والاتصالات من خلال بيئة التعليم في الصف، وذلك عن طريق دمج المهارات في أسلوب تربوي مناسب. تعتمد كل عروض المدربين ونماذج الأعمال على أمثلة عملية تتوافق مع متطلبات المنهاج القومي والتي توضح كيفية توظيف تكنولوجيا المعلومات والاتصالات لتعزيز عمليتي التعليم والتعلم. بالإضافة إلى ذلك، وأثناء التدريب، يقوم المعلمون المشاركون بوضع خطة للدرس، وأساليب العمل، وأدوات التقييم التي يمكن استخدامها اليوم التالي في قاعة الدراسة.

من يحصل على هذا التدريب؟

يحصل على هذا التدريب كل معلمي المدارس الابتدائية والثانوية الذين يعملون في التدريس، بالإضافة إلى معلمي ما قبل الخدمة في أي برنامج تدريب أساسي

للمعلمين. يمكن لكل هؤلاء المشاركة في برنامج إنتل التعليم للمستقبل.

لماذا تقوم إنتل بذلك؟

الهدف من مبادرة إنتل* الإبداع في التعليم هو التعاون مع المعلمين في المجتمعات حول العالم، بهدف تحسين تعليم الرياضيات والعلوم والهندسة والتقنيات.و الهدف أيضاً هو مساعدة الطلاب في تحقيق مستوى أعلى من مهارات التفكير، والتي سوف يحتاجونها للنجاح في مجال الاقتصاد الذي يعتمد على المعلومات. وكجزء من هذه المبادرة الشاملة، يتولى برنامج إنتل التعليم للمستقبل، دعم المعلمين بالأدوات التي يحتاجونها لمساعدة طلابهم في النجاح.

ما هي مكونات المنهاج

يتكون برنامج إنتل للتعليم للمستقبل من

1. وحدات مختلفة يمكن تدريس كل منها في جلسة مدتها ثلاث ساعات.

تكون موضوعات الوحدات العشرة كما يلي:

الوحدة 1: مقدمة وعرض باوربوينت

الوحدة 2: تحديد المصادر على الإنترنت والأقراص المدمجة

الوحدة 3: الاتصالات

الوحدة 4: استخدام برنامج وورد ضمن المنهاج لدعم مهارة الكتابة

الوحدة 5: النشر المكتبي

الوحدة 6: عروض تقديمية بالوسائط المتعددة للطلاب

الوحدة 7: مواقع الويب الخاصة بالطلاب

الوحدة 8: إدارة المهام الإدارية

الوحدة 9: الأنشطة الصفية باستخدام

الجداول الإلكترونية

الوحدة 1.: تكنولوجيا والاتصالات والمعلومات في الصف والتخطيط والتقدير

كما ترى، فإن المناهج ليس مقسماً تبعاً لبرامج الحاسب، ولكن تبعاً لتطبيقاتها العملية في عمليتي التعليم والتعلم.

ما هي المواد والمصادر التي يتم توفيرها

يحصل كل معلم مشترك على دليل التطبيق يجمع الوحدات العشر ـ من منهج إنتل التعليم للمستقبل، بالإضافة إلى قرص مدمج يحتوي على عدد ضخم من نماذج الأعمال من كل المجالات والمستويات صفوف الدراسة.. يتم تشجيع المعلمين للاحتفاظ بالملف كوسيلة مرجعية سريعة لصقل المهارات لفترة طويلة بعد انتهاء التدريب الأولي.

برنامج وورلد لينكس (WORLD LINKS)

وورلد لينكس المنطقة العربية، هي الفرع العربي لمؤسسة وورلد لينكس. ويهدف البرنامج الى تحسين مخرجات التعليم والفرص الاقتصادية والتفاهم العالمي بين الشباب في البلدان النامية من خلال استخدام التقنية والإنترنت، حيث يتعلم المدرسون كيفية دمج التقنية في التعليم لتحقيق نتائج تعليمية أفضل. وتساعد هذه المهارات الشباب في المشاركة بنجاح في اقتصاد المعرفة العالمي عندما يتركون المدرسة. ويقول رئيس وورلد لينكس الدولية مصطفى ناصر الدين الى ان "وورلد لينكس المنطقة العربية نجحت في تدريب 8000 مدرس في أكثر من 1200 مدرسة في الأردن وسوريا ولبنان وفلسطين وغزة واليمن الأمر الذي ادى إلى الوصول حاليا إلى نحو مليون طالب عربي"، مضيفا انه "سيتم توسيع البرنامج ليشمل المزيد من البلدان في غضون السنوات القليلة القادمة". (جريدة الرأي – 12 /2/ 2008م)

يتكون البرنامج من أربعة مراحل تدريبية (160 ساعة تدريبية) هي:

1. مقدمة في استخدام الإنترنت لأغراض التعليم والتعلم
2. مقدمة إلى مشاريع التعلم بالمشاركة عن بعد
3. دمج المنهج الدراسي مع التكنولوجيا.
4. الإبتكارات: أصول التدريس و التكنولوجيا والتنمية.

يهدف هذا البرنامج إلى:

- تنمية قدرات الطلبة وإطلاق إبداعاتهم وتحسين مهاراتهم وتوسيع معارفهم وآفاقهم.
- تعزيز التواصل بين الطلبة، من خلال استخدام التقنية و الإنترنت.

- التنمية المهنية للمعلمين بهدف تطوير أساليب التعليم والتعلم في الغرفة الصفية، لتحقيق نتائج تعليمية أفضل.

- تربط وورلد لينكس المنطقة العربية الشباب العربي بشبكة تعلم عربية وعالمية، تحفزهم على مشاركة نظرائهم في معارفهم في البلد الواحد، ونظرائهم في الدول العربية والعالم، وتعزيز العمل التعاوني بينهم.

- استكشاف مشاريع الرحلات المعرفية " الويب كويست (web quest) " عبر الإنترنت، ودراسة الويب كويست ومكوناته وطريقة تصميمه والتعرف على آثاره في إثراء العملية التعليمية.

- تقديم أساليب حديثة لدمج المنهاج بالتكنولوجيا تخاطب وتنمي مهارات التفكير العليا.

أفكار مفيدة

يسعدني أن اقدم نجاحاً هاماً من نجاحات زملائي في وورد لينكس والتي نفخر ونعتز بها وهي منشورة في موقعنا التالي:

http://www.world-links.org/discus/arabic

وهي عبارة عن أفكار مفيدة للجميع، نتمنى أن تنال إعجابكم، ويمكنكم المساهمة ومشاركتنا نجاحاتكم وأية أخبار ترون أنها مفيدة للمجموعة، وإضافتها للمركز التعاوني في حلقة "من أخبار ونشاطات البرنامج في الأردن" عبر الرابط السابق.

انقطاع التواصل في تكنولوجيا التعلم
المعلمون المدربون

سام كارلوس : مدير تنفيذي وورد لينكس

مقدمة:

كثير منا شاهد ان اجهزة الحاسوب في الصفوف قد اكلها الغبار، وان مختبرات الحاسوب مغلقة لعدم وجود مؤهلين يديرونها والطلاب يقومون بالعاب غير تربوية لساعات طويلة، مبالغ هائلة صرفت لتزويد المدارس باجهزة الحاسوب في الدول النامية و غير ذلك من انواع الهدر لان المعلمين غير مدربين على استخدام التكنولوجيا بشك فعال.

الخبرة حول العالم في البلدان المتقدمة والصناعية اظهرت ان تدريب المعلمين على تطبيق التكنولوجيا هو عنصر اساسي لتطوير وتقدم اداء الطلاب (من خلال اكتساب المعرفة وتطوير المهارات المستندة الى التكنولوجيا) تكنولوجيا التعليم ليست ولن تكون اداة نقل واتصال لوحدها، انها تتطلب معلمين قادرين على دمج التكنولوجيا بالمنهاج واستخدامها لتطوير تعلم الطلاب ، بكلمات اخرى الحواسيب لن تحل محل المعلمين، المعلمين هم حجر الزاوية اذا استخدمت التكنولوجيا بشكل ملائم وفعال.

لقد قيل ان تصميم وتنفيذ برامج التنمية المهنية للمعلمين في تطبيق التكنولوجيا ليست سهلة ولا غالية الثمن وانها يائسة فيما يتعلق بالتمويل. هناك حالات كثيرة في عدم كفاءة وفاعلية برامج التدريب اكثر من قصص النجاحات. اكثر من ذلك ان قصص النجاح لا تنسحب اتوماتيكيا على حالات اخرى وان الخبرة والعمق في هذا المجال هي في مرحلة الطفولة. وهذا يدعو الى التواضع، والابتكار، والرغبة في الفشل، التقويم المستمر، المشاركة في الخبرات الايجابية والسلبية والمراجعة المستمرة لبرامج التنمية المهيئة للمعلمين المتعلقة بالتكنولوجيا.

المعلمون ما زالوا البوابة الامنة للعبور الى فرص التربية الممنوحة من التكنولوجيا وهذا لا يمكن تجاهله. تزويد المعلمين بمهارات التدريب التقنية في استخدام

التكنولوجيا ليس كافيا. المعلمون ايضا بحاجة الى تنمية مهنية في تطبيق مهارات اساليب التدريس من تحسين عملية التعليم والتعلم.

ورش التدريب التقليدية لم تكن فعالة في مساعدة المعلمين للشعور بالراحة عند استخدام التكنولوجيا او دمجها بسهولة في طريقة تدريسهم بدلا من ذلك دخلت نماذج حولت التدريب الى تنمية مهنية طويلة المدى اضافة الى تطوير المعلمين. هذه الطريقة تتضمن خدمات سابقة و خدمات في التدريب جنبا الى جنب مع اصول التدريس المستمرة والدعم التقنيوالارشاد.

من خلال تطوير التكنولوجيا لتدريب المعلمين و تنميتهم المهنية التي يحتاجونها فهي ايضا تقدم حلولا. تكنولوجيا المعلومات و الاتصال ICT بامكانها تحسين الخدمات السابقة لتدريب المعلمين من خلال ادخالهم الى مصادر تربوية جيدة وكثيرة، تزودهم بوسائل للمحاكاة من اجل تحقيق ممارسات تعليمية جيدة تحفز التعاون بين المعلم والمتدرب وتزيد من الانتاجية للاهداف غير البنائية. تكنولوجيا المعلو مات والاتصال تجعل خدمات التنمية المهنية الحالية للمعلمين تتطور الى مدى معين، التعلم الامتزامن وفرص التدريب الفردية. في النهاية تكنولوجيا المعلومات والاتصال قادرة على التغلب على عزلة المعلمين محطمة جدران الغرفة الصيفية ورابطة اياهم مع زملائهم ومرشديهم وخبراء المناهج اضافة الى ربطهم مع مجتمع المعلمين العالمي على قواعد واسس من التواصل.

ان التكنولوجيا والتنمية المهنية واستخداماتها تظهر جليا من من خلال اصلاح المادة التعليمية من خلال عمل نقلة من تركيز عملية التعليم على المعلم نفسه الى التعلم البنائي. وهذا له نتائج على تنمية المعلم مهنيا. من الجوانب المهمة لتكنولوجيا الاتصال والمعلومات يكمن في دورها كمحفز لاصلاح التعليم.

ان التكنولوجيا تشجع البناء الفعال، وهذا يعني ان الطلاب هم مركز العملية التعليمية التعلمية، الانضباط الداخلي، الارتباط بمواقف حياتية حقيقية ومتلائمة مع اساليب التعليم للافراد. مثل هذا البناء من شانه ان يشجع التفكير الناقد ومهارات العمليات العقلية بين الطلاب ومبنية اجتماعيا على التعلم التعاوني والمطلوبة حاليا في

الاقتصاد العالمي. ان قدرة التكنولوجيا على تحسين البناء يجب ان تدمج في برامج التنمية المهنية التكنولوجية للمعلمين.

والاهم من ذلك هو ان التكنولوجيا تحقق نقلة نوعية من ان المعلم هو مصدر المعلومة الاساسي الى مسهل لعملية تعلم الطلاب و المستندة الى اكثر من مصدر.

برامج التنمية المهنية للمعلمين في استخدام التكنولوجيا يجب ان تشمل على اشكال اصول التدريس التي يستخدموها داخل الغرفة الصفية وبرامج التدريب يجب:

- التركيز على طرق تجعل التكنولوجيا ميسر للمعلمين في حياتهم المهنية.
- تشجيع المعلمين على ان يكونوا مرشدين، معلمين وادلاء للطلاب والعملية التعليمية.
- تطوير مهارة تعلم كيف تتعلم.
- حث المعلمين الى تنمية معرفتهم ومهاراتهم بالممارسة والخبرة من خلال تنوع بيئة التعليم فرديا وجماعيا.
- تتضمن تنوع في استراتيجيات التعليم. تتضن توجيهات مباشرة، استنتاج، نقاش، ممارسة، مشاركة.
- تهدف الى تشجيع مهارات التفكير العليا.
- توفر بيئة تعليمية اصلية من اجل انخراط المعلمين في تصليب الاهداف من خلال نصوص واقعية.
- تشجيع التعلم التعاوني والتشاركي.
- ان يكون هناك احساس بالثقافات والتعامل بما ينسجم مع ثقافة المدربين.
- استقلالية التعلم من حيث الزمان والمكان (التعلم في اي وقت واي زمان).

الدافعية والتعزيز

نقطة مهمة يجب التاكيد عليها وهي دافعية المعلم للمشاركة في ورشات التنمية المهنية في استخدام التكنولوجيا، ومن هنا فان مصطلح " المعلمين الابطال" يتطلب البحث عن فرص للتنمية المهنية في استخدام التكنولوجيا. والغالبية العظمى من المعلمين لن تفعل ذلك. المعلمون عادة مترددون في تغيير عاداتهم وأساليبهم التعليمية وحذرون من استهلاك الوقت على نشاطات قد تؤثر على اولوياتهم (اقتصادية،

عائلية........) وعدم وجود حوافز مادية مقابل هذا التدريب اضافة الى خوفهم من التكنولوجيا وابتعادهم عنها.

التعزيز في شقيه الخارجي والداخلي والذي كان مستخدما بنجاح في الماضي لدفع المعلمين للاشتراك في ورشات التنمية المهنية كان يتضمن:

- شهادة تدريب موقعه من وزير التربية مع ترفيع لدرجة اعلى اضافة الى علاوة مالية.
- اقرار عام وتعينهم كمشرفين.
- تخفيف العزلة و تحقيق الراحة المهنية.
- تشجيع الانتاجية.
- امكانية ان يكونوا مدربين.

اصول التدريس

بقلم ريتشارد بيرنيسكي

تعريف المعلمين في الدول النامية بتكنولوجيا التعليم

الجزء الاول: قبل ورشة العمل فكر فيما تريد ان تفعل

فكر في الورشة على انها حوار

برنامج الوورد لينك مصمم على انه حوار مطول من خلال المشاركين، والذي بدأ مع **المرحلة الاولى** المكثفة لمدة 5-6 ايام وجها لوجه مع النشاطات المباشرة (التعليم والتعلم من خلال التكنولوجيا) والمرحلة الاولى تتطلب من المتدربين انشاء مشروع بريد يتضمن مجموعة صغيرة تشترك في الحوار المباشر من 3-6 شهور لاكتساب الخبرة خلال هذه الورشة

المرحلة الثانية: وهي مقدمة لنشاطات التعلم عن بعد خلال هذه المرحلة يصمم المشاركون مشروع تشاركي لدعم المنهاج القائم. هذا المشروع يمكن المعلمين من اثراء المنهاج الرسمي اكثر من اثراء المناهج الثانوية مستخدمين هياكل النشاط لجودي هاريس.

المرحلة الثالثة: دمج المنهاج بالتكنولوجيا. جعل المشاركين يفكرون مليا عن مكانة التكنولوجيا في المنهاج. المرحلة الاولى اوجدت ادوات مما يتطلب طرح الاسئلة عنها مثل ما هي؟ كيف تعمل؟ كيف يمكن استخدامها ؟ المرحلة الثانية تفترض ان المشاركين اعتادوا مثل هذه الادوات من خلال استخدامها في اعداد النشاطات للمشروع التعاوني. والمرحلة الثالثة تطرح سؤال هو كيف يمكن ان نستفيد من كل ما سبق في المنهاج من خلال النشاطات وقيام المشاركين بتحضير وحدات تدمج التكنولوجيا، والمكتبات على الانترنت، والاعلان عن المشاريع على الانترنت والدعوة الى ابتكار المشاريع، وهذا يتطلب وجود مرحلة رابعة تسمى نشر الابتكارات والتي تؤكد على استمرارية التعلم من خلال نشر الابتكارات.

يجب ان نفعل ما بوسعنا حتى نجعل الصفوف اكثر حيوية من خلال اعطاء المشاركين الحرية لطرح افكارهم وجها لوجه او من خلال الانترنت.

بناء مجتمع

فكر في كيفية استدامة الحوار

اثناء المحاولة لخلق حوار مترابط على شكل مجموعة من النشاطات يجب على مديري ورش العمل ان يحولوا مجموعة من الافراد في مناطق مختلفة من البلد الى مجتمع من المتعلمين. في المرحلة الاولى واجه المدربون مجموعات من الناس لديها كثير من الخبرة والممارسة والامال الكبيرة ووجدوا اخرين جاءوا مجبرين على هذه الورشات نتيجة قرارات وبعضهم تطوع للمشاركة من اجل ان يتخلص من اعطاء الحصص لفترة من الزمن. بغض النظر عن دوافع المشاركين فإن على المتدربين ان يؤسسوا مجتمعا من خلال نشاطات اما وجها لوجه او نشاطات على الانترنت، اذا كانت النشاطات ناجحة فإن ذلك يحقق نوع من الالتزام بين المشاركين من خلال المشاريع وهذا يخدمهم في المرحلة الثانية عند تطوير المشاريع التعاونية والتي تمكن من انشاء مجتمع اقوى.

كيف يمكن انشاء مثل هذا الالتزام وهذا المجتمع ؟ كيف يمكن ان نحول ما انشأه المتدربون من مجرد ضياع للوقت الى طموحات مشتركة وهذا يتطلب زراعة بيئة جيدة للتعلم،وهذا يتطلب التزام المتدربين بتنمية انفسهم مهنيا.

بناء مجتمع من المتعلمين يتطلب ايضا ان نبعد انفسنا قليلا عن اجهزة الحاسوب من اجل الاشتراك في نقاشات جماعية، بعد ذلك اذا كانت النقاشات حقيقية فإننا نبني مبادىء حقيقية ونتوصل الى فكرة ان المعرفة بنيت اجتماعيا يجب ان نمكن المشاركين من تبادل الاراء وتفحص افكارهم ومن هنا يمكن تسمية الانتقال من الكمبيوتر الى النشاطات وبعض تمارين الراحة تسمى بنشاطات كسر الجليد.

لسوء الحظ، للتكنولوجيا طريقة لتعقيد الامور وخاصة عندما يتم التركيز كثيرا على المنهاج اكثر من الطلاب، ومن خلال تسرعنا في ابراز قوة وامكانية التكنولوجيا الجديدة ربما نغرق ونربك الافراد الذين ياتون من المناطق الفقيرة تكنولوجيا. ليس هناك خطأ في استخدام الملصقات في حلقات العصف الذهني في منتديات المناقشة، والاكثر اهمية هي تبسيط النشاطات وصرف الانتباه الى العصف الذهني وتبادل المعلومات اكثر من التركيز على سيطرة التكنولوجيا الجديدة خلال وقت من الاوقات .من خبرتي، اكثر الورش نجاحا هي التي تحول مجموعة من المدرسين اليائسين من مدارس مختلفة من دولة ما الى مجتمع من المعلمين يحسون باهدافهم المشتركة

الجزء الثاني:

خلال ورشة العمل فكر فيما نعمل

لا تقل،بل فكر في كيفية ان تعلم شخص كيف يصيد.

من الافضل ان نذكر الفرق بين اعطاء شخص ما سمكة وبين تعليمه طريقة لكي يصيدها وهذا ما يجب ان نتذكره عند تقديم التكنولوجيا للناس الذين ليست لديهم خبرة مسبقة بها.

بالرغم من ان ذلك يحتاج الى وقت وصبر،المتدربون يستفيدون كثيرا من هكذا ورش عمل ولهذا السبب انا نادرا ما ازود المتدربين بقائمة المصادر وانما الطلب من المتدربين ان يبحثوا عبر الانترنت لايجاد المصادر. مثل هذه الطريقة تقوي الاعتقاد في البناء الاجتماعي للمعرفة، وتشجع المشاركين للتعلم عن طريق العمل من خلال البحث عن المصادر كإثراء للمناهج.

"Show"don't"tell"

ان فلسفة برهن او بين ولا تشرح يمكن ان تكون اكثر فاعلية من اي تكنولوجيا في الغرفة الصفية. مسلحين بذلك تمكن ميسريي ورش العمل من مقاومة الاغراء في ايجاد المصادر وبناء صفحة الكترونية او مراجعة وصف مشروع لبعض الاشخاص الذين يواجهون تحديات. يمكن ان يصيب المشاركين الملل ومن هنا يجب التاكيد على العمل الجماعي والتعاوني.

مبدأ برهن ولا تشرح مستند الى نشاطات اصول التدريس وليس على اسلوب المحاضرة. وانا غالبا في اليوم الاخير من تدريب المرحلة الاولى اغادر غرفة التدريب واتواصل مع المتدربين من خلال القائمة البريدية واطلب منهم ان يسلمو اعمالهم الى ارشيف موجود على الانترنت.

فكر فيما يمكن ان يحدث اثناء عملك على خطط اخرى

يمكن ان تسير الامور بشكل خاطئ في ورش العمل بغض النظر ان كانت البيئة التكنولوجية غنية او فقيرة. ربما يتعطل الانترنت او عطل في جهاز العرض او انقطاع الكهرباء وهذا يتطلب من مدربي ورش العمل ان يكون لديهم خطط بديلة للتغلب على مثل التحديات.

مثل هذه التحديات يمكن ان تغير من خطة العمل وان يبتعد المتدربين عن خطة العمل اليومية. على سبيل المثال واثناء تدريبي للمرحلة الاولى في فلسطين في مدينة رام الله 1999 سألني احد المتدربين عن كيفية ارسال رسالة باللغة العربية من خلال البريد الالكتروني. لم يكن لدي جواب. وهذا من حقه لان الأجهزة مجهزة باللغة الانجليزية ولم تكن اللغة العربية من بين لغات الكمبيوتر ولكن من خلال اتصال بالمساعد في جامعة بيرزيت تم حل المشكلة، ومن هناك استطاع المتدربين ان يرسلوا رسائل باللغة العربية.

التعاون

فكر في تبادل نتاجات التعلم

الحوار يجب ان يكون بلغة حساسة لان الحوار بجوهره تعاون، والذي يمكن ترجمته على انه تبادل النتاجات. من اجل تبادل هذه النتاجات في ورش العمل المرتبطة في التكنولوجيا في البلاد النامية على الميسرين ان يحصلوا على ثقة المجموعات ويتم ذلك

من خلال التعاون مع المجموعات، واحترام عاداتهم وتقاليدهم مثل احترام وقت تناول الشاي في مدينة كمبالا ودلهي، واوقات الصلاة في رام الله.

بالرغم من ذلك هذا لا يعني ان يذعن الميسر ـ في كل مرة. لتبادل النتاجات يجب ان يدرك المتعلمون ان دمج التكنولوجيا واساليب التدريب والابتكارات تتطلب وقتا وجهدا. من اجل التواصل الجيد يجب ان تكون على علم بالتحديات وهذا يساعد الميسر على مراجعة خطط التدريب وتقويتها بما يتلائم مع ذلك

بدون خطة منضبطة للميسر يمكن للمتعلمين ان يعملو خروقات في ورشة العمل ويحولوها الى نقاشات وامور اخرى تفتقر للاهمية والضرورة. يمكن للتعاون ان يتحول الى معركة للرغبات وتحول ما هو سار وغني وانساني الى اشياء غير سارة.

التعاون عن بعد

فكر في تبادل النتاجات عن بعد

اذا كان التعاون يعني تبادل النتاجات فان التعاون عن بعد يعني تبادل النتاجات عن بعد. بحث مثل هذا النوع من التعلم في الورش وجها لوجه- يبدا المشاركين بالنقاش خارج الحدود الفيزيائية لغرفة الصف. نحن بحاجة الى ادوات لتسهيل الحيوية والفاعلية، النشاطات على الانترنت، عمل ارشيف رقمي ذو ذاكرة جمعية.

http://www.world–links.org/diseus/english/messages/8/8/.html

أهمية التعاون عن بعد خلال ورش العمل يمكن المشاركين من اكتساب الخبرة خلال ادوات الانترنت ومعرفة بيئات التعلم.

الجزء الثالث:

فكر في الحاجة الى العمل وردة الفعل

التنمية المهنية بحاجة الى توازن حذر بين العمل وردة الفعل. تشجيع التعلم كجزء من الممارسة الصفية.من هنا ارى ان برنامج وورد لينك بحاجة الى استثارة مثل هذا التعلم الذي يوصف على انه عملية الاكتشاف.

عملية الاكتشاف ليست عقلية صرفة وانما يجب ان تتضن عمل.لابد من اعطاء المشاركين فرصة ليعبروا عن ردود افعالهم تجاه العمل، ومن هنا تم انشاء دفتر الملاحظات لهذا الهدف ويمكن لردة الفعل ان تكون فردية او جماعية عند نهاية كل

يوم. وهذا يشجع المشاركين على طرح اسئلتهم،اهتماماتهم التي يحتاجونها عند تطبيق التكنولوجيا في تنميتهم المهنية.

ان المعلومات الموجودة داخل دفتر الملاحظات تعتبر مفيدة للمشاركين في تواصلهم البريدي وبناء المشاريع ويعتبر مصدرا غنيا لهم.

نشر الابتكارات

فكر في المستقبل

بدون وجود استراتيجية لنشر الابتكارات فان برنامج مثل الوورد لينكس يمكن ان يفشل في ادراك قدراته الكاملة.ابحاث النشر- تشير الى ان 5و2% هم مبتكرون و13% هم اوائل اللمطبقين هذا يعتبر جوهريا عندما تدرك قلة ما هو معروف عن نشاطات مشاريع المشاركة عن بعد وما يدور بداخل هذه المشاريع، ماذا يعمل الطلاب؟ ماذا يتعلمون؟ كيف يمكن قياس التعلم؟ اي اصول تدريس يمكن ان يشجع؟ ما هي الامور التي لا تشجعها؟

بالتأكيد تكنولوجيا الحاسب تهيىء احتمالات ولكن ايضا تنتج مشاكل جديدة ومسؤوليات لهذا يجب فجص الابتكار قبل نشره.

بالنتيجة برنامج التنمية المهنية الذي يعلم المتعلمين كيفية دمج التكنولوجيا من اجل اهداف تدريسية يجب ان يشجعهم على تبادل الافكار والابتكارات. لانها تفتقر الى التزامن، معظم المعلمين يعتبرون غرفهم الصفية على انها قلعتهم الحصينة اكثر من كونها قناة للاتصال بالعالم، و يعتبرون ما يجري داخل الصف يهمهم وحدهم عندما لا تسير الامور بشكل جيد. وعندما تسير الامور بشكل جيد خارج المنهاج فانهم لا يبدون اهتماما لانفسهم لان ابتكاراتهم قد تهدد زملائهم ووضعهم الوظيفي

تخيل لو ان المتعلمين المبتكرين في الدول النامية لديهم القوة لتبادل الافكار من اجل وحدة تعلم تدمج التكنولوجيا في منتديات المناقشة، القوائم البريدية، الارشيف على الانترنت؟ لتخيل شيىء مثل ذلك يمكنك الدخول على الموقع التالي http://www.infoenlaces.com.br.

في نفس الوقت تخيل لو ان المتعلمين في الدول النامية اسسوا جمعية وطنية للمبتكرين وان يكون لهـذه الجمعية مؤتمر وطني سنوي. لتخيل شيء مثل ذلك بإمكانك الدخول على الموقع التالي

http://2.9.15.74.171/discus/English/messages/8/838.html?1511282965

قطعا اذا تخيلنا مثل هذه الاشياء يمكن عملها، واذا عملناها يمكن مساعدة الاخـرين عـلى إجراء تغييرات جذرية في الممارسات التعليمية متضمنة دمج التكنولوجيا في التعليم للمناهج الموجودة.

زيارة صاحب السمو الملكي الأمير تركي بن طلال بن عبد العزيز عضو مجلـس إدارة وورلـد لينكس في 26 /2/11..6 والسيدة مديرة وورلد لينكس المنطقة العربية، اطلع فيها والوفد المرافق عـلى نمـاذج مـن أعمال الطلاب ومشاريعهم لعدد من المدارس التي تشارك في البرنامج.

زيارة الدكتور عادل باحميد المدير التنفيذي لمؤسسة العون في اليمن الشقيق وهي مؤسسة مانحة تقوم بأعمال كثيرة في اليمن من أهمها دعم العملية التعليمية هناك وهي المؤسسة الداعمة لتدريب وورلد لينكس في الجمهورية اليمنية بزيارة لمدارس من مديرية تربية الزرقاء في الاردن.

التربية المعلوماتية والتعلم الفعال

لا بد أن لكل مرحلة حضارية نظمها الفكرية والسياسية والاقتصادية والاجتماعية والتربوية، ووفقاً للتقسيم التقليدي لمراحل الحضارة من المرحلة الحسية والتأملية فالتجريبية العلمية فالصناعية، نكون قد وصلنا أو قل دخلنا المرحلة المعلوماتية، وهي مرحلة متطورة تحمل في داخلها قوة التجدد باستمرار انسجاماً مع كل ما يجد من جديد في عالم المعلومات.

لذلك ثمة أهمية ومبرر فكري لتناول مسألة المعلومات من وجهة نظر التربية والتعليم، وفي الوقت نفسه، فإن التربية بحد ذاتها تشكل وحدة مهمة في المنظومة الفكرية للإنسان وبالتالي في منظومة المعلومات في المجتمع. وهناك تبادل مستمر، وتأثر وتأثير له صفة الديمومة ما بين العلم والإنسان، فالمعلومات هي بهدف خدمة الإنسان، سواء أكان متعلماً أم مواطناً، وما دورات التأهيل التربوي التي تعقدها وزارات التربية والتعليم في العالم إلا لتجديد دماء التربية والتعليم للانسجام مع العصر ـ ومواكبة التطورات واستشراف المستقبل.

لذلك سنجد أنفسنا في ظل التدفق الهائل للمعلومات مضطرين إلى البحث عن السبل الفعالة القادرة على تمليك الطلبة الأدوات التي يستطيعون من خلالها التعامل مع المعلومات المتدفقة باستمرار.

من هنا سوف يجد التربويون أنفسهم في بحث حول التربية المعلوماتية والتعلم الفعال، ذلك أن مقصد التربية هو خلق تعلم فعال، والآن في عصر المعلومات، فإنه من الصعب تحقيق ذلك بدون تربية معلوماتية، أي المقصود تربية عصرية قادرة على مواكبة ثورة المعلومات.

في ظل السير التقليدي سنظل نعاني من غربة الطالب والمعلم حيال العصر- والحاضر والمستقبل، فإذا استطعنا تأهيل الطلبة والمعلمين بوسائل التعامل مع المعلومات، ستختفي الفجوة المسببة للشعور بالاغتراب.

ما الذي يدفع الإنسان لطلب المعرفة من وسائلها المختلفة؟ لا بد أن الإجابة ستختلف حسب المستويات العمرية والنفسية والاجتماعية والمهنية والثقافية، فالطفل يقدم على المعرفة والمراهق والشاب والشيخ والكهل كل حسب وضعه، يقبل عليها لأسباب خاصة به، فالجديد الذي يستهوى الطفل، أو الإثارة القصصية والمغامرات، إنما يقبل عليها بسبب تكوينه النفسي- وحاجته النفس ـ جسدية لتفريغ طاقته الإيهامية والخيالية، والشاب الذي يبحث عن ذاته من خلال المعرفة يختلف عن وضع طلبة العلم الذين يتجهون بالضرورة للحاجة الملحة لاجتياز المراحل الدراسية، والطلبة أنفسهم يقبلون بسعادة حين يختارون المعارف التي يريدون الاستزادة منها طوعاً، والكبار والمتخصصون إنما يقدمون للمعارف لأكثر من سبب، وسواء أكان الدافع اختيارياً أم ضرورياً، فإن طالب المعرفة من مصادرها المختلفة سيجد نفسه راغباً في العلم حيث يجد هذا العلم نافعاً له ومسلياً ومساعداً بشكل مباشر في تطويره وارتقائه وتهذيبه وإسعاده وزيادة قدرته المهنية والفكرية، وهذا لا يتم إلا حين يستخدم الإنسان هذه المعارف التي يتلقاها اكتساباً أو بحثاً عنها، من هنا سنجد مستخدم المعرفة لمصلحته مقدراً لهذه السلعة إن جاز التعبير، وسيجد نفسه متحمساً لها ومتابعاً قدر الإمكان، بل نظنه قلقاً باستمرار، ومتشوقاً للجديد، للمزيد لأجل التعلم.

لذلك فإن مصادر المعرفة هي مصادر تعلم، مهما تنوعت وسائطها منذ القدم حتى آخر ما وصلت إليه تكنولوجيا المعلومات، ولو ألقينا نظرة على تاريخ التوثيق والمعلومات والتأريخ والتسجيل منذ ما قبل التدوين "المرحلة الشفوية" حتى الآن، لوجدنا أن الإنسان في سياق تطوره المادي والتكنولوجي يضفي على المعلومات ذلك التطور، أي

أنا نتأثر إيجابياً بالتقدم العلمي، أي أن المعرفة واحدة لكن شكلها وأسلوب التعامل معها يتطور مع العصر الموجودة فيه. والأصل في المعلومات هو الكلمة، لذلك ليس غريباً أن نقرأ في الكتب المقدسة "في البدء كانت الكلمة"، "اقرأ باسم ربك الذي خلق... وسواء وثقت هذه الكلمة على الجدران أو الألواح أو الوسائط الإلكترونية الحديثة أو على الورق، فإنك إنما تقصد الحفظ، لأنه بدون تراكم المعرفة تنعدم الحضارة ولا يستطيع الإنسان أن يبدأ من حيث انتهى الآخرون.

لأجل هذا، ليس من الضرورة أن يحس المواطن العادي بالغربة أمام تكنولوجيا الإعلام والمعلومات، كما حدثت معه فجوة مشابهة تتعلق بنظمه القيمية والثقافية التقليدية، وما حدث من تطورات مادية وتكنولوجية، فالباحث حول الشعور بالفجوة الحضارية كما أطلق عليها علماء الاجتماع، يجد أن الإنسان يتصرف بسلوكه الحضاري وفق مفاهيم فكرية يقتنع بها ليست خاضعة للتراكم والتطور والإلغاء والاستبدال، في حين ينظر إلى المواد التكنولوجية كوسائل لتسهيل عيشه، وهو لا يكتسب منها التحضر-بل يكتسب الراحة، فالحضارة في أصلها مفاهيم فكرية، ولنا أن ننظر للمثال الياباني الذي أرهق العالم في التنافس التقني والإلكتروني، في الوقت نفسه فإن شخصيته الفكرية والثقافية قوية ولها خصوصية.

إن وسائل التكنولوجية المعلوماتية هي وسائل نستخدمها نحن، وما دمنا نحن نستخدمها فنحن أسمى منها، ولا ينبغي الخوف منها، لأنها مجرد وسائل، والأهم هو كيفية الاستفادة منها كوسائل تسهل عملنا وننجزه بسرعة ودقة.

ان الإنسان لا يستطيع الاستفادة من الوسائل الحديثة بالشكل الأمثل ما دام لم يستفد من الوسائل التقليدية بعد كما ينبغي، وهذا يقودنا إلى العملية الفكرية والتعامل مع المعلومات والمعارف والثقافات، فالإنسان الذي يتلقى المعارف من أفواه الناس ومن المكتوب، يجب أن يكون إنساناً هاضماً لهذه المعارف ومتمكناً منها، ولا يتأتى ذلك إلا بالتفاعل الإيجابي مع المعرفة، وهذا يقتضي بناء فكر الإنسان بشكل منطقي يتعرف فيه الإنسان على علاقات المعارف بعضها بعضاً، ويعرف موقع الفكرة والأفكار والمواضيع والتخصصات والعلوم في هذا الكون وبدون بناء هذا البناء الـ Logic سيظل الإنسان يعاني من خلل التعامل والتوظيف الأسمى للمعلومات.

حين وقف "ديوي" أمام المعارف الإنسانية وأراد أن يرتبها، ماذا فعل، وكيف تصرف في التنظيم والترتيب؟ بل ماذا يفعل كل مهتم بترتيب أوراقه ومعلوماته وأشيائه؟ لا بد بالطبع أن يبحث عن نظام يستطيع أن يرتب على ضوئه، وهنا لا بد من حصر الأشياء، ومعرفة الرابط بين كل مجموعة معينة، ثم بعد ذلك يضع المتشابهات معاً وهكذا، ليتسنى للإنسان الوصول بسرعة إلى ما يريد، وحتى يتسنى له الاستخدام بأقصى سرعة ممكنة.

إن إدراك العلاقات الداخلية بين المعارف يقود حتماً العقل البشري نحو التغذية المستمرة لإدراك المعارف بشكل عام وتخصصاتها بشكل خاص، لذلك أزعم أن بناء فكر الطالب، المواطن، يبدأ منذ النشأة الأولى، وأن تنظيم المعلومات، وتنظيم تدفقها على الطفل وضبط هذا التدفق سيجعل "الطفل" مسيطراً على المعلومات، فإذا لم يكن الطفل في هذا الوضع فإنه سيظل في حالة قلق وعدم مواكبة فعلية لما يقدم له، وهذا يورثه الحزن ومن ثم القلق والارتباك، والحقيقة أن ذلك لا يتوقف على عالم الطفل، بل أن الطالب الجامعي وطالب الدراسات العليا يحس بهذا الألم المعلوماتي حين يجد نفسه غير مسيطر بما فيه الكفاية على بحثه وإدارته. إن السيطرة بمفهومها الإيجابي على مصادر المعرفة والاستخدام الوظيفي النافع لها يدفع الإنسان نحو الاستمرار بثقة في البحث الدؤوب عن معلومات جديدة يوظفها ويستخدمها ويستثمرها فكرياً. في هذا السياق المعلوماتي، يمثل الكتاب أو ما شابهه مثل الاسطوانة أو الفيلم هو الأصل، ولا بد من النظرة للمكتبات من خلال النظرة إلى المعلومات بشكل عام. والكتاب هو الشكل القديم ـ الحديث للمعرفة وتنبع أهميته في كونه القادر على تشكيل ذخيرة معرفية عند الفرد والمعلم يستطيع بواسطتها تفسير المعلومات الجديدة وربطها بقوة، ذلك أننا نتعرض لمعلومات وأخبار بشكل يومي، فإذا لم يكن عندنا تأسيس فكري فإننا لا نستطيع استخدام المعلومات الجديدة بالشكل الأمثل.

تعلم مستمر

في ظل التدفق المستمر والمتسارع للمعلومات التي يتعرض لها المواطن والطالب على حد سواء، فإن الحاجة لبناء نظام تربوي يراعي ذلك التدفق تصبح أمراً مهماً. فالطالب

على وجه الخصوص يتعامل مع نظامين من المعلومات، الأول يختص بالمعلومات داخل المدرسة، والثاني يختص بالمعلومات خارج المدرسة.

في النظام الأول، تتمثل المعلومات في المناهج والمعلم والطلبة وموجودات المكان التي تحمل إمكانية الإعلام والتذكير والإشارة، ويدخل في هذا النظام بشكل غير مباشر نظام المكتبة المدرسية، وفي هذا النظام الأول الداخلي، يتركز الحديث حول كيفية إيصال المعلومات إلى الطلبة واختبار ذلك من خلال التقييم المستمر، ويشكل (الدرس) الأسلوب الأمثل في تعليم الطلبة، خصوصاً في الفئات العمرية الصغيرة، وأهمية (الدرس) هي في جعل الطلبة هاضمين جيدين للمكتوب والمنطوق في غرفة الصف، حيث يشكل المكتوب والمنطوق أسس عملية بناء الطلبة وتأهيلهم لاستقبال معلومات جديدة فيما بعد تجد لها أرضية تقف عليها.

في النظام الثاني، تمثل المعلومات العامة وكل ما تقع عليه حواس الإنسان مجالاً مؤثراً على الطالب، في البيت وما فيه، في الشارع، في الأماكن العامة بما فيها النوادي، وسيتيسر للطلبة فيما بعد القدرة على استخدام وسائط المعرفة التكنولوجية، إضافة لاستخدامهم العادي الآن لوسائل الإعلام خصوصاً المرئية.

سنجد أن هناك خطين شبه منفصلين وخط متصل على النحو التالي: الخط الأول يتعلق بالمواد المدرسية. الخط الثاني بما هو خارج إطار المدرسة.

أما الخط المتصل فهو تقاطع المعلومات بين الخطين، وهو تقاطع ضروري بدءاً بالاتصال في ظل الربط الذي يقوم به الطالب بشكل متدرج، وهي عملية جدلية ترتبط بالخبرة واستخدام المعلومات. وحتى نعمق الخط المتصل بين الداخل والخارج، لا بد من إشاعة ربط المعلومات في الداخل (أي بين المناهج الدراسية المختلفة)، ويكون هذا بداية في ربط المعلومات الخاصة بكل منهاج على حدة، فإذا اتصل الخطان الداخلي والخارجي فإن الفعالية المعلوماتية تكون قد تحققت، وهذا لا يعني إلا التعلم الفعال الذي يمثل التعليم التكاملي أحد مظاهره.

يجري الحديث عن الوسائل التكنولوجية الحديثة في نقل المعلومات سواء أكانت تكنولوجيا الإعلام أو الـ Multi Media أو إنترنت، وفي ظل الانبهار بالحديث والجديد، يقع الناس في خطأ حين يهمشون الكتاب انسجاماً مع الوسائط الحديثة.

والحقيقة التي لا ينبغي أن تفوت على أحد مهتم بمصادر التعلم هي أنه لا يستطيع أحد الانتفاع بهذه المعلومات بدون أن تكون عنده معرفة مركزة، وهذه لا تأتي إلا عن طريق "المكتوب". أي الكتاب الـذي نقرأه على مهل وبطء لترسيخ المعلومات في الذهن وجعلها أداة تحليل لأية معلومات جديدة تتصل بها.

وفي البيولوجيا مثال جيد: بعض المواد يهضمها الجسم نتيجة وجود أنزيمـات خاصـة لها، وبعـض المـواد لا يهضمها بسبب عدم وجود تلك الأنزيمات فلا يستفيد منها الجسم.

من الذي يقدر المعرفة؟ المحتاج لها، كونها تساعده على تطـوير نفسـه، تسـلية، انسـجام.. الأهـم: الذي يستخدمها، بمعنى أننا نتحمل مسؤولية مباشرة في توظيف معلوماتنا وبث الحياة فيها، وإكسـاب الطلبة عادة استخدام المعلومات، لأن ذلك يعمق عملية التعلم من جهة، ويدفع الطلبـة إلى البحـث عـن معلومات أخرى، فيتجه للمكتبة للضرورة، عن اختيار.

لذلك لا بد من التوازن بين البنيتين التحتية والفوقية في مجال المعلومات، ومنها المكتبات التقليدية والحديثة (الشاملة التي تحتوي السمعية والبصرية والإلكترونية). فإذا أسرفنا في الحديث عـن تكنولوجيا المعلومات، وقمنا بتوفيرها، فهل ستحدث النهضة الفكرية المطلوبة؟ إنه سؤال يقودنا إلى الاهتمام بـالفكر الإنساني نفسه، لنقول أننا بحاجة لإشاعة أساليب التعلم وتعليم التفكير وصولاً إلى مرحلة نرى فيها النشء يعرف قيمة المعرفة التي يستخدمها في المدرسة وخارجها، فالبنية الفوقية (الفكرية) هـي أهـم مـن البنيـة التحتية كون الأولى تستخدم الثانية فهي الأسمى.

إن الكتاب وجبة دسمة، يحسن بنا أن نتعلم ونعلم أبناءنا هضم معلوماته عـن طريق الإشارة عليهم بما ينفعهم من الكتب، والأهم أنه ينبغي أيضاً تعليم قراءة الكتاب، فهم العبارة، الفقرة، الفكرة، الصفحات، مجموع الأفكار وتراكمها في الكتاب الواحد. يجب أن نعي ما نقرأ، وسريعاً نقرأ سريعاً ننسى وهذا يتعلق بالكتاب المدرسي بالدرجة الأولى أيضاً.

في ظل وجود الوسائط الإلكترونية، يظل هناك حاجة للـورق كـأداة توثيـق، فقـد يحصل خلـل في البرنامج في الحاسوب مثلاً، أما الكتب فإنها رغم كونها مصنوعة من الورق، إلا أنها تظل المرجع.

التجديد التربوي

إننا في ظل التطورات المستمرة لثورة المعلومات وتوابعها، معنيون بالتربية المعلوماتية، على المستويات المحلية والإقليمية والعالمية، ولقد حددها الخبراء العرب في وثيقة جدول الأعمال المشروح للاجتماع الاستشاري الإقليمي التاسع لبرنامج التجديد التربوي من أجل التنمية في الدول العربية (الأبيداس) الذي عقد في الدوحة من 25ـ28 أيار 1998، وتمثل ذلك في المحور الثاني "تعليم المعلوماتية" في المجال الأول الذي جاء بعنوان "التربية من أجل القرن الحادي والعشرين". ويقول هذا المحور: "إن تطور التقنات الجديدة للمعلوماتية والاتصال ومجالات تطبيقها المتعددة في المجتمع المعاصر، ينبغي أن يكون اتجاهاً بارزاً في برامج التجديد التربوي، نظراً لدورها في التهيئة لاتخاذ القرار، ولصلاتها القائمة في مختلف مناحي الحياة الاجتماعية والاقتصادية، ودور ذلك في تهيئة الأجيال لمواكبة مستجدات القرن الحادي والعشرين والإسهام الفاعل فيها".

في حين اهتم الخبراء في المجال الثالث بـ "تنويع مصادر التعليم": "إن أهمية تأمين بيئة تربوية ملائمة في البيت والمدرسة مع ما يتطلبه ذلك من وسائل وأدوات ومصادر تعلم متنوعة ومناخ عام يستثير دافعية التعلم لدى الناشئة، ويرسخ المعارف والكفايات المكتسبة، ويفتح أمامها آفاقاً جديدة، تحتم التوسع في استخدام التقنيات التربوية المتنوعة في العملية التربوية لتحسين عمليتي التعليم والتعلم وبخاصة ما يتعلق باستخدام الحاسوب والبرمجيات والأفلام والتسجيلات، فضلاً عن المراجع والكتب والقواميس والموسوعات وغيرها من مصادر التعلم. كما أن توثيق العلاقة بين البيت والمدرسة والمجتمع المحلي وتكامل دورها مع دور المجتمع على المستويات الوطنية والإقليمية والعالمية في تربية النشء، وتعزيز دور أولياء أمور الطلبة في عمليتي التعليم والتعلم، وإشراكهم في متابعة ورعاية أبنائهم وتعاليمهم وتهذيب سلوكهم وحل مشكلاتهم، وتشجيع انفتاح المدرسة على محيطها وتفعيل دورها في النشاط التربوي يعطي أدواراً جديدة للمدرسة والآباء في عمليتي التعليم والتعلم".

وكما أن هناك ضرورة كبيرة جداً في توظيف المعلومات وعدم تخزينها فقط، فإننا أيضاً مدعوون جميعاً لمواكبة الأحداث والتطورات العملية في المجتمع والعالم،

وهنا نشير إلى المجال الثاني الذي أكد عليه خبراء التربية الذي كان بعنوان "تنويع التعليم وربط مساراته بالتنمية وسوق العمل" وفيه نقرأ: "يحظى التعليم الثانوي باهتمام متزايد نظراً لمكانته في السلم التعليمي ودوره في إعداد الشباب للحياة المنتجة من جهة، ولمتابعة الدراسة في التعليم العالي من جهة أخرى. وهذا يتطلب تجديداً وتطويراً في بنية هذا التعليم بحيث تتنوع مساراته مع وجود مرونة كافية تربط بين هذه المسارات من خلال إقامة جسور فيما بينها لتيسير عملية انتقال الطلاب فيما بين فروعه العامة والفنية والمهنية وفقاً لقدراتهم واستعداداتهم وميولهم مع إتاحة الفرص الكافية للتناوب بين الدراسة والعمل لكي يصبح أكثر استجابة لمتطلبات التنمية وسوق العمل".

إن استخدام المعلومات يدفع الإنسان لتقدير الآخرين وخبراتهم وهذا بحد ذاته دافع قوي لتأكيد الحاجة للآخر للتواصل معه وتبادل الخبرة للفائدة المشتركة، لذلك فإن التربية من أجل القرن الحادي والعشرين وهي المجال الأول من ضمن المجالات التي عرضت على الاجتماع الاستشاري الإقليمي، ركزت في محورها الأول على "التربية من أجل التفاهم الدولي والسلام"، وهو يأتي في إطار سعي اليونسكو لتعزيز قيم التسامح والديمقراطية وحقوق الإنسان من أجل التفاهم الدولي وتكوين ثقافة السلام لدى الناشئة.

ومن المهم الإشارة إلى "ثورة المعلومات" كمؤكدة للالتقاء بين البشر، فكما يهتم المعلم بجعل الطالب محترماً لزميله ومقدراً لمعلوماته وخبراته، فإن الشعوب هي الأخرى ينبغي أن تؤدي هذا الدور "وجعلناكم شعوباً وقبائل لتعارفوا"، لذلك فقد ركز المحور الرابع(5) على "أدوار المعلم الجديدة في عالم متغير".

"يتوافق النماء السريع للمعطيات العلمية والتقنية في عالمنا المعاصر بـبروز أدوار جديدة متعددة للمعلم تجعله ميسراً للتعلم ومرشداً لعالم المعلومات المتجدد. وهذا يتطلب تجديداً في أساليب إعداد المعلم وتدريبه قبل الخدمة وفي أثنائها لتمكينه من القيام بهذه الأدوار المتعددة وتحقيق الترابط بين المدرسة والأسرة والمجتمع". أما وسائل الإعلام بشكل عام والوسائل المخصصة للإعلام التربوية، فهي عون للإنسان على التعلم المستمر لتطوير الذات وربطها بالمجموع المحلي والقومي والعالمي، وهي كونها تقدم المعلومات بأسلوب سمعي وبصري مشوق (الإذاعة والتلفزيون بشكل خاص)، فإن

الطالب/ المواطن يقترب منها بشوق، وهنا ينبغي الاستفادة من أساليبها وتوظيفها في عملية التعليم من جهة، وضرورة جعل التلفزيون بشكل خاص دافعاً للاتجاه نحو الكتاب من جهة أخرى، للاستزادة والتركيز، بمعنى أنه يجب علينا أن نخرج من عنق الزجاجة التقليدية التي ما زال الساجنون أنفسهم فيها ينظرون للتلفاز أنه منافس للكتاب وكفى الله المؤمنين شر القتال. وفي ظني أن التلفزيون والسينما دافعان مهمان للاتجاه بقوة للمعرفة المركزة "الكتاب". أما شبكة المعلومات العالمية "الإنترنت" فقد أصبحت وسيلة جذب سواء للانتفاع منها أو لمجرد التسلية، وفي هذا الصدد فإننا لا نستطيع حجبها عن الناس و"الطلبة"، وفي الوقت نفسه فإننا نستطيع أيضاً الاستفادة من هذه الوسيلة بشكل علمي في أسلوب قراءة المعرفة ومنطقيتها، ذلك أن الإنترنت كمعلومات مرتبة منطقياً تدفع المستخدم لها إلى تعلم منطقية المواضيع وارتباطاتها وعلاقاتها الداخلية، فهناك مجالات متعددة، وكل مجال فيه عناوين معينة، وهكذا. فإذا جلس المتعلم أمام الإنترنت وتجول في المكتبة العادية فإنه لا ريب يتعلم النظام المعلوماتي، أضف لذلك أن المناهج التعليمية وتخصصاتها وفهرستها هي بحد ذاتها نظام معلوماتي مرتب بشكل أو بآخر. وان جعل عقل المتعلم يكتسب مهارة الترتيب المعلوماتي وامتلاك ملكة فهم البنية المعلوماتية ستجعله أكثر سيطرة وأكثر فهماً لموقع الأشياء من بعضها بعضاً وموقعه هو منها ومن الناس والمجتمع والعالم والكون. ونحن نتحدث عن المكتبات كونها أيضاً وسيلة اتصال وإعلام، في ذلك نشير إلى فكرة الاشتراك بشبكة المعلومات العالمية في المدارس والجامعات، وحتى تصبح هذه الفكرة حيوية، ينبغي تكوين أرضية عند الطلبة حتى لا تصبح مجرد تسلية، والأرضية تتم من خلال الكتاب المدرسي والكتاب اللا منهجي.

إن هذه الوسائل التكنولوجية وغيرها، هي أيضاً تشبه الطبيعة والناس من حولنا، فهما مجالات للتأمل والتفكير، والتعلم الذاتي لاكتساب الخبرة، فإذا تراكمت الخبرة من خلال هذه الوسائل وعلى رأسها الكتاب "المدون" "الكلمة"، فإن الإنسان ينمو بشكل قوي ومطمئن "مثل الكلمة الطيبة أصلها ثابت وفروعها في السماء"، فلا بد من تأصيل الكلمة المقروءة في نفوسنا، ثم بعد ذلك فلتتحرك الأغصان ولتثمر أيضاً.

المصطلحات

التعلم Learning:

هو نشاط يقوم فيه المتعلم بإشراف المعلم أو بدونه، يهدف اكتساب معرفة أو مهارة أو تغيير سلوك.

الهدف النهائي لتكنولوجيا التعليم هو إحداث التعلم والتأكيد على مخرجات التعلم، فالتعلم هو الهدف، والتعليم هو الوسيلة المؤدية إلى ذلك إن كان فعلاً.

التعليم Instruction:

هو التصميم المنظم المقصود للخبرة (الخبرات) التي تساعد المتعلم على إنجاز التغيير المرغوب فيه في الأداء، وعموماً هو إدارة التعلم التي يقودها المعلم.

التكنولوجيا أو التقانة Technology :

وهي مصطلح متداخل ومتشابك مع التقنية لها أكثر من تعريف واحد. أحد تعاريفها هو التطوير وتطبيق الأدوات وإدخال الآلات والمواد والعمليات التلقائية والتي تساعد على حل المشاكل البشرية الناتجة عن الخطأ البشري. أي إنها استعمال الأدوات والقدرات المتاحة لزيادة إنتاجية الإنسان وتحسين أدائه.

وتشتق كلمة تكنولوجيا من اللغة الاتينية, حيث تتكون من مقطعين تكنو techno وتعنى الفن أو الحرفة ولوجيا logia وتعني الدراسة أو العلم ومن هنا فمصطلح تكنولوجيا يعنى التطبيقات العلمية للعلم والمعرفة في جميع المجالات.

تكنولوجيا التربية Technology Education:

تكنولوجيا التربية هي طريقة منهجية في التفكير والممارسة، وتعد العملية التربوية نظامًا متكاملاً تحاول من خلاله تحديد المشكلات التي تتصل بجميع نواحي التعلم الإنساني وتحليلها، ثم إيجاد الحلول المناسبة لها لتحقيق أهداف تربوية محددة والعمل على التخطيط لهذه الحلول وتنفيذها وتقويم نتائجها وإدارة جميع العمليات المتصلة بذلك.

تكنولوجيا التربية هي إدارة مصادر التعلم وتطويرها على وفق منحنى النظم وعمليات الاتصال في نقل المعرفة.

تكنولوجيا التعليم Technology Education:

وتتمثل في الوسائل السمعبصرية وأجهزتها وتجهيزاتها وخدماتها المطبقة في عالم التربية.

تكنولوجيا المعلومات Information technology:

تكنولوجيا المعلومات اختصارا (IT) اختصاص واسع يهتم بالتكنولوجيا ونواحيها المتعلقة بمعالجة وإدارة المعلومات، خاصة في المنظمات الكبيرة .وتعرف بإنها مجموعة من الأدوات التي تساعدنا في استقبال المعلومة ومعالجتها وتخزينها... بشكل الكتروني باستخدام الحاسوب. ومن هذه الأدوات الحاسوب والطابعة والأقراص و الشبكات المحلية والداخلية والدولية مثل الانترنت والانترانت وغيرها بشكل خاص ، تكنولوجيا المعلومات يتعامل مع الحواسب الإلكترونية وبرمجيات الحاسوب لتحويل وتخزين وحماية ومعالجة المعلومات وأيضا نقل واستعادة المعلومات .لهذا السبب، يدعى غالبا اخصائيو الحواسيب والحوسبة بإخصائية تكنولوجيا المعلومات. القسم الذي يهتم بتقنيات التشبيك والبرمجيات في شركة معينة يدعى قسم تكنولوجيا المعلومات. من الأسماء التي تطلق هذا القسم أيضا . اسماء مثل : قسم خدمات المعلومات (IS) أو نظم المعلومات الإدارية (MIS), مزود الخدمة المنظمة managed service provider او (MSP) .

تكنولوجيا الاتصال Communication technology :

وتتمثل في الألياف البصرية ووصلات المايكرويف والأقمار الاصطناعية وهوائيات الاستقبال والهواتف النقالة.

التكنولوجيا الرقمية Digital technology:

وهي التي تمكن الإنسان من خلالها تحويل كافة مواد تكنولوجيات التعليم والمعلومات والاتصال التماثلية والتقليدية إلى أشكال رقمية مثل المواد والوسائل التعليمية كالشفافيات والشرائح والمجاهر والصور.

تكنولوجيا المعلومات والاتصالات ICT :

تكنولوجيا المعلومات والاتصالات .

- حوسبة (Computing):

يستخدم مصطلح حوسبة كمقابل ل (computing) لإشارة لكل ما له علاقة بالحاسوب وإجراء العمليات الحسابية والرياضية .

كلمة "Computing" أساسا كانت تستخدم مع ما له هلاقة بالعد والحساب counting and calculating ، أي العلم الذي يتعلم مع إجراء الحسابات الرياضية. لكنها لاحقا أصبحت تشير إلى عملية الحساب واستخدام آلات حاسبة ، والعمليات الالكترونية التي تجري ضمن عتاد الحاسب نفسه . إضافة إلى الأسس النظرية التي تؤسس لعلوم الحاسب قامت ACM بتعريف الحوسبة كتخصص ضمن المعلوماتية كما يلي :

تخصص الحوسبة هو الدراسة المنهجية للخوارزميات التي تصف و تحول المعلومات : النظرية ، التحليل ، التصميم ، الفعالية ، التطبيق . و يبقى السؤال الأساسي في الحوسبة : ما هو الشيء الذي يمكن أتمته (بفعالية).

التعليم الالكتروني E-Learning:

استخدام الوسائط المتعددة التي يشملها الوسط الالكتروني من شبكة المعلومات الدولية العنكبوتية " الانترنت " أو ساتيلايت أو إذاعة أو أفلام فيديو أو تلفزيون أو أقراص ممغنطة أو مؤتمرات بواسطة أو بريد الكتروني أو محادثة بين طرفين عبر شبكة المعلومات الدولية في العملية التعليمية ".

التعليم الالكتروني هو التعليم بصورة غير مباشرة عن طريق استخدام تقنيات الكمبيوتر والانترنيت وغالبا ما يستخدم عن بعد وقد يكون تزامنيا اي يجري في الوقت الفعلي او غير متزامن باستخدام دروس معدة مسبقا على إحدى الوسائط او باستخدام الويب او شبكات الانترنت.

التعليم عن بعدDistance Learning Association :

احد أساليب أو تطبيقات التعليم المستمر التي تتضمن مسميات متعددة منها : التعليم بالمراسلة، التعليم مدى الحياة، التعليم الممتد، والهدف منه هو إتاحة الفرص

التعليمية المستمرة طيلة حياة الفرد من اجل تنميته تعليمياً عبر التعليم غير الرسمي أو غير النظامي.

القوائم البريدية (List Mailing):

القوائم البريدية تعرف اختصاراً باسم القائمة (list) وهـي تتكـون مـن عنـاوين بريديـة تحتـوي في العادة على عنوان بريدي واحد يقوم بتحويل جميع الرسائل المرسلة إليه إلى كل عنوان في القائمة.

الوسائل التعليمية الحديثة Modern teaching aids :

الوسائل الحسية أو الأدوات والمواد الحسية التي يستخدمها المدرس لمساعدة الطلاب على فهـم مـا يريد له أن يفهمه على تدريبهم على وتنمية اتجاهاتهم كما عرفت أنها كل شيء يحمل فكـرة أو معنـى أو رسالة ويستعين به المعلم لكي يوصل هذه الرسالة إلى غيره بجانب شرحه وأسلوبه.

الإنترنت:

الإنترنت أو ما يسمى (بالنت) (NET) هي عبارة عن شبكة حاسوبية عملاقة تتكون مـن شـبكات أصغر، بحيـث يمكـن لأي شـخص متصـل بالإنترنـت أن يتجـول في هـذه الشـبكة وأن يحصـل عـلى جميـع المعلومات في هذه الشبكة (إذا سُمح له بذلك) أو أن يتحدث مع شخص آخر في أي مكان من العالم.

الويب أو WWW:

هي إختصار لعبارة World Wid Web هي عبارة عن وسـيلة تسـهل الوصـول إلى المعلومـات في الإنترنت، فهي أشبه بالنافذة التي تطل منها على الإنترنت وهي عبارة عن صفحات تُكتب بلغة (أو برموز) تسمى HTML ويمكنك عرضها في كمبيوترك الشخصي بواسطة برنامج خاص يسمى متصفح (Browser).

المتصفح (Browser):

هو برنامج يعـرض لـك المعلومـات الموجـودة في الإنترنـت، ويمكنـك مـن خلالـه البحـث عـن أيـة معلومات ودخول أي موقع على الإنترنت، وبجرد تعلمك لكيفية

استخدام هذا البرنامج تستطيع أن تبحر في فضاء الإنترنت، ومن أشهر المتصفحات إنترنت أكسبلورر ونتسكيب.

عنوان موقع الإنترنت أو (URL) :

لا يهمنا معرفتك للاختصارات بقدر فهمك للمصطلح، عنوان الإنترنت هو مؤشر يدل على مكان وجود صفحة أو عدد من الصفحات على الإنترنت، ويكتب هذا العنوان في نافذة المتصفح العلوية، ويبدأ ب //:http

اختصار Hyper Text Markup Language هي اللغة التي تكتب بها صفحات الإنترنت الظاهرة في المتصفح، ومجرد تعلمها تستطيع أن تصمم موقع على الإنترنت، ولكن بعد ظهور برامج سهلة لتصميم صفحات الإنترنت أصبح القليل يتعلم هذه اللغة.

برامج التصميم:

هي برامج خاصة سهلة الاستعمال يمكنك من خلالها تصميم صفحة أو صفحات على الإنترنت دون الحاجة لتعلم لغة HTML، وأشهر هذه البرامج Front Page.

: FTP

Transfer Protocol File، ببساطة هي الطريقة التي يرسل بها مصمم صفحات الإنترنت ، الصفحات من المكان التي حفظ فيها هذه الصفحات إلى الموقع الذي يملكه.

: Upload

اسم العلمية التي يتم فيها نقل الملفات والصفحات من الكمبيوتر إلى موقع ما الإنترنت، (يجب أن يكون مرتبط بالإنترنت).

: Download

عكس المصطلح السابق، وهي عملية إنزال البرامج من الإنترنت إلى الكمبيوتر.

البريد الإلكتروني (E mail) :

إحدى خدمات الإنترنت الشهيرة، تستطيع من خلاله إرسال أو استقبال أي رسالة إلى أو من أي مستخدم للإنترنت (يجب أن تعرف عنوان بريده الإلكتروني ويجب أن

تكون تملك بريد إلكتروني) ويكون شكل البريد الإلكتروني (usernmae@anything.com or net) .(@ تنطق آت).

الهوت ميل (Hotmail):

يعتقد الكثير من المبتدئين أن الهوت ميل هو نفسه البريد الإلكتروني وذلك لكثرة تكرار هـذه الكلمة، وببساطة الهوت ميـل هـو موقـع لشركة شهـيرة قـدمت أول بريـد مجـاني عـن طريـق اسـتخدام الويب.(إذا تذكر الهوت ميل ليس مصطلح من مصطلحات الإنترنت).

محرك البحث Search Engines:

هو موقع على الإنترنت، يستخدم برنامج خاص للبحـث عـن المعلومـات في شـبكة الإنترنـت، ومـن أشهر هذه المواقع ياهو Yahoo.com.

رابطة أو الوصلة Link Hyper:

هي نص أو صورة يمكنك بعد النقر عليه بالفأرة إلى الانتقال إلى صفحة أخرى على الإنترنت.

ساحة Forum:

هو أي موقع على الإنترنت يتيح لك المشاركة بكتابة مقال أو الرد على مقالات موجودة.

Chat:

بمعنى الدردشة أو الحوار المباشر .

المراجـع

أولاً- المراجع العربية:

— ابرهيم عصمت مطاوع: "الوسائل التعليمية"، (القاهرة، مكتبة النهضة، مصر، 1979).

— أحمد خيري كاظم وآخرون: " الوسائل التعليميـة والمـنهج"، (القـاهرة، دار النهضـة العربية، 1970).

— جابرعبد الحميد وآخرون: "أسـلوب النظـم بـين التعلـيم والـتعلم"، (القـاهرة – دار النهضـة العربية، 1979).

— دعمس، مصطفى نمر، استراتيجيات تطوير المناهج وأساليب التدريس الحديثة، الأردن- عمان، دار غيداء 2008.

— دعمس، مصطفى نمر، اسـتراتيجيات التقـويم الحديثـة وأدواتهـا، الأردن – عـمان، دار غيـداء 2008.

— دعمس، مصطفى نمر، الاستراتيجية التعليمية، الأردن – عمان، دار غيداء 2008

— د. عبدالحافظ محمد سلامه – وسائل الاتصال والتكنولوجيا في التعليم – دار الفكر للطباعـة والنشر – عمان – 1996م.

— أ. د. السيد محمود الربيعي – التعليم عن بعد وتقنياته في الالفية الثالثة – مكتبة الملك فهـد الوطنية – الرياض – 2004م.

— د. احمد سالم – تكنولوجيا التعليم والتعليم الالكتروني – مكتبة الرشد – الرياض – 2004م .

— د. احمد زاهر – تكنولوجيا التعليم – المكتبة الاكاديمية – 1997م.

— جاري انجلـين – تكنولوجيا التعليم المـاضي والحاضر والمسـتقبل – جامعـة الملـك سـعود – 1425هـ

−   روبرت م. جانييه – اصول تكنولوجيا التعليم – جامعة الملك سعود – 2000م.

−   خير بك، عمار/البحث عن المعلومات في الانترنيت – Information Retrieval Internet عمار خير بك. دمشق: دار الرضا للنشر، 2000م. (سلسلة الرضا للإنترنت؛ 3).

−   السيد، محمد (1997). الوسائل التعليمية وتكنولوجيا التعليم (ط1)، عمان: دار الشروق للنشر والتوزيع.

−   الكلوب، بشير (1993). التكنولوجيا في عملية التعليم و التعلم (ط3)، عمان: دار الشروق.

ثانياً- المنشورات والدراسات والرسائل الجامعية:

−   الرحاحلة، محمد (1991). فاعلية أسلوب التعليم المبرمج في تدريس الرياضيات لطلبة الصف الأول الثانوي مقارناً بأسلوب التعليم التقليدي، رسالة ماجستير غير منشورة، الجامعة الأردنية، الأردن.

−   الزعبي، سليم ومطر، منى (1994). الحوسبة التعليمية, دراسة حول إدخال الحاسب الإلكتروني إلى المدارس الفلسطينية، وحدة تقنية المعلومات في التعليم (ط1)، مركز عبد الرحمن زعرب للتربية التعليمية، جامعة بيت لحم، فلسطين.

−   العلي، إقبال (1996). فاعلية التعليم بمساعدة الحاسوب، رسالة ماجستير غير منشورة، جامعة دمشق، سوريا.

−   د. عبدالله سعد العمري، تكنولوجيا الحاسوب في العملية التعليمية، مجلة دراسات في المناهج وطرق التدريس،العدد الثالث والسبعون، مصر – القاهرة، سبتمبر 2001م.

−   عبد القادر الفنتوخ ومهندس عبدالعزيز السلطان، الإنترنت في التعليم : مشروع المدرسة الإلكترونية، رسالة الخليج العربي،الرياض،1999م.

−   الزبيدي، ماجد/الانترنيت وإتاحة الفهارس الآلية للمكتبات الوطنية/ ماجد الزبيدي وعفاف العزة غولي. رسالة المكتبة. م34، ع3(أيلول 1999).

- الزبيدي، ماجد/شبكة الانترنيت وخدمات المعلومات في المكتبات ومراكز المعلومات الجامعية والبحثية العربية/ ماجد الزبيدي.) رسالة دكتوراة)؛ إشراف نزار محمد قاسم. الجامعة المستنصرية. 1999.
- الصباغ ، عماد/ الانترنيت وآفاق صناعة النشر العربي/ عماد الصباغ. رسالة المكتبة. مج34،ع1،2 (آذار وحزيران 1999).
- أحمد حامد منصور: "الكتاب الدوري في التقنيات التربوية" ، (الكويت، المركز العربي للتقنيات التربوية - المنظمة العربية للتربية والثقافة والعلوم 1983).
- الموسوي، علي شرف (2000). مدى فاعلية التقنيات في تحسين مهارات التعليم والتعلم والاتصال: نظرة في الأدبيات ومضامينها للتربية العربية، دورية التربية المعاصرة، 54، 221-244، مصر: الإسكندرية.
- الموسوي، علي شرف (2004). فاعلية مراكز تقنيات ومصادر التعلم، منشورات مركز الدراسات العمانية، مكتب مساعد نائب الرئيس للبحث العلمي والدراسات العليا، جامعة السلطان قابوس، عمان.
- علي، منى محمد/ الانترنيت والمكتبة المدرسية/ منى محمد علي. رسالة المكتبة. م32،ع1 (آذار 1997).
- عليان، ربحي / استخدام شبكة الانترنيت في المكتبات الجامعية: دراسة حالة لمكتبة جامعة البحرين/ ربحي عليان ومنال القيسي. رسالة المكتبة. م34،ع4(كانون أول 1999).
- مجبل لازم المالكي/ النشر الإلكتروني. رسالة المكتبة. م36، ع1،2 (آذار - حزيران 2001م).
- قندلجي، عامر إبراهيم/ دور المصادر المحوسبة في الخدمة المرجعية الحديثة والرد على استفسارات الباحثين/ عامر إبراهيم قندلجي. المجلة العراقية للمكتبات والمعلومات. مج 6، ع1 (2000م).
- كليب، فضل جميل/ الانترنيت ودورها التنموي في المكتبات/ فضل جميل كليب. رسالة المكتبة. م33، ع1 (آذار 1998م).

- مالكي، مجبل لازم مسلم/ الانترنيت ومجـالات اسـتخدامها في المكتبـات ومراكـز المعلومـات/ مجبل لازم المالكي. العربية 3000. ع4(2001م).

- محيـي الـدين، حسـانة/ الانترنيت في المكتبـات ومراكـز المعلومـات: الإمكانـات .. الفوائـد والتحديات/ حسانة محي الدين. التربية 3000. ع3 (2001م).

- د. يسري مصطفى السيد / كيف تحوّل الحصة المدرسية إلى متعة من خلال توظيف التقنيات الحديثة ؟ جامعة الإمارات العربية المتحدة.

- الجبري، خالد بن عبد الرحمن :دور الانترنيت في دعم وظائف المكتبة وتطويرها.مجلة مكتبـة الملك فهد الوطنية/ خالد بن عبد الرحمن الجبري. مج 7، ع1(1422هـ/ 2001م).

- والعديد من الدراسات والرسائل والاطروحات العربية والاجنبية.

ثالثاً- المراجع الأجنبية:

- Ampaporn. J. (1999). Teaching Supplementary Mathematics in Mathayom Suksa 1 Using Computer Assisted Instruction.

- Anand. P. & Ross. S. (1987). Using computer-assisted instruction to personalize arithmetic materials for elementary school children. Journal of Educational Psychology. 79(1). 72-78.

- Changzai Y. (2000). Teaching Upper Secondary School Mathematics on Real Number System Through Re-medial Computer Assisted Instruction. Pongchawee Vaiyavutjamai University.

- Christopher A.(1995). The Effect of Time on Computer Assisted Instruction for At Risk Students. Carrollton-Farmers Branch Independent School District. Texas. 28 (1).

- Cordova D. (1993). The effects of personalization and choice on students' intrinsic motivation and learning. Unpublished PhD. Stanford University (0212). USA.

— Davis-Dorsey J. (1989). The role of context personalization and problem rewording in the solving of math word problems. Unpublished EDD. Memphis State University. USA.

— Joy F.(2000). Integrating Technology into Instruction in an Inclusive Classroom for Diverse Learners. Rowan University. U.S.A.

— Judson. P. T. (1991). A Computer Algebra Laboratory for Calculus 1. Journal of Computer in Mathematics and Science Teaching. 10(4).

— Lopez C. (1989). Levels of personalization and the achievement and attitudes of hispanic students. Unpublished Doctoral Dissertation. Arizona State University. USA.

— Michael S. (1994). Effect of advisement via computer managed instruction on mathematics achievement of high ability high school students. Praivie Regional College. Albrerta. Canada.

— Ross S. & Anand P. (1987). A computer-based strategy for personalizing verbal problems in teaching mathematics. Educational Communications and Technology Journal. 35(3). 151-162.

— Shumacker R., Young J., & Bembry K. (1995). Math attitudes and achievement of algebra students: A comparative study of computer - assisted and traditional lecture methods of instruction. Computers in the schools. 11(4). 27-33.

رابعاً- مراجع الانترنت:

— www.jeddahedu.gov.sa/elearning/1.htm

— www.education.gov.bh/news/index.asp

— www.kku.edu.sa/ELearning/ELearning Schools

— WWW.edu.org/LNT/NEWS/ISSE1feature1.html